한 권으로 보는

그리스 신화 100장면

■ 가이아에서 마지막 영웅 오디세우스까지 ■

이경덕 지음

한 권으로 보는
그리스 신화 100장면

초판 1쇄 펴낸 날 _ 2000. 12. 15
초판 3쇄 펴낸 날 _ 2004. 9. 15

지은이 _ 이경덕
펴낸이 _ 이광식
편집 _ 한미경 · 오경화 · 김지연
영업 _ 윤영민 · 문은정

펴낸곳 _ 도서출판 가람기획
등록 _ 제13-241(1990. 3. 24)
주소 _ (우121-130)서울시 마포구 구수동 68-8 진영빌딩 4층
전화 _ (02)3275-2915~7
팩스 _ (02)3275-2918
전자우편 _ garam815@chollian.net
홈페이지 _ www.garambooks.co.kr

ISBN 89-8435-060-5
ⓒ 이경덕, 2000

서점에서 책을 살 수 없는 독자들을 위해 우편판매를 하고 있습니다.
수   협 093-62-112061 (예금주 : 이광식)
농   협 374-02-045616 (예금주 : 이광식)
국민은행 822-21-0090-623 (예금주 : 이광식)

그리스 신화는 현재 인류에게 남겨져 있는 문화유산 가운데 이야기와 상상력 부문에서 최고의 자리를 차지하고 있다. 또한 세계의 수많은 신화 가운데에서 단연 독보적인 위치에 있다. 그래서 누구나 한 번쯤은 만화로든 혹은 책으로든 그리스의 신들을 만나게 된다.

그렇다면 신화는 무엇일까?

흔히 신화는 신화시대를 살았던 사람의 세계관이라고 말한다. 다시 말해서 우리가 신화를 통해 살펴볼 수 있는 것은 신이 그들의 왕국인 판테온Pantheon을 어떻게 만들고 그 세계는 어떤 질서에 의해 움직이는지, 그 세계가 어떻게 인간 세상에 질서를 부여했으며, 신과 인간이 서로에게 무엇을 주고받았는가라는 문제, 그리고 신이 어떻게 인간에게서 멀어져갔는가와, 신화가 역사와 어떤 접점에서 만나는지 등이다. 이외에도 불이나 곡물 등 인류에게 꼭 필요한 것을 가져다준 문화 영웅 등을 다룬 문화의 기원에 관한 신화 등도 있다.

그런데 왜 우리는 그리스 신화에 열중할까?

그리스 신화는 다른 신화가 지니고 있는 많은 특색 이외에도 그 나름대로의 특징이 있다. 먼저 꼽을 수 있는 것이 일관성과 포용력이다.

먼저 일관성을 살펴보자. 그리스 신화에서 나 홀로 존재하는 것은 아무것도 없다. 얼핏 연관성이 없어 보이는 것도 그 뒤에 감춰진 사실을 추적해보면 다른 이야기와 교묘하게 얽혀 있음을 알 수 있다. 그것은 그리스 신화에 나오는 것처럼 지금의 세상은 제우스가 모든 것을 한번 삼켰다가 다시 토해놓은 것이기 때문이다. 헤파이스토스가 아내 아프로디테와 전쟁의 신 아레스가 바람 피우는 장면을 잡기 위해 눈에 보이지 않는 미세한 그물을 만든 것처럼, 제우스는 삼킨 것을 토해놓으면서 이 세상을 눈에 보이지 않는 그물로 촘촘하게 얽어놓았기 때문에 따로 존재하는 것은 있을 수가 없는 것이다.

그래서 같은 일은 반복해서 일어난다. 다만 등장인물과 상황만 달라질 뿐, 본질적으로 다르지 않은 일들이 되풀이해서 일어난다. 이를테면 신이 했던 일을 인간이 모방해서 한다든지, 이쪽에서 일어난 일이 저쪽에서 일어나는 식이다. 이 과정에서 변신과 대체가 필요하고, 이를 통해 상징과 이미지가 만들어진다.

또한 그리스 신화의 특징 가운데 하나가 포용력이다. 사실 그리스 신화는 거대한 용광로와도 같아서 다른 지역의 많은 신화를 포용하고 녹여서 훌륭하고 멋진 작품을 만들어냈다. 그리고 이를 통해 종교와 철학의 발전을 뒷받침했는데, 그리스 문명은 종교와 철학이 자라날 수 있는 좋은 양분을 제공해주었던 것이다.

이런 포용력으로 인해 그리스 신화 역시 많은 상징과 이미지를 내포할 수 있게 되었고, 복잡다단한 인간사를 이해하고 해석하는 데 밑거름이 될 수 있었다. 여기서 우리가 그리스 신화를 한 번쯤 읽어야 할 이유가 설득력을 얻는다.

첫번째로 신화를 재미있는 이야기로 읽어도 무방하지만 그 너머에 다른 무엇이 있음을 지적할 수 있다. 앞에서 본 대로 같은 일이 되풀이해서 반복된다는 것을 연장해서 생각하면 그것이 여전히 현재에도 일어나고 있다는 말이 되기도 한다. 이것을 신화적 리얼리티reality라고 한다. 신화가 사실이었다는 말이 아니라 얼마든지 그런 일이 있을 수 있는 현실성을 지니고 있다는 의미다. 다시 말해서 신화를 통해 현실을 바라볼 수 있는 하나의 관점 또는 시점을 얻을 수 있다는 말이기도 하다.

두번째로 신화가 지닌 포용력과 연관해서, 신화를 읽으면 그 문명에 대한 이해력을 지닐 수 있게 된다. 다시 말해서 신화는 소위 교양이라는 것을 몸에 걸치는 데 가장 먼저 입어야 할 속옷과도 같은 것이다. 속옷을 잘 입지 않고 옷 맵시가 살기를 기대하기는 어려운 일이다.

이 책은 기존의 그리스 신화와 그 구성에서 큰 차이를 보인다. 기존에 나와 있는 그리스 신화에 관한 책들은 주로 르네상스 시대 회화나 조각 등의 예술적 소재가 되었던 그리스 신화를 중심으로 편집되어 있다. 다시 말해서 신화가 소설이나 동화인 듯 이야기 중심으로 만들어졌던 것이다. 물론 이 역시 큰 의미가 있다. 많은 사람들이 신화에 관심을 가지고 읽게 하는 데 큰 몫을 했기 때문이다.

그러나 신화는, 특히 그리스 신화는 수평적인 이야기만 존재하는 것이 아니라 수직적인 계보도 존재한다. 부모 없이 자식이 있을 수 없듯이 신화에 등장하는 수많은 신들과 영웅, 인간들은 그들 나름대로의 역사성을 지니고 있다. 따라서 이 책에서는 그 수직적 역사성에 주안점을 두었다.

앞에서 본 대로 각각의 독립되어 있는 듯 보이는 신화들이 사실은 모두 유기적으로 결합되어 있는데, 이는 계통적 접근이 이루어지고서야 비로소 눈에 들어오는 것이다. 그래서 이 책에서는 신들과 티탄, 몇몇 기원이 되는 인물을 중심으로 그리스 신화가 어떻게 유기적으로 연관되는지를 살펴보았다.

예를 들어 '49개의 잘린 머리'를 보면 알 수 있는데, 첫날밤 한 명을 제외한 49명의 신랑이 살해되고 이들의 머리가 레르네 늪지에 버려진다. 그리고 그곳에서 히드라라는 괴물이 나타나 사람들을 괴롭히는데, 머리가 아홉인 이 괴물의 특징은 머리를 자르면 그곳에서 머리가 두 개 생긴다는 점이다. 훗날 헤라클레스가 이 괴물을 퇴치하는데, 헤라클레스는 바로 첫날밤 살아남은 유일한 신랑인 린케우스의 후손이다. 이 신화가 상징하고 있는 것은 이 외에도 여러 가지가 있다. 어쨌든 그리스 신화는 이처럼 서로 유기적으로 결합되면 각각의 이야기로 존재할 때 알 수 없었던 이야기가 씨줄과 날줄이 교차하듯 정교한 직조물로 나타난다.

또한 수많은 여신 또는 여인과 잠자리를 같이했던 제우스의 행동도 각각의 독립된 이야기로 읽으면 제우스가 바람둥이에 불과하다는 것 이외에는 달리 알 수가 없다. 그러나 제우스에게는 그렇게 해야만 했던 이유가 따로 있었다. 그것은 평면적인 접근이 아니라 계통적인 접근을 통해서만이 이해가 가능하다.

이 책의 서술 방식에 대해 장황하게 설명했지만, 한마디로 요약한다면 신화를 이야기로서만 즐기는 것이 아니라 삶의 깊이나 지혜를 얻을 수 있는 현장으로 받아들였으면 한다는 것이다.

2000년 연말에
이경덕

제9장 트로이

제1장 그리스 신화의 신들

1 세계가 창조되었다

세계의 창조에 대해 이야기할 때, 어떤 이는 카오스, 즉 혼돈을 말하기도 하고, 또 어떤 이는 큰 뱀이 있어 세상을 낳았다고도 한다. 그런데 세계의 창조신화는 대부분 물에서 시작된다. 이는 태고에 일어났던 대홍수를 상징한다. 그러나 그리스 신화에서는 이 대홍수가 신화 중간에 일어난다. 그리스 신화에서는 신들의 창조가 우선되기 때문이다.

혼돈의 시대가 끝났을 때, 세상에는 대지의 여신 가이아가 있었다. 그리스 신화뿐만 아니라 다른 민족의 신화에도 대지의 여신이 자주 등장하는데, 이는 만물을 생장시키는 곳이 어머니의 자궁임을 의미한다. 이러한 가모장제적 사고방식이 점차 가부장제적으로 바뀌면서 신화 역시 변천을 겪게 된다.

가이아는 하늘의 신 우라노스를 낳았고, 이들의 결합으로 자식들이 태어났다. 그러나 가이아는 자식들을 어두운 자궁 속에 갇혀 있게 하는 것이 싫었다. 마침내 가이아는 우라노스와의 분리를 꾀하게 되고, 거인인 티탄 족의 막내 크로노스에게 청동 낫을 주어 아버지의 성기를 자르게 한다. 이로 인해 하늘과 땅이 분리되어 세상은 지금의 모습을 갖게 되었다.

이후 크로노스는 아버지를 거세했다는 원죄의식 때문에 자신도 왕의 자리를 빼앗길 수 있다는 강박관념에 시달리게 된다. 그래서 태어나는 아이를 모두 삼킨다. 이를 참지 못한 크로노스의 아내 레아는 아이를 돌덩이라 속이고 막내 제우스를 빼돌려 이데 산의 동굴에서 키운다. 여전히 일을 도모하는 것은 여성이다.

성인이 된 제우스는 아버지가 삼킨 아이들을 모두 토하게 하고 이들과 함께 왕권에 도전한다. 기성세대에 속하는 크로노스를 비롯한 티탄과, 신세대에 속하는 제우스를 비롯한 신들이 패권을 차지하기 위해 한판 대결을 벌였고, 이 싸움은 신세대의 승리로 끝났다. 장강의 앞물은 뒷물에 밀리게 마련이다.

제우스는 하늘을 차지하고 포세이돈에게는 바다, 하데스에게는 지하세계를 주어 통치하게 했다. 이른바 권력의 분립이 이루어진 것이다. 제우스는 크로노스가 행했던 전제정치에서 벗어나 민주적인 통치방법을 선택, 각 신들에게 고유한 영역과 할 일을 주었다.

또한 제우스는 어떻게 신이라는 종족을 번성시키는지를 몸소 실천해 보였다. 그것은 다른 여신들과 잠자리를 같이 하는 것이었다. 결혼의 여신이기도 한 제우스의 아내 헤라의 질투가 번번이 발동되기는 했지만 소용없는 일이었다. 제우스를 본받은 다른 신들도 종족을 번성시키는 데 발벗고 나선다. 이에 대한 반동으로 나타나는 것이 아테나와 아르테미스로 대표되는 소위 처녀신들이다.

제우스는 여신들뿐만 아니라 인간 여자와도 잠자리를 같이해, 소위 영웅이라고 불리는 사람들을 세상에 탄생시켰다. 영웅들은 신과 인간 사이에서 괴물로 표현되는 자연의 재해를 극복하고 인간이 걸어야 할 길을 보여준다.

또한 신들 사이의 갈등이 제우스가 왕좌에 앉은 이후에도 일정 기간 지속되는데, 이는 구세대가 자기의 힘을 과시하거나 기득권을 지키려고 할 때 발생했다. 티탄 이후의 거인 기가스와의 싸움, 괴물 티폰의 등장 등이 그것이다.

그러나 제우스가 신들 사이의 갈등을 수습하면서 신화의 초점은 영웅과 인간에게 맞춰진다. 신들과 인간 사이의 본격적인 교통이 시작되는 것도 이때이며, 이를 통해 영웅들이 대거 세상에 등장한다.

트로이 전쟁을 정점으로 해서 영웅들의 시대가 마감되고 신화시대도 막을 내린다. 신과 인간의 거리가 멀어지기 시작하는 것도 이때부터다. 그 이후 인간은 철학과 종교의 발전을 통해 신들과 간접적인 교통을 시도한다. ■

2 대지와 하늘은 붙어 있었다
— 대지의 여신 가이아와 하늘의 신 우라노스

신화시대 초기, 하늘과 땅은 갓 사랑에 빠진 연인들의 마음처럼 한 치의 빈틈도 없이 붙어 있었다. 혼돈이 지닌 무질서한 뒤엉킴은 아니었지만, 하늘과 땅은 사지를 붙이고 서로를 얽었다. 어디가 하늘과 땅의 경계인지 분간되지 않았고, 그래서 대지의 여신 가이아와 하늘의 신 우라노스도 자신의 몸이 어디까지인지 정확히 알 수 없었다. 누군가 그들을 갈라놓기 전까지는 말이다.

한 신이 청동 낫을 들고 가이아와 우라노스의 뜨거운 사랑을 떼어놓으려고 나타나긴 하지만, 그것은 어디까지나 훗날의 이야기다.

어쨌든 가이아와 우라노스는 여느 부부 사이처럼 서로 몸을 밀착시킨 상태에서 생산적인 일을 했다. 몸을 움직여 땀을 흘리고 때로는 소리까지 지르며, 씨를 뿌리고 양분을 주어 가을에 수확하는 농부처럼 이들 역시 자식들을 낳았다.

가이아와 우라노스가 낳은 아이들은 현대를 살아가는 우리가 보기에 덩치가 매우 크고 어딘가 이상하며 흉칙한 모습을 하고 있었다.

가이아와 우라노스는 먼저 팔이 백 개에 머리가 오십 개인 헤카톤케이

△아르테미스의 탄생. 보티첼리.

르 삼형제를 낳았다. 우리 인간처럼 머리 하나에 팔이 두 개씩이었다. 다만 인간과 다른 점은 오십 개의 머리와 백 개의 팔이 한 몸뚱아리에 모여 있다는 것뿐이었다.

　그 다음에는 키클로프스 삼형제를 낳았다. 그런데 이들은 헤카톤케이르와 달리 뭔가가 모자랐다. 바로 눈이었다. 키클로프스는 이마에 눈이 하나인 외눈박이 괴물이었던 것이다. 우라노스는 그들을 묶어서 타르타로스에 던져넣었다. 아버지가 보기에도 생긴 것이 마음에 들지 않았던 모양이다. 타르타로스는 지하세계에서도 가장 암울한 곳으로, 땅과 하늘의 거리만큼 깊은 곳이었다.

가이아와 우라노스가 그 다음으로 낳은 것은 티탄 족이라 불리는 거인들이었다. 이들의 개별적인 특징은 뒤로 가면서 그때그때 살펴볼 것이다. 이들 가운데 우리가 가장 주목해야 할 존재는 바로 막내인 크로노스다. 그것은 막내라는 성격과 연관이 있기 때문이다.

여하튼 문제가 생겼다. 농부가 뿌린 씨앗은 대지를 뚫고 자랄 수 있는 공간이 있지만, 가이아와 우라노스가 낳은 아이들은 뛰어놀 공간이 없었다. 그도 그럴 것이 가이아와 우라노스가 바늘 하나 세울 틈도 없이 몸을 딱 붙이고 껴안고 있었기 때문이다. 이렇게 열정적인 사랑은 주위 사람들의 질투심을 불러일으키게 마련이다.

다만 이들이 우리와 다른 것은, 그 당시에는 이들을 질투할 존재가 없었다는 점이다. 바깥에 적대적인 요소가 없으면 갈등은 내부에서 증폭된다. 먼저 아이들이 그랬고, 가이아가 그 뒤를 이었다. 아니 정확하게 말하면 가이아가 먼저고 그 다음이 아이들이었다. 그때까지 아이들은 어머니의 자궁에 갇혀 있는 것이 좋은지 싫은지, 아무것도 알지 못했기 때문이다. 왜 안 그렇겠는가.

아이들은 자신들이 태어난 세계에 대해 불만이 없었지만, 그 많은 아이들을 그대로 자궁에서 키우고 있던 가이아의 마음에는 불만이 쌓여갔다. 산아제한이 있었던 때도 아니었고, 태어난 아이들 모두 덩치가 큰 거인들이었으니까. 결정적으로 가이아의 마음을 건드린 것은 우라노스가 키클로프스를 타르타로스로 던져넣은 일이었다. 열 손가락 깨물어서 아프지 않은 손가락이 있을까.

가이아는 아이들을 불러모았다. 그곳이 어디였는지는 알려지지 않았지만, 가이아의 자궁 이외에 달리 장소가 있었을 리 없다. 가이아는 아이들에게 아버지를 공격하라고 명령했다. 그러나 아이들은 서로 눈치만 볼 뿐 아무도 나서지 않았다. 그때 겁없는 막내 크로노스가 앞장을 섰고, 가이아는 이 늠름한 아들에게 청동으로 만든 낫을 주었다. 이를 통해 당시 사회가 청동기시대를 지나고 있었음을 알 수 있다. 석기시대였다면 돌칼이나 돌도끼를 주었을 테니까.

대양의 신 오케아노스를 제외한 모든 티탄들이 크로노스의 뒤를 따라 아버지 우라노스를 습격했다. 크로노스는 아버지와 어머니를 이어주는 연결 고리인 생식기의 뿌리를 단칼에 잘랐다. 절망적인 비명과 함께 그때까지 한데 엉켜 있던 가이아와 우라노스가 떨어지면서 피가 사방으로 튀었고, 그 피에서 복수의 여신이 태어났다. 잘려나간 생식기는 크로노스에 의해 바다에 던져졌는데, 여기에서 거품이 부글부글 일어나 세상에서 가장 아름답고 강력한 힘을 지닌 미의 여신 아프로디테가 태어났다. ■

3 우라노스가 거세당한 뒤 대지와 하늘은 떨어졌다
— 티탄 족의 반역

지배지었던 우라노스가 자신의 아들 크로노스에 의해 거세를 당하고 나서야 비로소 대지와 하늘은 분리되었다. 다른 민족의 신화에서도 하늘과 땅의 분리가 일어난다. 이 과정을 거쳐야 세상은 지금의 모습을 지니게 되기 때문이다.

폴리네시아 마오리 족의 신화에서는 타네 마후타라는 아들이 어머니인 대지에 머리를 박고 발로 아버지인 하늘을 밀어올린다. 아버지와 어머니는 타네 마후타를 향해 외친다.

"무엇 때문에 우리를 죽이는 것과 다를 것이 없는 이런 끔찍한 일을 하느냐?"

이 말은 매우 의미심장하다. 겨울이 지나야 봄이 오는 것처럼, 죽음을 통해서야 새로운 삶이 시작되는 이치를 내포하고 있기 때문이다. 타네 마후타의 행위는 죽음과 삶이 서로의 꼬리를 물고 순환되는 인간사의 기원을 설명하는 것이기도 하다.

이집트의 신화에서도 대지와 하늘의 분리라는 신화의 양식은 크게 다르지 않게 나타난다. 다만 어머니와 아버지의 위치가 역전될 뿐이다. 이

△ 아버지 우라노스를 거세하는 크로노스. 바사리.

러한 분리를 통해서 하늘에서 빛과 비가 내리고 대지에서는 곡물이 싹을
틔우게 된다. 세상이 제 기능을 찾아가는 것이다.

세상이 본 모습을 찾은 다음에는 무엇이 필요할까? 그것은 바로 질서
를 세우는 일이다. 혼돈이라는 무질서에서 자궁이라는 지극히 제한된 공
간을 거쳐, 이제는 질서가 잡힌 세상이 요청되는 시대가 도래하는 것이
다. 우리의 근대사가 그랬고, 외국의 역사도 크게 다르지 않다.

새로운 지배자는 우라노스의 거세에 결정적인 역할을 했던 크로노스였
다. 독재자였던 그는, 일단 권력을 쥐게 되자 그에게 협력했던 티탄들 가
운데 왕권에 위협이 되는 티탄들을 결박해 타르타로스에 가두었다. 토끼
사냥이 끝나면 사냥개를 삶아먹는다는 중국의 고사 '토사구팽'처럼, 우
라노스를 몰아내는 데 도움을 주었던 티탄들을 아득한 암흑 속으로 유폐
시켰던 것이다. 그리고 그는 엄격히 말하면 자신의 누나인 레아를 아내로
맞이했다. 하기야 그 당시 크로노스와 남매 사이가 아닌 여자는 없었을
것이다.

무력으로 권력을 잡은 독재자는 항상 불안에 시달리게 마련이다. 마음
속에 자신도 더 강한 무력을 지닌 누군가에 의해 쫓겨날 수 있다는 강박
관념이 자리잡고 있기 때문이다. 프로이트는 아이들이 아버지에 대해 거

세 공포를 지니고 있다고 밝혔다. 그렇다면 크로노스는 아들에 대한 거세 공포를 지니고 있었던 것이 된다. 자신이 아버지를 거세했으니, 누군가 자기를 몰아낼 때도 거세를 하지 않을까라는 생각을 하는 것은 어쩌면 당연한 일일지도 모른다.

여기에 결정적인 역할을 한 것은 우라노스였다. 우라노스는 거세를 당하고 가이아와 분리되어 지금의 하늘로 올라가면서, 저주에 가까운 말을 크로노스의 가슴에 비수처럼 꽂았다.

"너 역시 너의 아들에게 권력을 빼앗길 것이다."

너무나 당연한 말이다. 왕권이 확립된 사회에서 아들이 아버지의 뒤를 이어 왕이 되는 것이 뭐가 이상한가. 그러나 크로노스는 그 말이 예사롭게 들리지 않았다. 그래서 그는 레아가 낳은 아이를 모두 삼켰다. 꿀꺽.

가장 먼저 태어난 헤스티아를 삼키고 다음에는 데메테르와 헤라, 그 다음에는 하데스와 포세이돈을 차례로 삼켰다. 이렇게 되자 레아는 가이아의 처지와 크게 다르지 않았다.

레아는 아이를 낳는 대로 삼키는 크로노스에게 절망을 느끼던 차에 또다시 임신을 했다. 이번에도 당할 수 없다고 생각한 레아는 아이를 낳을 때가 되자 몰래 크레타로 갔다. 레아는 딕테의 동굴이라는 곳에서 막내아이를 낳았고, 그가 바로 제우스였다. 제우스 역시 크로노스처럼 막내로 태어났던 것이다. 레아는 아기 제우스를 쿠레테스와 님프인 아드라스테이아와 이데에게 주고 키우라고 명령했다.

레아는 돌아온 뒤 아무렇지도 않은 표정으로 갓 태어난 아이라고 말하며 강보에 싼 돌덩이를 크로노스에게 주었고, 그 역시 아무 의심 없이 늘하던 대로 마지막 아이를 꿀꺽 삼켰다. 비극의 탄생은 이렇듯 언제나 사소하게 시작된다. 쿠레테스는 제우스의 울음소리가 들리지 않게 하기 위해 늘 소란스럽게 징을 쳐댔다.

제우스는 여럿의 도움을 받아 무럭무럭 성장했다. 어른이 되자 오케아노스의 딸 메티스를 협력자로 삼았다. 그녀는 서류상 이 세상에 존재하지 않는 남편을 위해 크로노스에게 약을 먹였다. 약 기운이 스미자 크로노스는 먼저 돌을 토해냈고 계속해서 이제껏 삼킨 자식들을 모두 토해냈다. 이들은 크로노스의 뱃속에서 이미 성인이 되어 있었다. 이상할 것은 하나도 없다. 가이아의 자궁에는 수많은 거인들이 득시글거리고 있지 않았던가.

이제 막 새로운 시대가 막을 올리려고 하는 순간이었다. ■

4 새로운 지배자가 나셨도다
— 제우스

태어나지마자 아버지에 의해 삼켜졌던 다른 자식들과는 달리 이미 세상의 공기를 마시고 있던 제우스는, 크로노스의 뱃속에서 성장한 형제자매들과 함께 당시의 지배자였던 크로노스를 비롯한 티탄 족과 싸움을 벌였다. '불멸' 과 '지배' 라는 엄청난 보상이 이 싸움의 승자를 기다리고 있었다. 그야말로 운명을 건 싸움이었다.

처절한 싸움은 10년 동안이나 계속되었지만 끝날 기미를 보이지 않고 있었다. 티탄 족은 자신들이 싸움에 지면 어떻게 되는지를 알고 있었기에 더더욱 필사적일 수밖에 없었다. 그러나 세상은 끝없이 변화하고, 어떤 일이든 영원히 지속되는 것은 없다.

기나긴 싸움에서도 전세의 변화가 있게 마련이다. 대지의 여신 가이아가 젊은 신들의 편을 들었던 것이다. 가이아는 제우스에게 타르타로스에 갇혀 있는 티탄들을 끌어들이면 승리를 얻을 수 있을 것이라 충고했다. 제우스는 즉각 타르타로스를 지키고 있던 캄페를 죽이고 외눈박이 거인 키클로프스의 결박을 풀었다.

키클로프스는 태어나자마자 우라노스에 의해 타르타로스에 갇혔다가

△제우스와 테티스. 앵그르.

크로노스가 반란을 일으킬 때 잠시 지상에 돌아왔지만, 크로노스의 배신으로 다시 타르타로스에 묶여 있었던 것이다. 그 처절한 심정을 어떻게 표현할 수 있을까. 외눈박이로 태어난 것도 서러운데 거기다가 유폐와 배신까지 번갈아 겪었으니, 모르긴 몰라도 분한 마음에 이를 북북 갈고 있었을 것이다.

키클로프스는 자신을 구해준 제우스가 너무나 고마웠다. 물론 전쟁이 끝나고 예전에 그랬던 것처럼 다시 타르타로스에 갇힐지도 모른다는 의심이 없었던 것은 아니다. 그래서 이번에는 확실하게 환심을 사기로 했다. 키클로프스는 자신들을 구해준 감사의 선물로 제우스에게는 번개와 우레를, 하데스에게는 머리에 쓰면 모습을 감출 수 있는 모자를, 포세이돈에게는 삼지창을 주었다.

젊은 신들은 이 무기를 몸에 지니고 티탄 족을 정복해 타르타로스에 유폐시키고는, 머리가 오십 개이고 팔이 백 개인 헤카톤케이르에게 그곳을 지키도록 했다. 그들은 제비뽑기를 통해 지배권을 선택했는데 제우스는 하늘을, 포세이돈은 바다를, 그리고 하데스는 죽은 자의 나라에 대한 지배권을 가졌다. 그리고 올림포스는 공동의 지배 아래에 두기로 했다.

이쯤에서 궁금한 것이 하나 있다. 제우스와 포세이돈, 하데스 가운데 누가 형일까? 어머니의 자궁에서 가장 먼저 나온 것은 하데스, 포세이돈 그리고 제우스의 순이었다. 그런데 하데스와 포세이돈은 컴컴한 자궁에서 나오자마자 더 컴컴한 뱃속에 갇히고 말았다. 다만 제우스만이 세상 공기를 마실 수 있었고, 다시 세상에 나온 순서로는 포세이돈이 먼저고 하데스가 마지막이다. 이렇게 따지면 제우스가 맏형이 된다.

이 이야기를 꺼낸 것은 장자상속권과 연관이 있기 때문이다. 가부장제 사회가 정착되면서 그와 함께 장자상속권도 확립이 되는데, 그리스 신화에서도 장자상속권의 형태가 엿보인다. 모두가 그런 것은 아니지만, 그리스 신화에서 왕위를 잇는 것은 대개 장자다.

앞에서 본 대로 크로노스와 제우스는 모두 막내였다. 그러나 제우스는 일단의 변형과정을 겪으면서 자연스럽게 장자 역할을 하게 되었으며, 이로 인해 물 흐르듯이 신 가운데 최고의 자리를 차지했다. 제우스는 아버지 크로노스처럼 막내였지만, 후에 인간세계에서 볼 수 있는 것처럼 장자이기도 했다. ■

5 올림포스는 새로운 신들로 가득 찼다
— 새로운 신들의 지배권 확립

독재적인 크로노스의 시대가 끝나고 새로운 시대가 도래했다. "새 술은 새 부대에"라는 예수의 말처럼 제우스는 새로운 시대에 걸맞는 질서를 세우기 위해 노력했다.

제우스는 올림포스에 앉아 어떻게 자신의 구상을 펼쳐나갈지를 고민했다. 자신이 지배하는 세계는 이전의 것과 달라야 했다. 그리고 아버지 크로노스의 독재가 결코 바람직하지 않다는 것도 알고 있었다. 독재는 많은 적을 만들게 되고, 아이를 삼키는 등의 무리한 수법은 결국 권좌에 앉아 있는 시간을 단축시킬 뿐이라는 사실도 잘 알고 있었다.

제우스는 먼저 독재를 버리고 민주적인 지배방법을 택하기로 했다. 그래서 크로노스와 티탄 족을 몰아낼 때 자신에게 협력한 신들을 내쫓거나 유폐시키지 않았다. 한 걸음 더 나아가 형제인 포세이돈과 하데스에게 각각 바다와 지하세계를 다스릴 수 있는 권력을 나눠주었다. 일종의 '삼권분립'인 셈이다. 그리고 다른 신들에게도 골고루 보상을 했다.

예를 들어 스틱스에게는 제우스가 티탄 족과 싸울 때 제일 먼저 달려와 도와준 공로로 큰 영예를 내렸다. 제우스는 맹세를 할 때 명부의 바위에

서 흘러나오는 스틱스 강의 이름을 걸고 맹세하도록 정했다. 제우스는 스틱스가 그의 자손들과 함께 그의 편이 되어 티탄 족과 싸워준 보답으로 이 명예를 그녀에게 주었던 것이다. 스틱스라는 이름을 걸고 맹세한 것은 비록 그가 신이라 하더라도 반드시 지켜야 했다. 만약 맹세를 어기면 9년 동안 혼수상태에 빠진 다음, 다시 9년 동안은 올림포스에서 추방당하는 벌을 받아야 했다. 따라서 스틱스의 이름을 걸고 맹세한 약속은 절대로 지켜야 한다는 불문율이 신들 사이에 자리를 잡게 되었다.

　그리고 각각의 다른 신들에게도 고유의 권한과 힘을 부여했다. 이는 크로노스 시대에는 상상도 할 수 없었던 일이다. 크로노스 시대에는 오직 그만이 권력자였다. 그러나 제우스의 시대에는 각각의 신들이 고유한 영역과 그에 걸맞는 힘을 갖게 되었다. 이렇게 되자 비로소 질서가 잡히기 시작했고, 나름대로의 불만은 있을 수 있었지만 반역을 꿈꿀 정도로 강한 불만은 생기지 않았다.

그렇다고 해서 제우스에 대한 반역을 시도했던 신이 아주 없었던 것은 아니다. 대표적인 예로 제우스의 바람기에 화가 난 헤라가 포세이돈과 아폴론을 사주해 제우스에게 대든 적이 있었다. 올림포스에서 내로라 하는 세 신이 한꺼번에 덤비자 천하의 제우스도 속수무책이었다. 절대절명의 위기에서 제우스를 구해준 것은 어미 없는 딸 아테나였다. 아테나는 타르타로스로 내려가 그곳을 지키고 있던 헤카톤케이르, 즉 머리가 오십 개이고 팔이 백 개인 제우스의 삼촌을 데리고 와서 헤라 일당을 제압했다.

다시 위엄을 되찾은 제우스는 이들에게 벌을 내렸다. 크로노스였다면 이들을 타르타로스로 보내거나 신의 자리에서 내쫓았겠지만 민주적인 지배방법을 신봉했던 제우스는 그렇게 하지 않았다. 제우스가 택한 방법은 정신적인 모욕이었다. 헤라는 올림포스 산 꼭대기에 매달려 있어야 했고, 아폴론과 포세이돈은 일정기간 인간의 노예가 되어 일을 해야 했다. 신으로서는 치욕적인 벌이 아닐 수 없었다.

이외에 가이아가 올림포스의 신들을 혼내주기 위해 만든 최강의 괴물 티폰에게 잠시 힘을 빼앗겼던 일을 제외하고는, 제우스의 자리가 위태로웠던 적은 없었다. 민주적인 지배방법과 깊은 연관이 있음은 두말할 나위도 없다.

또한 제우스는 크로노스처럼 아들에 의해 권좌를 찬탈당할 것이라는 예언을 들었지만, 그는 아이를 삼키는 일 따위는 하지 않았다. 오히려 기회가 있을 때마다 아내 헤라의 눈을 피해 여신이나 인간 여자와 바람을 피워 아이를 낳았다.

그런데 이렇게 말하면 좀 의아하겠지만, 제우스의 바람기는 새로운 질서를 위해 반드시 필요한 것이었다. 남자들의 바람기에 넌더리를 내는 사람이라도 양해하고 읽어주면 좋겠다.

왜 제우스는 그토록 많은 바람을 피웠을까? 제우스가 천성적으로 색욕을 주체하지 못하는 신이었기 때문에 그럴까? 아니면 어머니와 떨어져 크레타에서 유모의 손에 의해 자랐기 때문에 어머니에 대한 감정이 여신이나 여자에게 투영되었기 때문일까? 그렇지 않다.

당시 세계는 넓었지만 그곳을 채울 신이나 인간이 절대적으로 부족했다. 새로운 세계 질서를 확립하는 데 턱없이 모자랐던 것이다. 또한 신과 인간이 직접적으로 부딪칠 때 생길 수 있는 문제도 고려되어야 했다.

제우스는 영원히 자신의 이미지가 호색한으로 굳어질 것임을 알고 있었지만, 여신과 관계해서 신을 낳고 인간 여자와 관계해 영웅을 낳는 길을 택했다. 이렇게 태어난 신들은 올림포스 신전을 채웠고, 영웅은 신과 인간의 매개자가 되어 곳곳에 널려 있는 괴물이나 자연재해를 극복하고 땅 위에도 제우스가 구상한 새로운 질서가 확립될 수 있도록 인간을 이끌었다.

사실 그리스 신화는 이렇게 태어난 신들과 영웅들의 이야기라고 할 수 있다. 제우스는 크로노스의 독재와 달리 이러한 방법으로 하늘과 땅 위에 새로운 질서를 세워나갔던 것이다. ■

6 푸른 물결 아래는 내가 지배한다
— 포세이돈과 암피트리테

바다의 왕자는 '마린보이'가 아니라 삼지창을 든 포세이돈이었다. 포세이돈 이외에도 바다를 지배하는 신으로 대양의 신 오케아노스, 바다의 신 폰토스 등이 있었지만, 그들은 일정한 자기 영역을 지배할 뿐 포세이돈처럼 바다에 있는 모든 생물과 모든 장소를 지배하는 것은 아니었다.

포세이돈은 큰 키에 수염을 길렀으며, 삼지창을 들고 바다 용을 타고 다녔다. 그는 매우 다혈질이어서 많은 신들과 싸움을 벌였으며, 인간의 일에도 자주 개입했다. 또한 빚지고는 못 사는 성격이어서 자신이 속거나 손해를 입은 일은 절대로 잊지 않고 언젠가 그 빚을 되갚았다. 예를 들어 미노스가 자신을 속이자 그의 아내인 파시파에의 마음속에 황소에 대한 정욕을 심어넣어 미노타우로스라는 괴물을 낳게 만들었다. 이와는 반대로 포세이돈은 자신이 피해를 입힌 경우는 쉽게 잊었다.

이런 탓인지 포세이돈은 신들과 인간 사이에서 별로 인기가 없었다. 어찌 보면 그렇기 때문에 그렇게 난폭하고 제멋대로 살게 되었는지도 모르지만….

그가 싸움을 시작하면 지하세계의 신 하데스는 안절부절못했다. 포세이돈이 일으키는 지진 때문에 혹시라도 땅이 무너져 지하세계에 구멍이 뚫리지 않을까 하는 걱정 때문이었다. 포세이돈은 이처럼 쉽게 분노하고, 또한 한번 분노하면 큰 재앙을 불러오는 무서운 존재였다. 게다가 제우스에 뒤지지 않는 호색한이기도 했다.

우연히 낙소스라는 섬에 갔던 포세이돈은, 그곳에서 대양의 신 오케아노스의 딸 암피트리테가 춤을 추고 있는 모습을 보고 한눈에 사랑에 빠졌다. 낙소스는 뒤에서도 언급되겠지만, 크레타의 공주 아리아드네가 사랑을 잃고 눈물로 지새우다가 디오니소스를 만난 섬이기도 하다. 포세이돈은 그녀에게 왕비가 되어달라고 말했다. 모르기는 몰라도 아주 우악스럽게 청혼을 했을 것이다. 암피트리테는 당연히 억세고 거칠기만 한 포세이돈을 피해 아틀라스에게로 도망쳤다.

"감히 내 청혼을 무시해? 그래도 어쩔 수 없어. 난 사랑에 빠졌거든. 그녀가 보고 싶어 미치겠어."

뭐 이쯤 되지 않았을까. 포세이돈은 바다의 모든 생물을 불러모았다. 그는 엄숙하게 암피트리테를 찾아오라고 명령하며, 그녀를 데리고 오면 큰 상을 주겠다는 말도 잊지 않았다.

꽁꽁 숨어 있던 암피트리테를 찾아낸 것은 돌고래였다. 돌고래는 거기서 그치지 않고 매파 역할까지 맡았다. 포세이돈이 무뚝뚝하고 거칠지만 마음은 바다보다 넓다는 말과, 그의 아내가 되면 누릴 수 있는 영광 등에 대해 장황하게 늘어놓았다. 머리 좋은 돌고래의 말솜씨에 암피트리테의 마음이 움직였다. 이때부터 소문난 바람둥이는 모두 교묘한 말솜씨를 지니게 되었던 듯하다. 아니면 돌고래 같은 수하를 거느리고 있든지. 여하튼 포세이돈은 돌고래의 공로를 인정하고 하늘에 반짝이는 돌고래 별자리를 만들어주었다.

암피트리테는 일단 포세이돈의 아내가 되자 바다의 님프를 거느린 당당한 귀부인이 되었다. 부창부수라고 했던가. 에티오피아의 왕비 카시오페이아가 암피트리테보다 자신의 미모가 더 뛰어나다고 하는 소리를 들

△포세이돈과 암피트리테. 마브스.

고는 발끈해서 에티오피아 왕국을 완전히 뒤집어놓았다. 물론 카시오페이아의 딸 안드로메다는 그 사건으로 멋진 남자를 얻기는 했지만. 잃는 것이 있으면 얻는 것도 있는 것이 세상 이치 아니던가. 이 사건의 전말은 뒤에서 자세히 살펴본다.

포세이돈은 사랑에 빠져 결혼했지만, 타고난 바람기만큼은 어쩔 수 없었다. 대표적인 예가 메두사와의 격렬한 정사였다. 메두사는 원래 아테네 신전을 지키는 여사제였는데, 포세이돈과 해서는 안될 일을 저지르고 말았다. 그로 인해 추악한 괴물이 되었다. 이 사건도 위의 카시오페이아와 연관되기 때문에 이 역시 뒤에서 자세히 살펴보기로 하겠다.

트로이 전쟁이 일어났을 때, 제우스는 신들에게 중립을 지켜달라고 부탁했다. 트로이 전쟁에 신의 자식들이 많이 참가했기 때문이었다. 그러나 포세이돈은 제우스의 명령을 무시하고 적극적으로 그리스의 편을 들었다. 과거의 일 때문에 트로이에 심한 적개심을 품고 있었던 까닭이다.

포세이돈은 라오메돈의 부탁으로 아폴론과 함께 트로이의 성벽을 쌓은 일이 있었는데, 라오메돈이 약속했던 보수를 주지 않았기 때문에 바다의 괴물을 보내 라오메돈의 딸을 괴롭힌 적이 있었다. 이후에도 적개심을 풀지 않고 있다가 트로이 전쟁 때 적극적으로 그리스 편에 가담했던 것이다. 함께 일하고 배신당했던 아폴론이 그 일을 잊고 트로이 편을 든 것과는 대조적이다.

또한 트로이 전쟁이 끝난 뒤 오디세우스가 모진 고난과 오랜 항해를 거치면서 거의 모든 부하를 잃고 귀향하게 된 것도 포세이돈의 분노와 깊은 연관이 있다. ■

7 죽은 자의 세계는 내가 지배한다
― 하데스와 페르세포네

어느 날, 하데스는 오랫동안 무엇인가를 잊고 있다가 막 생각났다는 듯이 자리에서 벌떡 일어났다. 그런 일은 매우 드문 경우였다. 왜냐하면 하데스는 지하세계에서 너무 오래 살아 일조량이 절대적으로 모자랐던 탓인지 성격도 우울하고 음침하게 바뀌었고, 뭔가 결단을 내리는 데도 우유부단한 편이었다. 그런 그가 바람소리가 일 정도로 자리에서 일어나 마차를 타고 어디론가 황급하게 떠난 것은 매우 이례적인 일이었다.

놀랍게도 그가 간 곳은 지상이었다. 물론 일광욕을 하기 위한 것은 아니었다. 제우스를 찾아가 결혼 이야기를 꺼낼 참이었다. 제우스와 포세이돈을 비롯한 많은 신들이 여신이나 인간 여자들과 잘 어울려 지낸다는 소문이 그의 귀에까지 들려왔던 것이다.

하데스가 막 지상으로 솟구쳤을 때 그의 눈길을 잡아채는 것이 있었다. 그는 그것을 목표지점으로 해서 마차를 돌린 다음 그대로 돌진, 목표물을 낚아채 마차에 싣고서는 그대로 지하세계로 내려갔다.

그것은 꽃밭에서 막 수선화를 꺾으려고 하던 페르세포네였다. 페르세포네는 제우스와 이들의 누나인 데메테르 사이에서 태어난 여신이었다.

다시 말해서 하데스가 납치한 여신은 자신의 조카였다. 제우스가 누이와 정을 통해 낳은 페르세포네를, 제우스의 형이자 데메테르의 남동생인 하데스가 납치했던 것이다.

얽히고 설킨 이들의 가족관계를 살펴보자. 그러기 위해서는 먼저 크로노스의 자식부터 다시 되짚어봐야 한다. 헤스티아-헤라-데메테르-하데스-포세이돈-제우스가 순서대로 태어났다. 제우스는 아버지가 자식들에게 그랬던 것처럼 전처 메티스를 삼켜버리고 누나 헤라와 결혼했다. 그리고 또다른 누나 데메테르와 정을 통했다.

물론 데메테르는 저항했다. 결혼이 아닌 겁탈을 피하기 위해 뱀으로 변신했는데 제우스 역시 뱀으로 몸을 바꿔 자신의 목적을 이루었다. 그 목적에는 복합적인 의도가 담겨 있기는 했지만 말이다.

제우스의 아들이자 신과 신, 신과 인간 사이의 중개자 역할을 맡은 신인 헤르메스가 들고 있는 케리케이온이라는 황금 지팡이에는 두 마리의 뱀이 서로를 감싼 형상이 있는데, 이는 제우스와 데메테르가 뱀이 되어 관계를 가졌다는 것을 의미한다.

제우스와 데메테르는 왜 하필이면 뱀으로 변신해 관계를 맺었을까? 뱀은 지하세계와 지상을 오가는 동물이며, 봄이 되면 허물을 벗는 것으로 인해 영원한 생명을 상징하는 동물이기 때문이다.

어쨌든 그 결과로 페르세포네가 태어났다. 세속적으로 보면 치정도 이렇게 유치한 치정이 없다. 하지만 신의 뜻이 어디 그렇게 단순하던가. 제우스의 화살은 하데스의 가슴을 노리고 있었다. 다시 말해서 제우스가 데메테르를 겁탈했던 것에는 하데스를 함정에 빠뜨리려는 의도가 숨어 있었던 것이다.

제우스는 형이 다스리는 지하세계(하데스라고도 부른다)를 어떤 방법으로든 침범하고 싶었다. 그러나 지하세계는 죽지 않으면 들어갈 수 없는, 그야말로 철옹성 같은 곳이었다. 그런데 하데스가 페르세포네를 납치하면서, 다시 말해 숨을 쉬는 살아 있는 사람이 지하세계로 들어가면서 죽지 않고서도 갈 수 있는 곳이 되었다. 하데스가 행한 페르세포네의 납치

△하데스와 페르세포네. 기원전 4세기의 꽃병.

는 이런 절묘한 결과를 낳았다. 물론 이는 제우스가 애초에 의도했던 것이었다.

한편 이런 내막을 모르는 데메테르는 불쌍하게도 딸을 찾기 위해 전세계를 돌아다닌다. 그러나 아무도 페르세포네가 어디 있는지 알려주지 않는다. 하데스가 무서웠기 때문이다. 다만 하데스의 삼촌이자, 입이 싸고, 세상에서 일어나는 일을 모두 알고 있는 태양신 헬리오스가 애처로운 마음에 데메테르에게 넌지시 딸의 행방을 일러준다.

데메테르는 하데스 대신 제우스를 찾아가 딸을 찾아오라고 요구한다. 제우스는 이미 일의 결말을 알고 있었지만 짐짓 모르는 척하고는 헤르메스를 지하세계로 보내 페르세포네의 귀환을 위해 중재를 하도록 시킨다. 물론 헤르메스는 페르세포네의 살아 있는 숨결을 타고 지하세계로 들어갈 수 있었다.

이윽고 데메테르는 페르세포네가 하데스에게 넘어가 먹어서는 안될 지하세계의 석류를 몇 알 먹었기 때문에 영원히 지상으로 돌아올 수 없다는 소식을 통보받았다.

딸을 잃은 데메테르의 절망은 극한적이었다. 곡물의 여신이 절망의 구렁텅이에 빠지자 세상의 초목이 모두 시들고 마르기 시작했다. 암컷은 수컷을 거부했다. 세상에는 비탄의 신음소리가 가득했다.

제우스는 그쯤에서 다시 헤르메스를 하데스에게 보내 중재안을 제시했다. 페르세포네로 하여금 일 년의 삼분의 일은 지하세계에서 하데스와 보내고 나머지 삼분의 이는 지상에서 어머니와 보내게 하자는 것이 그것이었다. 하데스에게는 실망스러운 제안이었지만 세상의 고통을 나 몰라라 할 수도 없었기 때문에 이 제안을 받아들였다. 그래서 페르세포네가 하데스와 살기 위해 지하세계로 내려가 있는 동안에는 데메테르의 외로움으로 지상은 겨울이 되고, 그녀가 지상으로 돌아오면 데메테르의 환희처럼 봄이 찾아오게 되었다. 페르세포네 이후 많은 신과 사람들이 살아 있는 모습으로 지하세계를 찾아갈 수 있게 되었다. 제우스가 원했던 대로 이루어진 셈이다. ■

8 새로운 시대를 상징하는 남매
— 아폴론과 아르테미스

새로운 질서를 구축하는 데에 반대한 여성도 있었다. 어느 시대나 그렇듯 권력자의 달콤한 손을 과감하게 뿌리치는 사람이 있게 마련이고, 그리스 신화에서도 신의 부드러운 손길을 거부한 여성이 적지 않다. 아스테리아는 제우스의 끈적거리는 유혹의 손길을 피하기 위해 메추라기로 변신해 바다로 뛰어들었고, 그대로 섬이 되었다. 처음에는 그 섬을 그녀의 이름을 따서 아스테리아라고 부르다가 후에 델로스라 부르게 되었다. 델로스는 떠다니는 섬이었다.

한편 제우스와 관계를 맺은 레토는 임신을 했는데, 막상 몸을 풀 수 있는 곳을 찾을 수가 없었다. 제우스의 아내 헤라에 의해 레토는 고정된 육지에서 아이를 낳지 못하게 되었기 때문이다. 단 한 군데 예외가 있었는데, 그곳이 바로 떠다니는 섬 델로스였다. 레토는 먼저 사냥의 신 아르테미스를 낳았고, 그녀를 산파로 삼아 태양의 신 아폴론을 낳았다.

아르테미스는 사냥을 자신의 일로 삼았고, 영원히 처녀를 유지하겠다고 선언했다. 처녀성의 선언은 새롭게 등장한 양식이다. 그 동안 새로운 세계를 채우기 위한 많은 신들이 필요했고, 그래서 제우스는 헤라의 강한 질투에도 불구하고 끊임없이 바람을 피워댔던 것이다. 그런데 아르테미스는 과감하게 그 질서를 거부했다.

이것은 세상의 큰 틀을 이루는 질서는 이미 형성되어 더 이상의 확대 재생산에 매달릴 필요가 없어졌다는 것을 의미한다. 그 짧은 시간에 얼마나 많은 신들이 태어났기에 이런 말을 하느냐고 의아해할지도 모르겠다. 그러나 바다의 신 폰토스와 대지의 여신 가이아의 후손인 네레우스와 도리스의 예만 보더라도 지나친 견해가 아님을 증명할 수 있다. 이 둘 사이에서 태어난 아이가 모두 45명에 이르는데, 이들이 낳은 자식은 또 얼마나 많겠는가. 이런 수준이라면 삼대만 지나도 수백, 수천 명으로 늘어날 것이다.

이미 세상은 신과 인간으로 차고 넘치고 있었다. 오히려 적당한 가지치기가 필요한 시기였다. 그러니 아르테미스가 처녀를 선언해도 크게 문제될 까닭이 없었다. 이에 아르테미스와 아폴론은 구질서의 잔재를 소탕하고 새로운 질서를 확립하기 위한 공간 확보에 나선다. 여기서 공간 확보는 괴물로 표현되는—주로 티탄 족의 후예가 많지만—몸집이 큰 신이나 반인반신을 살해해서 그들이 차지하고 있던 공간을 차지하는 것을 의미한다.

실제로 아폴론과 아르테미스는 훗날 영웅들을 위해 모범을 보이기라도 하듯 수많은 괴물을 퇴치했다. 그리스 신화에서 영웅이 된다는 것은 곧 괴물 퇴치를 의미하는데, 그 전형은 바로 이들이었다. 가히 새로운 질서를 상징하는 남매라고 불러야 할 것이다.

아폴론이 태어나서 처음으로 한 일은 델포이 신탁을 차지하기 위해 그곳을 지키고 있던 큰 뱀 피톤을 살해하는 일이었다. 그는 히브리스의 아들 판으로부터 예언의 기술을 배워 델포이로 가서 그것을 지키고 있던 피톤을 죽였다. 그 다음엔 사촌 티티오스를 살해했다. 티티오스는 제우스가 헤라 몰래 낳은 아들로, 무서운 헤라의 질투 때문에 그 어머니는 어두운 지하에 감춰두고 아들만 밝은 세상에 내놓았던 것이다. 따라서 엄격히 촌수를 따지면 아폴론이나 티티오스 모두 제우스의 아들이기 때문에 사촌지간이었다.

아폴론이 티티오스를 죽인 것은 어머니 레토 때문이었다. 밝은 세상에 나온 몸집만 커다란 티티오스는 벌건 눈을 뒤집고 앞뒤 사정도 가리지 않고 레토에게 덤벼들었다. 제우스도 반한 미모를 지닌 레토였다. 그러니 티티오스에게 얼마나 예쁘게 보였겠는가.

레토가 누군가. 그리스 신화에서 최강의 남매를 둔 어머니였다. 어머니의 비명소리가 들리자 비호처럼 날아온 아폴론과 아르테미스, 즉 궁술의 신과 사냥의 신은 예리한 화살로 티티오스의 멱통을 뚫었다. 티티오스는 레토에게 덤벼들었다는 죄로 지옥에 떨어져 독수리에게 간을 쪼아먹히는 벌을 받게 되었다.

아폴론과 아르테미스는 그들에게 주어진 역할 때문인지 사랑이라는 영역에서는 전혀 맥을 추지 못했다. 한번 생각해보라. 음악과 시의 신, 황금빛으로 빛나는 마차, 강한 힘, 잘생긴 얼굴, 게다가 요즘으로 치면 대통령이나 대재벌쯤에 해당되는 제우스의 아들. 이런 남자를 누가 마다할까마는, 아폴론은 사랑에서 언제나 실패했다.

코로니스는 인간 남자에게 한눈을 팔았고, 카산드라와 다프네는 무정하게 아폴론에게 등을 돌렸으며, 심지어는 동성애까지도 실패로 끝났다.

히아킨토스는 아폴론이 던진 원반에 맞아 죽었다. 히아킨토스는 타미리스라는 남자와 그리스에서 처음으로 동성애를 했던 사람이다. 더러는 사랑에 성공했지만 파에톤처럼 그 아들이 어처구니없게 죽었다. 왜일까.

아폴론의 비극에는 분명한 이유가 있다. 그것은 아폴론이 지향했던 새로운 질서 때문이었다. 질서라는 말에서 열정, 그리움, 희망, 광기, 아찔한 쾌감, 꿈 등의 이미지를 끄집어낼 수 있겠는가. 아폴론은 티탄이자 구시대의 상징인 태양신 헬리오스를 대신한 새로운 시대의 태양신이었다. 태양의 속성은 모든 것을 다 드러내는 것이다. 밝음 아래 숨길 수 있는 것이 무엇인가. 가릴 수 없는 세계, 이를테면 수치스러움이나 부끄러움을 숨기지 못하는 곳에서 사랑이 싹틀 수 있을까. ■

9 죽은 사람을 살려낸 의술의 천재
— 아스클레피오스

아폴론은 코로니스와 애인 사이가 되었다. 코로니스는 까마귀란 뜻이다. 신들은 한 곳에 머무는 존재가 아니다. 아폴론은 당시에는 흰색이었던 까마귀에게 코로니스를 감시하라고 시켰다. 그런데 코로니스는 아버지의 반대를 무릅쓰고 이방인인 이스키스와 밀회를 거듭했다. 그녀의 뱃속에는 이미 아폴론의 아이가 자라고 있었다. 까마귀는 이 놀라운 소식을 아폴론에게 알렸다.

아폴론은 언제나 그랬듯 또 여자에게 배신을 당했다. 그는 활을 쏘아 코로니스를 살해했다. 그리고 까마귀를 저주하며 깃털을 지금처럼 까만색으로 바꾸어놓았다. 까마귀를 뜻하는 코로니스의 기억을 까맣게 잊기 위해서였을 것이다. 이른바 아폴론의 복수였다.

아폴론은 코로니스를 화장하기 이전에 태아를 끄집어내 케이론에게 양육을 맡겼다. 이렇게 해서 태어난 것이 아스클레피오스였다. 그는 케이론에게서 의술과 사냥 기술을 배웠다. 그가 실력을 발휘했던 분야는 의술이었다.

아스클레피오스가 의술에 뛰어나다는 소문이 퍼지자, 아픈 사람들은

△아폴론. 대리석 석상.

그에게 치료를 받기 위해 먼 길도 마다하지 않고 찾아왔다. 그래서 그가 있는 곳은 언제나 사람들로 차고 넘쳤다.

더욱 놀라운 일은 아스클레피오스가 죽은 사람을 살려낸 일이었다. 그것은 매우 위험한 일이었다. 아무리 뛰어난 의술을 가지고 있다 하더라도 죽어야 하는 인간의 운명까지 바꾸어놓아서는 안될 일이었기 때문이다. 이는 곧 생사를 주관하는 신의 영역에 대한 도전이었다.

그는 아테나 여신으로부터 고르곤의 혈관에서 흘러나온 피를 얻었는데, 오른쪽 혈관에서 흘러나온 피는 인간의 파멸을 위해 사용했고, 왼쪽 혈관에서 흘러나온 피를 이용해서는 죽은 자를 살려냈다.

그 일이 신들의 세계에 알려지자, 지하세계의 신 하데스는 분노했다. 계속해서 죽은 사람을 살리게 되면 지하세계는 엉망이 될 것이고, 더 나아가서 신의 세계에까지 그 영향이 미칠 터였다. 하데스는 제우스에게 불평을 털어놓았다.

신들의 왕 제우스는 하데스의 부탁을 받아들여 벼락을 던져 아스클레피오스를 죽였다. 아무리 뛰어난 의사라고 해도 자신의 목숨까지 살릴 수는 없는 노릇이었다. 그러나 제우스는 죽은 뒤에 그를 신들의 자리에 끼워주었다.

아스클레피오스는 에페오네와 결혼해서 마카온과 포달리리오스라는 아들을 두었다. 이들 역시 아버지의 뒤를 이어 의사가 되었는데, 트로이 전쟁에 참전해서 부상을 당한 사람들을 돌보았다.

아스클레피오스를 상징하는 동물은 뱀이었다. 그리스 사람들에게 뱀은 허물을 벗고 다시 태어나는 신비한 동물이었다. 또다른 신화에서 보듯 뱀은 예언 능력과도 깊은 연관이 있다. 그러나 아스클레피오스와 연관했을 때의 뱀은 영원한 생명 또는 놀라운 의술과 관계가 있다.

한편 아스클레피오스의 아버지인 아폴론은 자기 아들을 죽게 한 벼락을 만든 키클로프스를 죽였다. 제우스는 아폴론을 타르타로스에 유폐시키려다 아폴론의 어머니이자 자신의 연인인 레토의 간절한 부탁을 받고는, 1년간 인간 밑에서 노예생활을 할 것을 아폴론에게 명령했다.

아폴론은 테살리아의 아드메토스를 찾아갔다. 아드메토스는 아폴론의 신분을 몰랐지만 따뜻하게 대해주었다. 아폴론은 그 대가로 그의 소들이 모두 쌍둥이를 낳게 해주었다. 또한 아폴론은 아드메토스가 깜빡 잊고 아르테미스에게 결혼에 대한 감사를 하지 않아 아르테미스가 아드메토스의 침실에 뱀을 보냈을 때에도 그를 도와주었다.

아스클레피오스는 아폴론이 노예생활을 하게 됐을 정도로 아폴론의 사랑을 받았다. 또한 아버지의 사랑 못지않게 그리스 사람들의 사랑도 듬뿍 받았다. 병을 낳게 해준 공로 때문이기도 했겠지만, 영생에 대한 사람들의 기원도 그 심리의 밑바닥에 내재하고 있었을 것이다. ■

10 미네르바의 부엉이는 황혼이 되어서야 날기 시작한다

— 아테나와 헤파이스토스

아르테미스 이외에 또다른 처녀신이 있었다. 그녀는 지혜의 여신 아테나로 도시국가인 아테네의 수호신이었고, 로마에서는 미네르 바라고 불렸다. 아테나는 어머니 없이 태어났다. 엄밀히 말해서 어머니가 있었지만 어머니의 자궁이 아닌 아버지의 머리를 빌려 태어난 것이다.

사건의 전말은 이렇다. 크로노스에게 약을 먹여 제우스의 형제자매를 토해내게 했던 메티스는 제우스의 아이를 임신하고 있었다. 그런데 가이아는 메티스의 임신에 대해 먼저 딸이 태어나고 다음에 아들이 태어나면 그 아이가 제우스의 자리를 차지할 것이라 예언했다. 자신이 아버지의 권좌를 빼앗았다는 원죄의식 때문에 신경이 곤두서 있던 제우스는 이 예언을 듣고 메티스를 통째로 집어삼켰다.

어머니의 뱃속에 있던 아이는 아버지의 뱃속에서 자라게 되었다. 어느 날, 제우스는 출산의 여신이 자신에게 다가오는 것을 보고 어리둥절했다. 출산의 여신들이 가만히 채비를 차리고 나자, 저만치에서 절름발이인 대장간의 신 헤파이스토스가 아버지 제우스를 향해 달려와서는 얼른 도끼로 아버지의 머리를 내리치고 도망쳤다.

△헤파이스토스의 대장간. 벨라스케스.

　그 순간 제우스의 정수리에서 완전무장을 한 여신이 솟아나왔다. 바로 아테나였다. 그녀는 시녀들의 호위를 받으며 트리톤 강가로 날아가 스스로 몸을 씻었다.

　훗날 아테나는 처녀성을 잃을 뻔한다. 아테나를 감히 겁탈하려 했던 것은 그녀의 탄생을 지켜보고 산파 역할까지 맡았던 헤파이스토스였다.

　헤파이스토스의 탄생에 대해서는 두 가지 서로 다른 주장이 있다. 하나는 헤라가 남자와 잠자리를 같이 하지 않고 낳았다는 것이고, 다른 하나는 호메로스의 주장으로 제우스와 헤라 사이에서 태어났다는 것이다.

　하루는 제우스와 헤라가 대판 싸움을 벌였다. 제우스의 아들 헤라클레스가 트로이를 함락한 후 항해를 하는데, 이를 지켜보던 헤라가 헤라클레스를 골탕먹이기 위해 폭풍우를 보낸 것이 싸움의 발단이었다. 화가 난 제우스는 헤라를 올림포스 산에 매달았다.

　어머니를 돕기 위해 달려온 헤파이스토스는 이 상황을 숨어서 지켜보다가 그만 제우스에게 그 모습을 들키고 말았다. 아직 분이 삭지 않았던 제우스는 헤파이스토스를 걷어차 하늘에서 떨어뜨렸다. 헤파이스토스는 며칠 밤낮을 계속해서 떨어졌다. 그가 떨어진 곳은 렘노스라는 섬이었다. 이후 렘노스는 헤파이스토스의 섬이 되었는데, 그는 떨어질 때의 충격으로 절름발이가 되고 말았다.

고대인들은 쇠를 다루는 대장장이를 마법사만큼이나 두려워하고 소중하게 여겼다. 경우에 따라서는 다른 곳으로 가지 못하게 절름발이로 만드는 일도 있었다.

불구가 된 몸으로 바닥에서 신음하는 헤파이스토스를 구해준 것이 바로 테티스였다. 그녀는 제우스가 그녀와 관계를 맺으면 제우스를 몰아낼 아들을 낳을 것으로 예언된 바다의 신이었다. 이에 관한 상세한 내용은 트로이 전쟁에서 살펴보기로 하겠다.

이후 헤파이스토스는 신들에게 갑옷이나 마차, 무기 등을 만들어주는 대장장이 역할을 맡았다. 그는 만들지 못하는 것이 없었고, 그가 손을 대면 그것이 무엇이든 예술품이 될 정도로 솜씨가 뛰어났다.

그런데 아이러니컬하게도 다리를 저는데다 추남이기까지 한 헤파이스토스의 아내는 그리스 신화 최고의 미녀인 미의 여신 아프로디테였다. 이 둘은 서로 사이가 좋지 않았다. 헤파이스토스는 자기의 아픔을 보듬어줄 수 있는 따스한 마음을 가진 여인을 원했고, 아프로디테는 잘생기고 힘센 남자를 원했던 까닭이다. 이렇게 비극은 도처에 널려 있다.

아프로디테는 자신의 마음이 가는 대로 바람을 피웠고, 헤파이스토스는 쓸쓸한 마음으로 그것을 지켜볼 따름이었다. 그러다가 그의 눈 안에 들어온 여신이 바로 아테나였다. 요조숙녀의 이미지에 용감하기까지 한 아테나는 헤파이스토스의 가슴에 막 폭발할 듯한 뜨거운 화산을 옮겨놓았다. 이 이야기는 에릭토니오스의 장에서 살펴보자.

아테나를 좋아했던 남자는 또 있었다. 그는 바로 그리스 신화의 마지막 영웅 오디세우스였다. 그러나 그것은 헤파이스토스와 같은 연정이 아니라 존경과 신의가 듬뿍 담긴 사랑이었다. ■

11 전쟁과 사랑의 그늘 아래에서
— 아프로디테와 아레스

그럼 이번에는 헤파이스토스의 아내이자 미의 여신인 아프로디테를 중심으로 그리스 신화를 살펴보자.

아프로디테는 앞에서 본 대로 크로노스가 아버지 우라노스의 성기를 바다에 던졌을 때 성기 주위의 정액 거품에서 태어났다. 아프로디테라는 말 역시 '거품에서 태어났다' 라는 의미를 담고 있다. 그런데 아프로디테의 출생에 대해서 제우스가 티탄이자 크로노스의 누이동생인 디오네와 관계를 맺어 태어났다는 이설도 있다.

연구자들은 아프로디테의 지리적인 출생지를 그리스가 아닌 중근동으로 보고 있다. 그리스 신화는 마치 거대한 용광로처럼 주변의 여러 민족이 지니고 있던 신화를 융합했기 때문에, 여기에는 이방의 것들이 많이 흡수 또는 포함되어 있게 마련이다. 그 가운데 특히 아프로디테는 그 중요성 때문에 주목을 받는다.

아프로디테는 원래 매우 강력한 여신이었다. 그리스 문화와 융합되면서 적당히 희화화되고 미의 여신이라는 영역으로 국한되면서 그 힘이 줄어들었을 뿐이다. 다시 말해서 전방위적인 힘이 아름다움과 사랑이라는 부분으로 제한되었다는 말이다.

그렇다고 해서 아프로디테가 만만한 신이었던 것은 아니다. 그녀는 처녀신인 아테나, 아르테미스, 헤스티아를 제외한 모든 신과 인간의 마음을 휘감아 사로잡을 수 있는 마법의 띠를 갖고 있었다. 이 마법의 띠가 바로 아프로디테의 원래 힘을 상징하는 것이다. 왜냐하면 제우스까지도 이 마법의 띠가 지닌 힘에서 벗어날 수 없었기 때문이다. 트로이 전쟁 때는 아프로디테에게서 이 마법의 띠를 빌린 헤라가 제우스를 녹이고 있는 동안, 아테나가 그리스의 편을 들어 전세를 돌려놓기도 했다.

그러나 아프로디테가 그리스에 유입되어 신체적 결함이 있는 헤파이스토스와 결혼을 하고, 그에 대한 반발로 많은 신이나 인간과 성관계를 맺는 과정에서 안타깝게도 아프로디테의 본래적인 힘은 크게 약화되고 말았다.

아프로디테는 디오니소스·포세이돈·헤르메스·아레스 등의 신들과 관계를 맺었고, 테세우스의 아들 히폴리토스를 짝사랑해 그의 계모인 파이드라와 함께 죽음에 이르게 만들기도 했다. 한번은 안키세스라는 인간을 사랑한 적이 있는데, 그들 사이에서 황금가지를 들고 아버지를 찾아 지하세계로 내려간 것으로 유명한 아이네이아스가 태어났다. 그것은 마법의 띠를 이용해 신들을 농락하는 그녀를 벌주기 위해 제우스가 꾸민 일이었다.

아프로디테는 신뿐 아니라 사랑을 필요로 하는 많은 인간들에게 사랑을 베풀어 달콤한 사랑을 안겨주기도 했지만, 때로는 잔혹한 비극을 유발시키기도 했다.

아프로디테의 염문 가운데 가장 유명한 일화는 전쟁의 신 아레스와 관련된 것이다. 이들은 바람을 피워 하르모니아를 비롯한 몇 명의 자녀를 낳았다. 하르모니아는 훗날 제우스에게 납치된 여동생 이오를 찾아다니던 카드모스와 결혼해서 테바이를 건설하지만, 이는 또다른 비극을 잉태하는 전조가 된다.

아프로디테의 남편 헤파이스토스는 헬리오스로부터 아프로디테가 아레스와 바람을 피운다는 사실을 듣고 분개했다. 아내를 사랑하는 것은 아니었지만, 그래도 화가 나지 않는 것은 아니었다. 헤파이스토스는 아버지 제우스처럼 속임수를 쓰기로 했다. 그는 침대에 눈에 보이지 않는 그물을 만들어놓고, 렘노스에 다녀오겠다는 말과 함께 밖으로 나갔다. 그리고 한참 절정으로 치닫고 있는 순간을 덮쳤다. 그것도 많은 남녀 신들과 함께. 헤파이스토스는 그물에 갇힌 두 남녀를 끌어냈다. 아내의 알몸을 공개한 것이다.

그러나 신들은 데이모스(공포)와 포보스(낭패)라는 두 아들을 데리고 다니는 포악한 아레스의 성격을 알고 있었기 때문에 웃기만 했다. 전쟁의 신 아레스가 있는 곳은 옳고 그름과 상관없이 살육과 무자비한 싸움이 벌어졌다. 한편 여신들은 망측하다고 그 자리에 들어오지 않았다. 보다 못한 포세이돈이 나서서 중재를 했고, 배상을 한다는 조건으로 헤파이스토스는 그들을 풀어주었다.

이때 동그랗게 눈을 뜨고 아프로디테의 몸매를 뚫어지게 바라보며 한숨을 짓는 신이 있었다. 바로 신과 신, 신과 인간 사이를 오가며 전령 역할을 하는 헤르메스였다. 과부 사정은 과부가 제일 잘 안다고, 제우스는 헤르메스의 마음을 헤아리고도 남았다. 제우스는 아끼는 아들을 위해 다시 머리를 써야 했다.

어느 날, 아프로디테가 목욕을 하고 있을 때 어디서 나타났는지 독수리가 쏜살같이 내려와 그녀의 황금 샌들을 물고 사라졌다. 독수리는 제우스를 상징하는 새다. 양을 치고 있던 가니메데스를 납치한 것도 독수리였다. 가니메데스는 결국 제우스 옆에서 술을 따르는 시종이 되었다.

독수리가 떨어뜨리고 간 황금 샌들을 본 헤르메스는 그것이 무엇을 의미하는지 금세 깨달았다. 헤르메스는 아프로디테에게 황금 샌들을 돌려주는 대신 보상을 원했다. 보상은 당연히 침을 삼키며 바라보던 아프로디테를 마음껏 누리는 것이었고, 그날의 결과로 남녀 양성을 지닌 헤르마프로디토스가 태어났다. ■

12 신과 신, 신과 인간의 경계를 넘나든다

— 헤르메스

헤르메스는 그리스 신화 곳곳에서 볼 수 있다. 헤르메스는 티탄 아틀라스의 딸 마이아와 제우스 사이에서 태어났다. 그는 태어날 때부터 워낙 의뭉스러웠기 때문에 제우스가 바람을 피워 낳은 다른 자식들과는 달리 헤라와 사이가 좋았다. 헤르메스는 헤라의 무릎에 앉아 헤라의 젖을 먹고 자랐다고도 한다.

제우스는 헤르메스를 자신의 사자로 삼았다. 별을 보고 점을 치는 점성술도 헤르메스에서 유래되었다고 한다. 헤르메스의 로마 식 이름은 '메르쿠리우스'로 여기서 수은을 뜻하는 '머큐리'라는 말이 나왔다. 수은은 온도가 높아도 액체인 채로 남아 있는 금속이다. 수은을 바닥에 떨어뜨리면 빠르게 흘러 사라지는데, 그 빠른 속도 때문에 메르쿠리우스라는 이름이 붙었을 것으로 추측된다.

헤르메스는 앞에서 본 대로 신과 신, 신과 인간 사이를 매개해 대립되는 요소를 결합하고 조화시키는 일을 맡았다. 이런 그의 성격 때문에 아프로디테와의 사이에서 태어난 자식은 남녀 양성을 지닌 헤르마프로디토스였다. 또한 말을 있는 그대로 전달하는 것이 아니라, 그 말의 의미를 파악해서 전달했다. 이는 제우스의 뜻을 잘 헤아려 다른 신이나 인간에게 전달함을 가리킨다. 현대해석학(Hermeneutics)이라는 용어도 헤르메스라는 말에서 유래했다.

△헤르메스의 조각상.

헤르메스는 많은 일을 했다. 디오니소스가 태어났을 때 헤라의 눈을 피해 숨겨놓기도 했고, 제우스가 바람을 피우다 들켜서 빼앗긴 이오를 다시 찾아오기도 했다. 또한 헥토르의 시체를 찾으러 아킬레우스를 찾아갈 때도 헤르메스는 동행했다. 제우스 또는 제우스의 뜻이 있는 곳에 헤르메스가 있다고 생각하면 될 정도다.

헤르메스 역시 많은 후손을 남겼다. 드리오프스의 딸 페넬로페와의 사이에서 목신인 판을 낳았고, 아프로디테와의 사이에서 헤르마프로디토스를 낳았다. 또한 헤르세라는 여자와 사랑에 빠졌는데, 이를 본 헤르세의 자매 아글라우로스가 이들의 사이를 방해하려고 하자 그녀를 돌로 만들기도 했다. 이들 사이에서는 케팔로스가 태어났다.

또한 아페모시네는 헤르메스를 피해 달아났다. 그러자 장난기가 발동한 헤르메스는 아페모시네가 도망치는 길목에 동물의 가죽을 깔아놓았다. 헤르메스는 그곳에서 기다리다가 가죽 때문에 미끄러진 그녀와 자연스럽게 부둥켜안고 정을 통했다. 그런데 카트레우스의 아들로 신탁을 두려워해 아페모시네와 함께 섬으로 도망쳤던 오빠 알타이메네스는 그녀가 헤르메스의 아이를 임신한 것을 알고 발로 차 죽였다. 결국 신탁대로 그는 아버지를 해적으로 오인해 카트레우스를 살해하고 말았다.

헤르메스의 가장 큰 공적은 제우스가 티폰에게 힘줄을 빼앗겨 사로잡혀 있을 때, 힘줄을 되찾고 제우스를 구출해 티폰을 무찌르게 한 일이다.

헤르메스는 전령답게 하늘을 날 수 있는 날개 달린 신발과 황금 지팡이를 들고 다녔다. 이 황금 지팡이는 케리케이온 또는 카두세우스라고 불리는 것으로, 뱀 두 마리가 지팡이를 감고 서로 마주 보는 형상을 하고 있다. 여기서 뱀 두 마리는 서로 대립하는 것을 상징한다. 예를 들어 하늘과 땅, 지상과 지하 등이 그것이다. 케리케이온은 하늘과 땅, 지상과 지하세계를 다니면서 서로 대립하는 것들을 결합시키는 그의 역할을 표상한다. 헤르메스의 성격을 가장 잘 드러내는 물건인 셈이다. 이 지팡이는 아폴론을 속여 얻은 것이다.

헤르메스는 별칭이 많다. '아르게이폰테스'는 이오를 지키던 아르고스를 살해한 후에 생겼다. 그리고 양치기라는 뜻의 '노미오스'는 그가 어깨에 양을 메고 나타날 때가 많았기 때문에 생긴 별칭이다. 또한 영혼의 안내자라는 의미인 '푸스코폼포스'는 지하세계에 자주 왕래하면서 생긴 별칭이다. ■

13 여신을 사랑한 자, 이렇게 되노라
— 헤라와 익시온 그리고 켄타우로스

신들이 인간과 관계를 맺어 태어난 무리가 바로 영웅들이다. 영웅들은 짧은 시기에 한꺼번에 등장했다가 트로이 전쟁과 맞물려 한꺼번에 지상에서 사라졌다. 그러나 이들은 대개 남신과 인간 여자 사이에서 태어났다.

이와 반대로 여신과 인간 사이에는 어떤 일이 일어났을까? 남신과 인간 사이만큼 잦은 것은 아니었지만, 그래도 많은 접촉이 있었다. 그리고 대개 신과 인간의 접촉이 그렇듯이 비극을 잉태했다. 이는 그리스 신화가 지닌 특징 가운데 하나다. 즉, 신과 인간이 만나면 그 인간은 비극의 주인공이 된다. 그리고 이들 사이에서 영웅이든 괴물이든 생산물이 생겨나고 이들과 연관된 이야기가 또 사슬처럼 이어진다.

켄타우로스라는 아주 독특한 상상의 존재 역시 이런 과정에서 생겨났다. 켄타우로스는 잘 알고 있는 것처럼 반인반마, 그러니까 상체는 사람이고 하체는 말인 존재다.

이야기는 테살리아에서 비롯된다. 테살리아의 왕자 익시온은 장차 장인이 될 사람을 죽이고, 한 걸음 더 나아가 제우스의 아내인 헤라에게 연정을 품었다. 다른 여신도 마찬가지이지만 헤라는 특히 인간이 정욕을 품어서는 안되는 신이었다.

이를 안 제우스는 모르는 척하고 익시온의 침대에 구름으로 만든 헤라를 보냈다. 익시온은 꿈에 그리던 헤라와 뜨거운 밤을 보냈다. 그날 밤 구름에는 익시온의 정액이, 익시온에게는 헤라와 하룻밤을 같이했다는 자만심이라는 비극의 씨앗이 뿌려졌다.

익시온은 자기가 헤라와 잠자리를 같이했다고 온 동네를 돌아다니면서 떠들어댔다. 비극의 씨앗이 싹을 틔운 것이다. 제우스는 익시온을 차 바퀴에 매달고 공중으로 들어올려서 바람을 보내 빙글빙글 돌렸다.

여하튼 구름이 익시온의 정액을 받아 낳은 것이 켄타우로스다. 켄타우로스는 짐승의 본능과 인간의 정신을 바탕으로 한 인간의 전체적인 성질을 상징한다. 흔히 켄타우로스를 표상하는 모습은 활을 겨누고 있는 켄타우로스다. 그 화살의 힘은 그의 능력을 상징하는데, 켄타우로스는 정확하게 45도 각도로 활을 쏠 수 있었다. 정확한 45도는 현실적으로는 불가능하며 기하학적으로만 가능할 뿐이다. 이것은 반인반마인 켄타우로스의 비현실적 모습과 그들의 존재성을 상징한다.

고대인들은 말을 매우 좋아했기 때문에 인간과 말의 결합체를 나쁘게만 보지는 않았다. 그러나 켄타우로스는 그들의 조상인 익시온을 닮아 성격이 난폭하고 호색적이었다.

켄타우로스는 소아시아의 페리온 산에 모여 살았는데, 켄타우로스와 관련한 가장 유명한 이야기는 페이리토스와 히포다메이아의 결혼식 사건이다. 페이리토스가 속한 라피테스 족과 켄타우로스 족은 모두 익시온의 자손이었다. 그들은 서로 자신들이 왕위 계승권을 가지고 있다고 늘 다투었다.

그 다툼이 결혼식장에서 폭발하고 말았다. 이미 평화로운 관계가 이루어졌다고 생각했던 페이리토스가 켄타우로스 족을 결혼식에 초대한 것이었다. 그런데 켄타우로스 일족의 하나인 에우리티온이 술에 잔뜩 취해 호색적인 성질을 드러내 라피테스의 여자들을 희롱하고 신부에게 폭행

△아테나와 켄타우로스. 보티첼리.

을 가하려고 했다.

그 일이 발단이 되어 치열한 난투극이 벌어져 많은 켄타우로스 족이 살해되고 테살리아에서 추방되었다. 이것이 유명한 '라피테스 족과 켄타우로스 족의 싸움'으로 많은 시인들과 조각가의 소재가 되었다.

이아시온은 제우스와 아틀라스의 딸 엘렉트라 사이에서 태어났다. 그는 데메테르를 연모하고 있었다. 카드모스와 하르모니아의 결혼식에서 만난 이아시온과 데메테르의 눈동자에는 불길이 일렁거렸다. 데메테르는 쉽게 흥분하는 격정적이고도 정열적인 성격을 지녔다.

다른 신들이 신방을 구경하러 들어간 사이 두 사람은 몰래 그곳을 빠져나왔다. 제우스는 소란 속에서도 데메테르와 이아시온이 보이지 않는다는 것을 알고 밖으로 나왔다. 어둠 속에서 가는 신음소리가 들려왔다. 제우스는 그 소리를 등대 삼아 어둠을 헤치고 나아갔다. 그리 멀지 않은 밭에서 둘은 격정적으로 뒹굴고 있었다.

이아시온은 제우스의 벼락을 맞고 죽었다. 이는 신의 질서와 인간의 질서가 다르기 때문이다. 제우스는 누이 데메테르를 겁탈해서 페르세포네를 낳았고, 다시 페르세포네를 강간해서 디오니소스를 낳았다. 그런데 왜? 인간세계와 신의 세계가 다른 탓이거나, 아니면 제우스의 질투심 때문일 것이다. 과연 어느 쪽일까?

단지 여신의 나체를 훔쳐봤다는 이유로 고통을 당한 사람도 있다. 카드모스의 손자인 악타이온은 아르테미스의 나체를 보았다는 이유로 자기의 사냥개에 의해 갈기갈기 찢겨 죽었고, 테이레시아스는 아테나의 벗은 몸을 보았기 때문에 장님이 되고 말았다.

여신의 사랑을 거절했던 인간의 경우에도 상황은 크게 다르지 않았다. 테세우스의 아들 히폴리토스는 아프로디테의 사랑을 거절했기 때문에 계략에 빠져 말에 밟혀 죽고 말았다. 이렇듯 신과 인간의 사랑은 거의 대부분 비극으로 끝났다. 여자들은 자살했고, 남자들은 살해당했다. ■

14 신의 사랑을 받은 여인들의 운명

신화시대에 인간으로서 신의 사랑을 받는다는 것은 행복한 일일까, 불행한 일일까? 아니면 이도 저도 아닐까?

신과 사귀는 것은 쉬운 일이 아니었다. 신과 인간의 차이를 생각해보면 쉽게 이해할 수 있다. 신과 인간의 결정적인 차이는 죽음이다. 신은 죽지 않는다. 그러나 인간은 죽는다. 역설적이지만 신은 죽지 않기 때문에 금세 싫증을 낸다. 이에 반해 인간은 언젠가 죽는다는 한계 때문에 사랑이 되었건 일이 되었건 열정적으로 매달리고 강한 집착을 드러낸다. 또한 신은 죽음이 없기 때문에 순간이 주는 긴장감을 알지 못한다. 영원을 사는 존재에게 순간은 의미가 없다. 한정된 삶을 사는 인간이라면 매순간에서 뜨겁고 아찔한 감각을 얻을 수 있겠지만 말이다.

그래서 신들은 인간으로 변신해서 지상에 나타나기를 좋아했다. 유한 존재인 인간이 지닌 모험과 스릴을 즐기고 싶어했던 것이다.

그 모험 가운데 대부분은 불장난이었다. 신들의 사랑에는 영원을 약속하는 일 따위가 전혀 없었다. 신들은 금세 싫증을 냈기 때문이다. 그런데 여기서 문제가 발생한다.

신들에게는 일시적이고 일회적인 사랑이 인간에게는 그 흔적이 평생 남거나 존재 자체가 아예 흔적조차 없이 사라지기까지 했다. 흔적도 없이 사라진다는 것은 곧 죽음을 의미한다.

앞에서 제우스가 수많은 인간 여자와 관계를 맺어 영웅을 낳았고, 그들로 하여금 세상의 질서를 세우게 했다는 말을 언급했다. 하지만 이는 어디까지나 신의 입장에서 볼 때 그렇다는 것이지, 인간의 처지에서 볼 때는 전혀 다르게 해석된다. 몇 가지 사례를 살펴보자.

제우스는 이오를 소로 변신시켜 헤라의 감시를 뚫고 용감하게 바람을 피웠다. 이오는 헤라의 질투 때문에 고통스럽게 세계를 떠돌아다녀야 했다. 그런데 이오의 후손 가운데 에우로페라는 페니키아 공주가 있었다. 그녀 역시 시돈의 바닷가에서 수소로 변신한 제우스에게 납치되어 지금의 유럽으로 갔다가 거기서 제우스의 아이를 낳고 크레타의 왕과 결혼했다.

그런데 에우로페의 오빠인 카드모스의 딸 세멜레 역시 제우스와 사귀었다. 그녀는 유모로 변장한 헤라의 꾐에 속아 불에 타 죽고 말았다. 뿐만 아니라 페르세우스의 어머니 다나에는 제우스의 아이를 임신하고 집에서 쫓겨났다.

애정행각을 벌인 것은 제우스 이외에도 많다. 포세이돈은 메두사와 아테나 신전에서 열정적인 사랑을 나누었다. 이로 인해 아테나의 분노를 산 메두사는 누구나 그녀를 보기만 해도 돌로 변해버리는 최악의 괴물이 되었고, 결국 페르세우스의 손에 의해 목숨을 잃고 만다.

제우스와의 불장난 끝에 재가 되고 만 세멜레의 아들 디오니소스는 에우로페의 딸 아리아드네와 결혼했다가 그녀를 죽음으로 몰고갔다. 그리고 인간으로서는 첫번째로 디오니소스로부터 포도주의 비법을 전수받은 아카리오스는 처참하게 죽었고, 그의 딸 에리고네는 디오니소스와 사랑을 나누었지만 목을 매서 자살하고 말았다.

아폴론의 경우는 좀 다르다. 앞에서 본 대로 아폴론은 언제나 사랑에 실패했다. 아폴론과 관계해서 의술의 신 아스클레피오스를 낳은 코로니스는 인간인 이스키스에게 한눈을 팔았다가 화살을 맞아 죽었고, 카산드라는 아폴론에게 사랑의 대가를 요구했다. 아폴론은 카산드라에게 예언의 능력을 주었는데, 그녀 역시 아폴론을 배신했다. 아폴론은 예언의 능력을 다시 빼앗지는 못하고 그 대신 사람들이 그녀의 말을 믿지 않게 만들었다. 카산드라는 트로이가 불타는 모습을 보면서 목마가 속임수라고 피가 터지게 외쳤지만 아무도 그녀의 말을 믿지 않았고, 그녀는 서글픈 운명을 지켜볼 수밖에 없었다.

이외에도 많은 신들이 제우스를 모방해서 인간과 관계를 맺었고 불행을 잉태했다. 신과 관계를 맺는다는 것은 고통을 의미하는 것이었다. 그리고 그 고통을 수반한 수태는 새로운 세계의 탄생을 알린다.

고통 없이 얻을 수 있는 것은 없다. 하지만 그 고통을 짊어져야 했던 인간들의 뒷모습은 쓸쓸할 수밖에 없었다. ■

15 가이아의 끝없는 도전과 갈등

— 기간토마키아

그리스 신화에서 가이아는 잘 드러나지는 않지만 매우 중요한 역할을 맡고 있다. 먼저 대지의 여신 가이아는 세계신화에 보편적으로 존재하는 가부장제 이전의 세계상을 표상한다. 사실 제우스의 왕권신화를 보면 남성 위주로 전개된다. 가이아는 여기에 끊임없이 제동을 걸고 반기를 든다.

티탄들을 동원해 남편 우라노스를 몰아내고, 크로노스의 뒤를 이은 제우스를 도와주기는 하지만, 티폰 등의 괴물을 낳아 끊임없이 새로운 질서에 도전한다. 기간토마키아라고 불리는 기가스와 새로운 신들의 전쟁에도 그 배경에는 가이아가 자리하고 있다.

가이아는 자신의 자식들인 티탄들이 제우스를 우두머리로 하는 젊은 신들과의 전쟁에서 패하자 크게 분노했다. 가이아는 우라노스와 관계를 맺어 거인족인 기가스를 낳았다. 몸집으로는 그 거대함을 당할 존재가 없었고, 힘에서도 무적이었다. 기가스Gigas라는 말에서 거인을 뜻하는 자이언트Giant라는 말이 생겼다. 그들의 생김새는 보기만 해도 공포를 자아냈고, 머리털과 수염이 무성했으며, 발은 용의 비늘로 덮여 있었다. 일부

의 주장에 따르면 기가스는 플레그라이에서, 다른 주장에 따르면 팔레네에서 태어났다.

잠깐 눈을 돌려서 테베의 헤라클레스 탄생을 살펴보자. 헤라클레스는 암피트리온과 알크메네 사이에서 태어났다. 그러나 실제적인 아버지는 제우스다. 제우스가 암피트리온을 대신해 알크메네의 침실로 들어갔던 것이다.

이 사건은 기가스와의 전투, 즉 기간토마키아 때문에 일어난 일이다. 기간토마키아에서 승리하기 위해서는 신이 아닌 인간의 힘이 절대적으로 필요했다. 기가스는 신들에 의해서는 멸망하지 않지만 누군가 인간이 도와준다면 멸망시킬 수 있을 것이라는 예언이 있었던 것이다. 필요는 발명의 아버지라고 했다. 제우스는 궁리 끝에 알크메네의 자궁을 빌려 영웅을 낳은 것이다.

전쟁은 시작되었다. 가이아는 인간의 힘으로부터 기가스를 지키기 위해 약초를 구하려고 했다. 이를 안 제우스는 새벽과 달과 태양에게 하늘에 모습을 드러내지 못하도록 엄한 명령을 내리고는 약초를 먼저 찾아내 잘라냈다. 그리고 헤라클레스를 불렀다. 만반의 준비가 끝난 셈이었다.

기가스는 하늘을 향해 암석과 불이 붙은 떡갈나무를 던졌다. 가장 뛰어난 기가스는 포르피리온과 알키오네우스였다. 그들에게 삶을 준 대지(가이아)를 딛고 있는 한 알키오네우스는 절대 죽지 않았다.

헤라클레스는 먼저 알키오네우스에게 화살을 쏘았다. 화살을 맞은 알키오네우스는 일단 땅 위에 쓰러졌지만 곧 전보다 강한 힘을 얻어 일어났다. 아테나가 헤라클레스에게 알키오네우스를 죽일 수 있는 방법을 일러주었다. 헤라클레스는 그 즉시 알키오네우스를 팔레네 밖으로 끌고나가 살해했다.

한편 포르피리온은 헤라클레스와 헤라를 상대로 싸움을 걸었다. 그때 제우스는 포르피리온이 헤라에게 정욕을 품게 만들었다. 그가 헤라의 옷을 찢고 겁탈하는 순간, 제우스와 헤라클레스는 헤라의 도움을 청하는 비명소리를 들었다. 이때 제우스는 벼락을 던졌고, 헤라클레스는 화살을 쏘아 그를 살해했다.

나머지 거인들 가운데 에피알테스는 양쪽 눈에 화살을 맞고 죽었다. 오른쪽 눈은 아폴론이, 왼쪽 눈은 헤라클레스가 쏜 것이었다. 헤파이스토스는 미마스에게 금속을 녹인 물을 던져 죽였다. 아테나는 도망치는 엔켈라도스의 위에 시칠리아 섬을 던졌다. 포리보테스는 포세이돈의 추격을 받고 바다를 가로질러 도망쳐 코스 섬에 도착했다. 포세이돈은 섬의 일부를 잘라서 포리보테스의 위로 던졌다.

이렇듯 수많은 기가스들이 신들에 의해 쓰러졌다. 그 나머지는 제우스가 벼락을 던져 죽였고, 모든 죽어가는 기가스에게 헤라클레스가 화살을 쏘아 숨통을 끊어놓았다.

이렇게 가이아의 분노로 표출된 기간토마키아는 제우스를 정점으로 한 신들의 승리로 끝났다. 그렇지만 가이아는 단념하지 않았다. ■

16 괴물의 시조, 티폰

― 가이아 이론

현대과학의 이론들 중에 '가이아 이론'이라는 것이 있다. 가이아 이론은 1970년대 대기화학자 J. 러브록이 주장한 것으로, 지구는 하나의 유기체이기 때문에 환경오염으로 인한 피해를 조절하기 위해 스스로 자구노력을 기울인다는 것이 이 이론의 골자다. 이 이론에 따르면 대지의 여신 가이아의 자구노력은 홍수, 지진 등 천재지변으로 나타난다. 지구는 스스로를 구제하고 치유하는 과정에서 인간에게 막대한 피해와 재앙을 안겨준다. 다시 말해서 지구는 무분별하게 환경을 파괴해온 인간에게 그에 상응하는 복수를 한다는 말이다. 가이아 이론은 현대의 것이지만, 그 배경은 그리스 신화에 있다.

가이아(대지 또는 지구)는 자신의 후손들이 고통받는 모습을 보고 기가스와 티폰 등을 낳아서 끊임없이 제우스에게 도전한다. 신들이 기가스들을 살해하자 더욱 화가 난 가이아는 지하 가장 깊은 곳인 타르타로스와 관계를 맺어 킬리키아에서 사람과 짐승의 혼합체인 티폰을 낳았다. 티폰은 이 세상에 출현한 모든 생물 가운데 최고로 강한 존재였다. 또한 그리스 신화에 등장하는 수많은 괴물의 아버지이기도 했다.

고대 그리스 인이 묘사한 티폰의 생김새를 보면 허벅지 위에서 머리 밑으로는 인간의 모습이다. 그 크기는 땅 위에 있는 모든 산보다 높아 가끔 머리가 별과 스칠 정도였으며, 그가 한쪽 팔을 뻗으면 서쪽 끝이 닿았고 다른 팔을 뻗으면 동쪽 끝이 닿았다. 티폰의 머리는 백 개로 모두 용이었다. 허벅지 아래는 거대한 독사가 똬리를 튼 모습으로, 그것을 풀면 머리까지 닿았는데 매우 큰 소리를 냈다. 또한 온 몸에는 날개가 달려 있었고, 머리와 턱에 나 있는 무성한 털은 바람에 날렸으며 눈에서는 불이 뿜어져 나왔다. 태풍을 뜻하는 타이푼Typhoon은 티폰Typhon에서 유래했다.

그리스 신화에 묘사된 티폰을 가만히 머릿속에 그려보면 그리스 인이 가졌던 상상력의 극치를 느낄 수 있다. 또한 티폰이라는 괴물을 낳을 수밖에 없었던 가이아의 처절한 분노까지 느낄 수 있다. 개발이라는 명목 아래 계속해서 지구(가이아)를 파괴한다면, 현대 인류에게도 언젠가 티폰과 같은 엄청난 재앙이 닥치지 않을까.

신들이 한가롭게 연회를 즐기고 있던 어느 날이었다. 갑자기 티폰이 불이 붙은 바위를 던지고 무서운 소리를 지르면서 돌진해왔다. 티폰의 입은 뜨거운 불을 내뿜고 있었다. 기겁을 한 신들은 그가 하늘을 향해 돌진해오는 것을 보고는 모습을 바꿔 이집트로 도망쳤다. 이집트에 유난히 동물 모양을 한 신들이 많은 것은 이때 많은 신들이 동물로 변신해 이집트로 도망쳤기 때문이다.

제우스는, 멀리서는 벼락을 던지고 가까이에 다가가서는 다이아몬드 낫으로 공격하면서 카시오스 산까지 도망치는 티폰을 쫓아갔다. 이 산은 지금의 시리아에 있다. 제우스는 거기서 부상을 입은 티폰을 보고 달려들었지만, 오히려 붙잡혀 낫을 빼앗겼다.

티폰은 제우스의 손과 발의 힘줄을 잘라 두 어깨에 걸치고 바다를 건너 킬리키아로 데려가서 코리키온의 바위동굴 속에 가두었다. 티폰은 제우스의 힘줄을 곰가죽에 싸서 그곳에 넣어두고, 반은 용이고 반은 인간인 델피네에게 지키게 했다. 그러나 헤르메스와 판이 힘줄을 훔쳐서 몰래 제우스에게 건넸다.

△거대한 신과 싸우는 헤라.

본래의 힘을 되찾은 제우스는 날개 달린 말이 끄는 마차를 타고 벼락을 던지면서 니사라고 불리는 산까지 티폰을 쫓아갔다. 거기서 운명의 여신들이 도망치는 티폰을 속였다. 티폰에게 죽음의 열매를 주면서 그것을 먹으면 더욱 강해질 것이라고 말했던 것이다. 티폰은 운명의 여신들이 내민 죽음의 열매를 먹었다.

티폰은 다시 제우스에게 쫓겨 트라키아로 갔다가 하이모스 산에서 싸우던 중 산맥을 들어올렸다. 그러나 산이 벼락에 맞아 그의 머리 위에 쏟아져내렸기 때문에 산 위에 다량의 피가 뿜어져 나왔다. 이 사건으로 인해 이 산에는 하이모스Haimos라는 이름이 붙여졌다고 한다. 하이모스는 피를 뜻하는 하이마Haima라는 말에서 유래했다. 제우스는 티폰이 시칠리아 해를 건너 도망칠 때 시칠리아의 에트나 산을 집어던졌다. 에트나는 큰 산이었다. 그 이후 오늘날까지 그때 맞은 벼락에서 불이 뿜어져나오고 있다고 한다. ■

17 황금시대에서 철의 시대로

— 인류의 탄생

처음 이 세상에 모습을 드러낸 시대는 지금 우리가 상상할 수 없을 정도로 행복한 시대였다. 이를 금속에 비유해서 '황금시대'라고 불렀다. 아직 계절이 나눠지지 않았던 황금시대는 언제나 봄처럼 화사했고, 온갖 꽃들이 피어 있었으며, 초목은 푸르름을 마음껏 드러내고 있었다.

이 시대의 인간들은 노동을 몰랐다. 경작을 하거나 수렵을 하지 않아도 대지가 먹을 것을 제공해주었기 때문이다. 또한 강에는 젖과 꿀이 흐르고 나무마다 달콤하고 풍요로운 열매가 달려 있었다. 따라서 남의 것을 빼앗거나 더 많이 소유하기 위해 경쟁하거나 위협할 일이 없었다. 당연히 경쟁과 싸움을 위한 무기도, 전쟁도 없었다. 또한 갈등이 없었기 때문에 그로 인해 생기는 슬픔이나 고통도 존재하지 않았다.

인간들은 신처럼 살았다. 걱정도 없었으며, 몸과 마음을 괴롭히는 문제나 고뇌도 없었다. 또한 늙지 않는 봄과 같은 육체를 지니고 있었기에 생로병사의 고통에 대해서도 알지 못했다. 황금시대의 인간은 매일 연회를 열어 흥청거리며 마셔댔다.

그들은 잠을 너무 많이 잤기 때문에 지상에서 사라졌다. 제우스는 그들을 지구 밑바닥으로 가라앉게 만들었다. 어떤 사람들은 인간이 신들과 지나치게 가까워지면서 신들을 경멸했기 때문이라고 말하기도 한다.

황금시대에 살았던 인간은 수명이 지금보다 훨씬 길었지만 어린아이처럼 성격이 나약했다. 인간들은 하찮은 일에도 불평을 터뜨렸고 사소한 일로도 싸웠다. 인간의 이런 나약한 모습에 진절머리가 난 제우스는 그들을 모두 멸종시켰다.

황금시대의 뒤를 이은 것은 '은의 시대'다. 은의 시대가 되자 대지는 더이상 인간을 위해 먹을 것을 주지 않았다. 인간은 먹기 위해 땅을 경작하고 씨를 뿌려야 했으며, 처음으로 빵을 먹었다. 그러나 대지가 비옥했기 때문에 큰 노력을 하지 않아도 쉽게 먹을 것을 얻을 수 있었다.

다음은 '청동시대'였다. 제우스는 청동시대에 들어 1년을 넷으로 나누었다. 계절이 생겨난 것이다. 인간은 처음으로 절망적인 겨울의 추위를 경험했다. 당장 추위를 막을 집이 필요하게 됐고, 이들이 처음 집으로 삼은 곳은 동굴이었다.

이때는 은의 시대에 비해 대지가 척박해졌기 때문에 인간들은 예전보다 많은 노력을 해야 먹을 것을 얻을 수 있었다. 경작과 수렵은 생존을 위한 필수조건이 되었다. 은의 시대를 살았던 사람들보다 더 많은 지혜를 발휘하고 힘을 사용해야 했기 때문에 여러 면에서 기술과 능력이 발전했다. 그러나 기술과 능력이 발달하면서 그 부작용으로 갈등과 다툼이 생겼다. 더 많이 차지하기 위해 싸우기 시작했고, 남들과의 경쟁에서 이기기 위해 노력했기 때문이다. 결국 청동시대 사람들은 전쟁을 일으켜 서로 죽이는 것으로 시대를 마감했다.

이로써 인간은 욕망을 지니게 되었고, 그로 인해 죄악이 넘쳐나기 시작했다. 사랑과 명예 등 신이 인간에게 준 미덕은 점차 사라져갔고, 대신 폭력과 살인이 난무하게 되었다. 서로를 믿지 못했고 걸핏하면 싸우고 죽였다. 신들은 진절머리를 내며 하나둘씩 인간세계를 떠나기 시작했다.

마지막까지 남아 있었던 정의의 여신마저 세상을 버리자 제우스는 청동시대의 인류를 절멸시키기로 결정한다. 그 방법으로 지상에 대홍수를 일으키기로 했다. 사실 홍수신화가 존재하지 않는 대륙은 없다.

　홍수는 전지구적으로 일어난 역사적 사건이며, 그것이 신화라는 변용을 거쳐 각기 다른 모습으로 후세에 전해지게 된 것이다. 그리스 역시 예외가 아니어서 제우스가 일으킨 홍수에서 살아남은 것은 단 두 사람으로, 데우칼리온(프로메테우스의 아들)과 피라(프로메테우스의 동생 에피메테우스와 판도라 사이에서 태어난 딸)가 그들이다.

　그리스에서는 이들을 인류의 선조로 꼽는다. 이들로부터 다시 인류가 시작되었다는 말이다. 이렇게 시작된 시대를 '철의 시대'라 부른다. ■

제2장 티탄 족의 후예들

18 거인들이 세상의 공간을 채웠을 때

— 티탄 족의 계보

티탄 족은 몸집도 컸지만 그 숫자도 많았다. 제우스를 비롯한 새로운 신들과의 싸움에서 패한 뒤 더이상 새로운 질서에 항거하지 않고 한 걸음 뒤로 물러난 채, 신화에 그 모습을 드러낸다.

먼저 대양의 신 오케아노스와 테티스 사이에서 오케아니데스(대양의 딸들), 즉 아시아·스틱스·엘렉트라·도리스·메티스 등이 태어났다. 코이오스와 포이베 사이에서는 아스테리아와 레토(아폴론과 아르테미스의 어머니)가 태어났고, 히페리온과 테이아 사이에서는 새벽의 여신 에오스, 태양의 신 헬리오스가 태어났다.

크레이오스와 에우리비아(폰토스의 딸) 사이에서는 아스트라이오스·팔라스·페르세스가, 이아페토스와 아시아 사이에서는 아틀라스·프로메테우스·에피메테우스와, 제우스와의 전투에서 우레를 맞아 타르타로스에 떨어진 메노이티오스가 태어났다. 또한 크로노스와 필리라 사이에선 켄타우로스(반인반마)인 케이론이, 에오스와 아스트라이오스 사이에선 바람과 별이 태어났고, 페르세스와 아스테리아 사이에선 헤카테가, 팔라스와 스틱스 사이에서는 니케·크라토스·젤로스·비아가 태어났다.

폰토스와 가이아 사이에서는 포르코스·타우마스·네레우스·에우리비아·케토가 태어났다. 타우마스와 엘렉트라 사이에서는 이리스와 하르피아의 아엘로와 오키페테가, 포르코스와 케토 사이에서는 포르키데스(포르코스의 딸)와 고르곤들이, 네레우스와 도리스 사이에서는 네레이데스(네레우스의 딸)가 태어났다. 네레이데스 중에는 포세이돈의 아내가 된 암피트리테, 바다의 여신이자 아킬레우스의 어머니인 테티스, 오디세우스와 7년 동안 함께 살았던 칼립소, 디오네 등이 유명하다.

제우스는 우라노스의 딸 테미스와의 사이에서 호라이(계절의 여신), 즉 에이레네(평화)·에우노미아(질서)·디케(정의)를 낳았고, 또한 클로토·라케시스·아트로포스 등의 모이라이(운명의 여신)들을 낳았다. 또한 오케아노스의 딸 에우리노메와의 사이에서 카리테스(우아의 여신)인 아글라이에·에우프로시네·탈레이아를, 므네모시네(기억)와의 사이에서는 칼리오페와 클레이오를 비롯한 예술의 신들인 뮤즈를 낳았다.

칼리오페와 오이아그로스 사이에서 또는 아폴론으로부터 헤라클레스가 살해한 리노스 및 노래로 목석을 움직인 오르페우스가 태어났다.

클레이오는 아프로디테의 분노를 사서—아프로디테의 아도니스에 대한 사랑을 비난했기 때문이다—마그네스의 아들 피에로스를 사랑하게 되었고, 히아킨토스를 낳았다. 필라몬과 님프인 아르기오페의 아들인 타미리스는 히아킨토스를 사랑해 남자가 남자를 사랑하는 동성애의 원조가 되었다. 그러나 훗날 아폴론의 애인이 된 히아킨토스는 아폴론이 잘못 던진 원반에 맞아 죽고 말았다.

미모와 노래 실력이 뛰어났던 타미리스는 예술의 여신인 뮤즈들과 노래 시합을 했다. 만약 타미리스가 이기면 뮤즈들 모두를 자기 것으로 삼을 수 있고, 패하면 뮤즈들이 원하는 것은 무엇이든 준다는 조건이 붙었다. 노래 시합은 뮤즈들의 승리로 끝났다. 타미리스는 두 눈과 노래 실력을 빼앗겼다.

이밖에도 탈레이아와 아폴론 사이에서는 코리바스들이 태어났고, 뮤즈인 멜포메네와 아켈로스 사이에서는 세이렌들이 태어났다. ■

19 하늘에서 가장 아름답지만 서글픈 사연
— 오리온

하늘에서 가장 아름답게 빛나는 별자리를 꼽으라면 아마 오리온이 그 자리를 차지할 것이다. 오죽하면 1808년에 독일의 한 천문학자가 당시 유럽의 최고 권력자였던 나폴레옹에게 아부하기 위해 오리온자리를 나폴레옹 자리로 고칠 것을 주장했을까. 오리온은 하늘에서 많은 동물들에 둘러싸여 사자 가죽을 눈 높이로 쳐든 채로 서 있다. 그러나 오리온 자리가 아름답게 보이는 것은 오리온의 서글픈 사랑에 대해 알고 있는 인간들의 눈동자 때문이기도 하다.

오리온은 바다를 지배하는 포세이돈과 여자만 살고 있다는 아마존의 여왕 에우리알레 사이에서 태어났다. 그는 별처럼 아름다운 남자였고 뛰어난 사냥꾼이기도 했다. 또한 아버지로부터 바다 속을 자유롭게 걸어다닐 수 있는 힘을 부여받았다. 오리온은 시데를 아내로 삼았지만, 그녀는 여신들과 아름다움을 경쟁하다가 헤라의 분노를 사서 지옥에 떨어지고 말았다.

그 다음으로 그의 눈길을 사로잡은 여자는 키오스 섬의 공주인 메로페였다. 오리온은 메로페의 환심을 사기 위해 키오스 섬 깊숙한 곳에 사는 사자를 맨손으로 때려잡아 가죽을 벗겨 메로페에게 바쳤다. 그러나 정작 키오스 섬의 왕이자 메로페의 아버지인 오이노피온은 자신과 이름이 비슷한 오리온을 좋아하지 않았다. 오리온은 재차 메로페와의 결혼을 요구했지만 오이노피온은 자꾸 피하기만 했다. 화가 난 오리온은 메로페를 강제로 겁탈하려고 했다. 이에 위기를 느낀 오이노피온은 오리온에게 술을 잔뜩 마시게 해서 취한 틈을 이용해 불로 지져 오리온의 두 눈을 뽑고 해변에 내팽개쳤다.

아버지의 숨결인 파도가 오리온을 깨웠지만 아무것도 볼 수 없었다. 오리온은 그 길로 헤파이스토스의 집을 찾아가 케달리온이란 아이를 어깨에 태우고 새벽의 여신 에오스가 사는 곳으로 찾아갔다. 거기서 새벽 햇살을 눈에 쪼이고 다시 시력을 회복했다. 그와 함께 그의 눈에 덮여 있던 사랑이라는 두꺼운 망막도 제거되었다.

사랑은 전염된다고 했던가. 오리온의 열정이 이번에는 오리온을 치료해준 에오스에게로 전이되었다. 에오스는 오리온을 납치해 아폴론과 아르테미스의 고향인 델로스로 데리고 갔다.

그렇지만 갑자기 에오스가 왜 오리온을 납치했을까? 눈을 고치러 온 오리온의 모습을 보고 반했기 때문에? 아니다. 보이지 않는 곳에 아프로디테가 숨어 있다. 앞에서 본 대로 아프로디테에게는 공식적인 남편인 헤파이스토스 외에 거의 공식적인 애인인 아레스가 있었다. 그런데 아레스와 에오스가 잠자리를 같이했다.

아프로디테는 아레스에게는 불평을 하지 못하고 에오스에게 복수의 칼날을 던졌다. 그 결과가 오리온에 대한 파괴적인 열정과 탐욕이었다. 이 사건으로 인해 오리온은 파멸하고 만다. 고래싸움에 새우등 터진 꼴이다.

에오스가 오리온을 납치해 데려간 델로스는 아폴론과 아르테미스의 땅이다. 오리온은 자연스럽게 이들과 알게 된다. 이들이 서로 알아가는 과정에 대해서는 두 가지 다른 이야기가 전해진다.

하나는 오리온과 아르테미스가 서로 사랑하게 되었다는 것이다. 그러나 앞서 본 대로 아르테미스는 처녀성을 지닌 여신이고 아폴론은 질서를 상징하는 신이다. 그런데 오리온은 처녀성에 대한 위협과 그로 인한 질서의 혼란을 일으킬 수 있는 존재였다. 다시 말해서 오리온은 아르테미스와 아폴론에게 위험한 존재였다.

위험한 존재는 제거된다. 아버지를 닮은 아폴론은 계략을 꾸며 아르테미스로 하여금 오리온을 살해하게 만든다. 사냥의 여신 아르테미스의 화살을 맞고 쓰러진 사냥감처럼 오리온은 쓰러져 죽었다.

두번째와 세번째 이야기도 크게 다르지 않다. 오리온이 아르테미스에게 원반 던지기를 도전했다가 그 원반에 맞고 죽었다는 것과, 히페르보레이아 인이 사는 곳에서 온 처녀 오피스를 폭력으로 범했기 때문에 아르테미스에게 활을 맞아 죽었다는 것이다.

원반 던지기에 대한 도전은 질서에 대한 도전, 폭력을 수반한 강간은 처녀성에 대한 위협으로 이해할 수 있다. 그렇다면 이야기의 겉모습은 차이가 나지만 어느 경우든 본질적인 면에서는 같은 이야기를 하고 있는 것으로 생각된다.

어쨌든 오리온은 겨울이 오면 달의 여신이 끄는 마차가 다니는 길 옆에 오른손에는 곤봉을 왼손에는 사자 가죽으로 된 방패를 든 모습으로 하늘에 그 늠름한 자태를 드러낸다. ■

20 지하세계를 마비시킨 음악가의 사랑
— 오르페우스와 에우리디케

선율은 매우 아름답지만 무척이나 서글픈 〈흑인 올페〉라는 영화를 본 적이 있는지 모르겠다. 영화의 주인공인 올페와 유리디케는 바로 그리스 신화에 나오는 오르페우스와 그의 아내 에우리디케다.

오르페우스는 음악의 신이기도 한 아폴론과 칼리오페의 아들로 태어났다. 부모의 예술적 소질을 타고난 오르페우스는 음악에 뛰어난 재능을 발휘했다. 그는 아폴론에게서 리라를 선물받았는데, 그것은 제우스의 사자인 헤르메스가 해안에서 주운 거북의 몸에 7개의 줄을 단 현악기였다.

오르페우스가 리라를 연주하면 인간뿐만 아니라 사나운 짐승까지 매료되어 얌전해졌다. 게다가 나무나 생명이 없는 바위들까지 그 음악에 빠져들 정도였다.

오르페우스는 아름다운 님프인 에우리디케와 결혼했다. 그런데 결혼식에 초대를 받은 혼인의 신 히메나이오스는 아무런 선물도 가져오지 않았고, 그가 가지고 온 횃불에서 연기가 나 결혼식에 참가한 이들의 눈에서 눈물이 흐르게 만들었다. 이들의 혼인이 눈물로 끝날 것을 예고하는 일이었다. 비극은 한 마리 뱀으로부터 시작되었다.

어느 날, 에우리디케가 친구들과 함께 놀고 있을 때 그곳을 지나던 양치기가 그녀를 겁탈하기 위해 달려들었다. 양치기를 피해 달아나다가 에우리디케는 숲 속에 누워 있던 뱀을 밟고 말았다. 화가 난 뱀은 그녀의 발을 물었고, 그녀는 곧 온 몸에 독이 퍼져 죽고 말았다.

혼인서약을 할 때, 우리는 흔히 '죽음이 갈라놓을 때까지' 함께 할 것을 맹세한다. 그렇지만 오르페우스는 죽음을 뛰어넘으려고 했다. 그는 아내의 억울한 죽음을 호소하고 되찾기 위해 하데스의 세계로 찾아갔다.

인간이 죽으면 하데스로 가는 길에 가장 먼저 망각의 강인 레테를 건네주는 카론을 만나게 된다. 그 강을 건너면 지상에서의 생활을 모두 잊게 된다. 그리고 지하세계에서 탈출하려는 영혼을 잡아먹는 머리가 셋이고 꼬리가 뱀인 지킴이 케르베로스의 옆을 지나야 한다.

오르페우스는 이들을 음악으로 잠재우고 지하세계의 지배자 하데스와 그의 아내 페르세포네 앞에 섰다. 그는 아내의 억울한 죽음과 자기의 애절한 사랑을 리라로 호소하기 시작했다.

아마 페르세포네는 오르페우스의 마음을 얼마간 이해했을 것이다. 일년에 3분의 1을 어머니와 떨어져 지하세계에서 생활해야 했기 때문에 이별의 고통을 누구보다 잘 알고 있었을 테니까.

난처한 것은 하데스였다. 한번 지하세계에 들어온 이상 다시 나갈 수 없다는 불문율을 깨뜨릴 수가 없었기 때문이다. 그렇지만 페르세포네에 대한 열정을 경험했던 하데스 역시 오르페우스에 대해 동정심이 생기는 것은 어쩔 수 없었다.

그때 하데스를 도와준 것은 복수의 여신이었다. 하데스는 복수의 여신이 우는 것을 처음 보았다. 그들의 뺨을 타고 흐르는 눈물은 경이로운 일이었다. 복수의 여신은 그들이 선택한 희생자 앞에 무표정한 얼굴로 모습을 드러내는 것이 일반적이었다.

옆에 앉은 페르세포네나 복수의 여신은 에우리디케를 풀어주는 쪽으로 자기 의사를 표현했다. 하데스의 결정만 남았다. 그때 하데스의 머리에 떠오른 생각은 인간이 지닌 유한성에 대한 자각이었다. 하데스는 오르페우스에게 에우리디케를 풀어주겠지만, 지상으로 나가기 전에는 절대 뒤돌아보면 안된다는 조건을 달았다. 하데스는 아내와 복수의 여신에게 자신이 동정심 있는 신임을 확인시키고 지하세계의 불문율도 지킬 수 있는 제안을 한 것이다.

오르페우스는 앞뒤를 가리지 않고 선뜻 하데스의 제안을 받아들였다. 지하세계를 빠져나갈 때까지만 참으면 된다는 안이한 생각을 했던 까닭이다. 안이하다는 표현을 쓴 것은 자기가 속한 인간의 속성에 대한 이해에 관해서다.

오르페우스는 풀려난 에우리디케의 손을 잡고 앞만 보며 밖으로 나가기 시작했다. 사랑하는 연인의 얼굴을 보고 싶었지만 꾹꾹 참고 계속해서 걸었다. 그 길이 왜 그렇게도 길게 느껴지는지. 만약 오르페우스가 신이었다면 아무렇지 않게 그 길을 걸어갔을 것이다. 그러나 오르페우스는 인간이었다. 인간의 유한성에 기인한 갈등이 그의 마음을 괴롭혔다.

어느덧 저쪽에서 햇살이 흘러드는 곳에 이르렀다. 첨예한 갈등의 끈이 뚝 하는 소리를 내며 끊어졌다. 그리고 오르페우스의 고개는 뒤로 돌아갔다. 그러나 채 에우리디케의 얼굴도 볼 수 없는 짧은 순간에 에우리디케는 지하세계로 돌아가고 말았다. 애초부터 에우리디케는 그곳에 없었을지도 모른다. ■

21 보이지 않지만 감동적인 사랑
— 알페이오스와 아레투사

물은 두 얼굴을 지녔다. 파괴력과 생명력이라는 상반되는 이미지가 바로 그것이다. 큰 홍수는 세상의 모든 것을 파괴하고 쓸어간다. 그러나 물이 없이 생장할 수 있는 것은 하나도 없다. 강이 아름다운 것도 이렇게 두 얼굴을 갖고 있기 때문이다.

신화시대의 사람들에게도 물은 이중적인 의미를 지니고 있었다. 하나는 악몽이다. 후두둑거리며 거세게 쏟아지는 굵고 검은 빗방울과 노도처럼 밀려드는 흙탕물이 몸을 휘감고 차오를 때 그들은 어떤 생각을 했을까? 이런 기억은 그 어떤 악몽보다도 몸서리쳐지고 끔찍한 것이 아니었을까? 다른 하나는 강이 대지를 가로지르며 말랐던 그곳을 순식간에 푸르른 초원으로 바꿔놓고 아름다운 꽃을 피우는 것을 보며 느꼈을 환희다. 고대인들은 비 개인 광야에서 싱그럽고 촉촉한 생명의 꿈이 대지를 뚫고 올라오는 소리를 듣지 않았을까. 이 시대의 사람들은 현대인보다 자연과 훨씬 가까이 살았으니까.

알페이오스는 아르카디아 지방을 흐르는 강이다. 뒤에서 보겠지만 아르카디아 지방은 몹시 메마르고 건조한 지역이었다. 그곳에 푸르름을 선

△아폴론과 다프네. 샤제리오.

사하고 생명의 환희를 안겨주는 알페이오스 강이 흐른다.

그리스 사람들은 흘러가는 강물 앞에 서서 보이지 않는 사랑을 보았다. 그리고 그들은 알페이오스와 아레투사의 사랑 이야기를 만들어냈다.

티탄인 오케아노스의 아들 알페이오스는 원래 사냥꾼이었다. 그는 사냥의 여신 아르테미스를 보고 한눈에 사랑에 빠졌다. 사랑이라기보다는 사냥의 여신이라는 카리스마에 대한 존경과 그에 따른 매혹이 아니었을까 싶다. 이 사실은 매우 중요하다. 앞에서 본 것처럼 여신, 특히 처녀신들은 남자에게 냉혹했다.

그러나 아르테미스는 알페이오스의 감정이 인간적 욕망이라기보다 순수한 매혹이라는 것을 알았기 때문에 자기를 쫓아다니는 사냥꾼 알페이오스에게 해를 가하지 않았다. 오히려 알페이오스와 게임을 했다.

아르테미스는 자신을 따르는 님프들에게 얼굴에 진흙을 바르라고 말하고 자기도 얼굴에 진흙을 발랐다. 알페이오스가 그들 앞에 섰을 때 누가 아르테미스인지를 구별할 수 없었다. 알페이오스는 자신이 사랑하는 아르테미스를 알아보지 못했다는 것에 충격을 받았고, 사랑에 대한 확실성마저 잃었다. 위에서 말한 대로 사랑이라기보다 매혹이었기 때문이었다. 이로써 알페이오스는 아르테미스에 대한 감정을 접었다.

알페이오스는 아르테미스를 대신할 여자를 찾았다. 님프 하나가 목욕하는 것을 보고 그는 새로운 사냥감 포획에 나섰다. 그 님프의 이름은 아레투사였다. 아레투사는 신이 아니었다. 그녀는 알페이오스의 사냥꾼다운 끈질긴 추적을 끝내 피할 수 없었다. 그렇다고 아르테미스처럼 게임을 할 수도 없었다.

아레투사는 이오니아 해를 건너 시칠리아까지 도망쳤다. 거기서 그녀는 아르테미스에게 부탁해 샘물이 되었다. 이와 같은 변신 이야기는 많다. 다프네는 월계수로 변했고, 시린크스는 갈대로 변했으며, 아레투사는 샘물이 되었다. 아폴론은 다프네가 변한 월계수 잎으로 관을 만들었고, 판은 시린크스가 변한 갈대로 악기를 만들었다.

그러나 알페이오스는 그렇게 하지 않았다. 이번에는 사랑에 대한 확신이 있었던 까닭이다. 이렇듯 자기 확신을 가진 사랑은 불가능한 일을 가능하게 만든다.

알페이오스는 사랑을 이루기 위해 스스로 강물이 되었다. 사랑하는 여인이 물이 되자 자신도 물이 되었다. 월계수나 갈대로 변신한 상대를 안타까운 마음으로 바라보았던 아폴론이나 판과는 달리, 알페이오스는 스스로 그 여인과 같은 성질이 되었다. 이렇게 사랑은 상대에게서 자기 모습을 찾는 일이기도 하다.

알페이오스 강은 먼 거리를 바다 밑으로 여행해 이오니아 해를 지나 시칠리아에서 모습을 드러냈다. 그리고 그곳에서 샘물로 변한 아레투사를 다시 만나 서로 몸을 섞었다. 이들은 사랑이 무엇인지를 보이지 않는 모습으로 보여준 그리스 신화 최고의 연인들이다. ■

22 제우스와 프로메테우스의 머리 싸움
— 인간의 수호자 프로메테우스

프로메테우스는 티탄이었지만 신들과 티탄 족 사이에 싸움이 벌어졌을 때 신들의 편을 들었다. 다른 티탄들에게 지혜를 사용해야 한다고 충고했지만 티탄들이 그의 말을 무시했기 때문에 제우스가 이끄는 신들의 편이 되었던 것이다. '앞서 생각한다' 라는 의미를 지닌 프로메테우스의 이름에서 보듯 그는 전쟁에서 신들이 승리할 것을 이미 알고 있었다.

그러나 프로메테우스는 인간을 사이에 두고 제우스와 멀어졌다. 프로메테우스는 철저하게 인간의 편이었다. 그것은 그가 인간을 창조했기 때문이다. 인간의 창조에 대해서는 많은 이견이 있지만, 〈신통기〉를 쓴 헤시오도스에 따르면, 프로메테우스가 진흙으로 인간을 빚고 아테나가 거기에 숨을 불어넣었다고 한다. 이처럼 프로메테우스는 인간의 창조에 직접 참여했기 때문에 인간에게 각별했을 것이다.

하지만 제우스가 보기에 인간은 결점이 많은 생물이었다. 그래서 인간을 멸종시키기로 생각했다. 인간의 음식 가운데 좋은 것을 제물로 바치고 나쁜 것을 인간에게 먹여 굶주리게 만들 작정을 했다. 이때 프로메테우스

◁독수리에게 간을 쪼아먹히는 프로메테우스. 모로.

가 중개자로 나서 어떤 것을 신들이 먹고 또 어떤 것을 인간이 먹을지를 결정하기로 했다.

프로메테우스는 소를 잡아 두 개의 꾸러미를 만들었다. 하나에는 살코기가 들어 있고, 다른 하나에는 비계와 내장이 들어 있었는데, 비계와 내장이 들어 있는 꾸러미는 고소한 기름종이로 싸여 있었다. 제우스는 아무 생각없이 기름종이에 싼 비계와 내장을 고르고 말았다. 포장지를 연 제우스의 얼굴은 분노로 일그러졌다.

화가 난 제우스는 인간들에게서 불을 빼앗았다. 그런데 프로메테우스가 헤파이스토스의 대장간에서 불을 훔쳐 몰래 인간에게 가져다주었다.

화가 머리 끝까지 난 제우스는 프로메테우스를 잡아다가 산꼭대기에 매달았다. 그리고 매일 독수리를 보내 아침마다 돋아나는 그의 간을 쪼아먹게 했다. 독수리는 제우스를 상징하는 동물이므로 사실 프로메테우스의 간을 쪼아먹은 것은 제우스라 할 수 있다. 티탄은 불사신이었기 때문에 프로메테우스는 간을 쪼아먹히고도 죽지 않았다. 그뿐만 아니라 날이 밝으면 프로메테우스의 간은 다시 싱싱하게 되살아났다.

제우스는 프로메테우스에게 들어야 할 이야기가 있었다. 그것은 누가 제우스를 내쫓고 그 자리를 차지할 것인가에 관한 이야기였다. '앞서 생각하는' 프로메테우스는 앞으로 일어날 일을 예견했다. 그리고 결정적으로 누가 제우스의 권좌를 차지할 것인지도 알았다. 그러나 입을 꾹 다물고 버텼다.

프로메테우스가 신이 아닌 인간이었다면 벌써 자기가 알고 있는 사실을 낱낱이 고했을 것이다. 생살을 뜯어먹히는 고통에 대해 생각해보라. 그러나 프로메테우스는 인간이 아니었다. 끝나지 않는 영원이라는 시간이 그에게 있었다. 그만큼 인간에 대한 애정이 깊기도 했다.

제우스는 결국 항복했다. 겉으로 보기에는 프로메테우스가 굴복한 것처럼 보이지만 실제적으로는 제우스의 패배였다. 그리스 신화에서 제우스를 굴복시킨 존재는 프로메테우스밖에 없다. 프로메테우스가 위대한 것은 인간에게 불을 주었기 때문이 아니라 인간이 살아가면서 지켜야 자세를 보여주었기 때문이다. 이는 인간에게 절대적으로 필요한 무형의 재산이었다.

제우스가 헤라클레스를 보내 프로메테우스의 간을 쪼아먹는 독수리를 활로 쏘아 죽이자 프로메테우스는 그제서야 입을 열었다. 먼저 자신을 구해준 헤라클레스가 황금 사과를 얻을 때 생길 위험에 대해 일러주고 그 대처 방법에 대해서도 알려주었다. 그리고 비굴함 없이 당당하게 제우스가 처할 위험에 대해 또박또박 말해주었다. 그것은 제우스가 바다의 여신 테티스와 관계를 맺어 아들을 낳게 되면 그 아이가 제우스를 왕좌에서 내쫓고 다음의 왕이 될 것이라는 예언이었다. 제우스는 누군가가 자기를 몰아내고 왕좌를 차지할 것이라는 것은 이미 알고 있었다.

같은 예언을 들었던 크로노스는 무식하게 아이들을 삼켰다. 아예 싹을 자르겠다는 생각이었다. 그러나 실패했다. 제우스는 다른 방법을 택했다. 일종의 정면 돌파였다. 그것은 러시안 룰렛을 닮았다. 총알을 하나 넣고 여럿의 머리에 대고 차례로 방아쇠를 당기는 게임 말이다. 재수없게 총알이 걸리면 머리가 박살난다.

그런데 이제 총알을 제거할 수 있게 되었다. 그 총알은 바다의 여신 테티스였다. 뒤에서 보겠지만 테티스와 그의 아들 아킬레우스는 제우스에게 매우 특별한 존재였다. 또한 테티스의 결혼식에서 일어난 사건 때문에 트로이 전쟁이라는 엄청난 비극의 태풍이 휘몰아치게 된다. ■

23 대홍수로 인한 파괴와 인류의 새로운 시작

— 데우칼리온과 피라

제우스는 비록 화해를 하기는 했지만 오만한 프로메테우스를 그냥 둘 수 없었다. 또한 프로메테우스가 창조한 인간 역시 마음에 들지 않았다. 치밀한 제우스는 교묘한 올가미를 만들고 신들의 여론을 이용해서 인류를 파멸시킬 계획을 꾸몄다.

제우스는 먼저 여자를 만들었다. 그녀의 이름은 그 유명한 판도라였다. 판도라는 많은 신이 자기가 지닌 개성을 모두 모아 창조한 존재였다. 이를테면 헤파이스토스는 진흙으로 그녀를 빚고 아테나는 옷과 생명을, 아프로디테는 아름다움을, 헤르메스는 교활함과 배신이라는 성격을 불어넣었다.

판도라가 탄생하자 제우스는 헤르메스를 시켜 프로메테우스가 아닌 그의 동생 에피메테우스에게 보냈다. 에피메테우스라는 이름은 형과 달리 '나중에 생각한다'라는 의미를 지니고 있었다.

에피메테우스는 형의 간곡한 만류에도 불구하고 판도라를 집안으로 들였고, 그녀와 결혼했다. 에피메테우스의 집에는 인간을 창조하면서 주고 싶지 않았던 것을 모아놓은 상자가 하나 있었다. 금지에 대한 욕망이 발

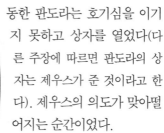
◁등 뒤로 돌을 던지는 데우칼리온과 피라. 밍가.

동한 판도라는 호기심을 이기지 못하고 상자를 열었다(다른 주장에 따르면 판도라의 상자는 제우스가 준 것이라고 한다). 제우스의 의도가 맞아떨어지는 순간이었다.

판도라가 궁금증을 이기지 못하고 상자를 열자 그곳에 갇혀 있던 슬픔, 질병, 싸움, 고뇌가 순식간에 밖으로 뛰쳐나왔다. 놀란 판도라는 재빨리 상자를 닫았지만 이미 모든 것이 뛰쳐나간 뒤였다.

흔히 '판도라의 상자'라고 부르는 이 상자에는 이제 인간을 괴롭히는 모든 재난들이 빠져나가고 희망만 남았을 뿐이었다.

판도라의 상자에서 뛰쳐나간 재난들의 활약으로 세상은 점점 혼탁해지고 살기 어려운 곳이 되어갔다. 에피메테우스는 형의 만류를 듣지 않은 것에 대해 후회했지만 이미 때는 늦었다. 프로메테우스는 앞날에 대해 생각했다.

한편 제우스는 세상의 혼란을 더이상 두고 볼 수 없다고 말했다. 그의 의도대로 신들은 인간세계로부터 등을 돌리기 시작했다. 신들은 인간을 멸망시켜야 한다고 주장했다. 제우스는 이렇게 여론 형성의 기간을 거쳤다. 현명한 프로메테우스도 어쩔 수 없는 상황이었다.

제우스는 파괴적인 홍수를 일으켜 인간을 멸종시키기로 결심했다. 이를 간파한 프로메테우스는 자신의 아들 데우칼리온과 에피메테우스와 판도라 사이에서 태어난 피라를 불렀다. 그리고 앞으로 일어날 일에 대해 말해주고 어떻게 대처할 것인지에 대해서도 일러주었다.

이윽고 하늘에서 비가 쏟아지기 시작했다. 비라기보다는 하늘이 뚫리고 물이 폭포수처럼 쏟아졌다고 표현해야 할 것이다. 순식간에 세상은 물로 뒤덮였다. 물론 인간을 비롯한 지상의 생물은 모두 물에 잠겨 목숨을 잃었다.

이 파괴적인 대홍수에서 살아남은 사람은 극히 소수의 사람이었다. 프로메테우스의 충고를 받고 미리 배를 준비한 그의 아들 데우칼리온과 피라도 그들 가운데 하나였다. 그들은 물이 빠지자 파르나소스 산에 제단을 차리고 신들에게 제사를 지냈다.

세상의 파멸을 지켜본 신들의 가슴에는 두려움과 연민이 교차하고 있었다. 신들은 제사를 받고 원하는 것을 들어주겠다고 했다. 데우칼리온과 피라는 인류가 땅 위에 번성하기를 기원했다.

제우스는 그들에게 어깨 너머로 돌을 던지라고 말했다. 데우칼리온과 피라는 제우스의 말대로 어깨 너머로 돌을 던졌다. 데우칼리온이 던진 돌은 남자가 되었고 피라가 던진 돌은 여자가 되었다. 이렇게 해서 다시 인류가 탄생했다. 이 때문에 '사람들(laos)'이라는 말은 돌(lass)에서 비롯되었다고 한다.

새로운 시대가 열렸다. 이 시대의 특징은 신들이 인간을 떠나기 시작했다는 것이다. 시간이 흐르면서 인간은 더이상 신들과 교류를 할 수 없게 되었다. 신과의 단절은 영원한 세계 또는 죽음이 없는 세계에 대한 동경을 불러일으켰고, 점차 종교가 그 자리를 메우기 시작했다.

지금도 여전히 세상에 존재하고 있는 신내림·빙의·접신 등은 신들과 인간 사이에 벌어진 틈새를 메우려는 인간의 본능적인 접근으로 이해할 수 있다.

앞에서 본 대로 지금은 철의 시대에 해당된다. 철의 시대가 마무리되면 다시 황금시대로 돌아갈 것이다. 그러나 황금시대가 도래하기 위해서는 철의 시대가 완전히 멸망해야 한다. 다시 말해서 세상의 혼란과 혼돈이 극에 달했을 때 인류는 종말을 맞이하고, 뒤이어 황금시대가 찾아오게 된다는 것이다. ■

제3장 데우칼리온의 후예들

24 헬레니즘이 시작된 때
― 헬렌의 탄생과 그의 후손들

세상은 다시 시작되었고 데우칼리온과 피라 사이에서 헬렌이 태어났다. 다음으로 크라나오스의 뒤를 이어 아티카의 왕이 된 암픽티온이 태어났다. 그 다음에 딸인 프로토게네이아가 태어났고, 프로토게네이아와 제우스 사이에서 아에틀리오스가 태어났다. 헬렌과 님프인 오르세이스 사이에서는 도로스·쿠스토스·아이올로스가 태어났다.

헬렌은 그리스 인이라고 불리고 있던 사람들을 자신의 이름을 따서 '헬렌(그리스 인)'이라고 이름 붙이고, 자식들에게 그 땅을 분배했다. 펠로폰네소스를 얻은 쿠스토스는 에레크테우스의 딸 크레우사와의 사이에서 아카이오스와 이온을 낳았다. 아카이아와 이오니아는 이 두 사람의 이름에서 유래한 것이다.

도로스는 펠로폰네소스의 건너편 언덕을 얻고 자기 이름을 따서 그 지역을 도리아라고 불렀다. 아이올로스는 테살리아를 중심으로 한 땅을 얻고 그곳에 사는 주민들에게 아이올리스 인이라는 이름을 붙였으며, 데이마코스의 딸 에나레테를 아내로 맞이해 크레테우스·시시포스·아타마스·살모네우스·데이온·마그네스·페리에레스라는 다섯 아들과 카나케 · 알키오네 · 페이시디케 · 칼리케 · 페리메데라는 다섯 딸을 낳았다.

페리메데와 아케로오스 사이에서는 히포다마스와 오레스테스가 태어났고, 페이시디케와 미르미돈 사이에서는 안티포스와 악토르가 태어났다. 샛별을 의미하는 헤오스포로스의 아들 케익스는 알키오네를 아내로 맞이했다.

카나케는 포세이돈과 관계를 맺어 호플레우스 · 니레우스 · 에포페우스 · 알로에우스 · 트리오프스를 낳았다. 알로에우스는 트리오프스의 딸 이피메데이아를 아내로 삼았다. 이피메데이아는 포세이돈을 사랑해 그 사이에서 알로아다이라는 형제를 낳았다. 이 이야기는 뒤에서도 다루어진다.

칼리케와 아에틀리오스 사이에서 외아들 엔디미온이 태어났다. 그는 테살리아에서 아이올리스 인을 거느리고 엘리스를 창건했다. 다른 주장에 따르면 그는 제우스의 아들이라고 한다. 엔디미온은 용모도 매우 뛰어나 달의 여신 셀레네의 사랑을 받기도 했다. 그러나 제우스는 불로불사가 되어 영원한 잠 속에 빠져들기를 바라는 그의 희망을 들어주었다.

엔디미온과 어느 물의 님프의 아들인(다른 주장에 따르면 이피아나사의 아들인) 아이톨로스는 포로네우스의 아들 아피스를 살해하고 쿠레스 인의 땅으로 도망쳐 그를 손님으로 맞아준 프티아와 아폴론의 자식들, 즉 도로스 · 라오도코스 · 폴리포이테스를 살해하고는 자신의 이름을 따서 그 지역을 아이톨리아라고 불렀다.

아이톨로스와 포르보스의 딸 프로노에 사이에서는 플레우론과 칼리돈이 태어났다. 아이톨리아의 도시는 그들의 이름에서 유래했다. 플레우론은 도로스의 딸 크산티페를 아내로 맞이해 외아들 아게노르와 세 딸, 즉 스테로페 · 스트라토니케 · 라오폰테를 낳았다. 칼리돈과 아미타온의 딸 아이올리아 사이에서는 에피카스테와 프로토게네이아가 태어났고, 프로토케네이아와 아레스 사이에서는 오크시로스가 태어났다. 플레우론의 아들 아게노르는 칼리돈의 딸 에피카스테를 아내로 맞이해 포르타온과 데모니케를 낳았다. 에우에노스 · 몰로스 · 피로스 · 테스티오스는 그녀와 아레스 사이에서 태어난 자식들이다.

에우에노스는 마르페사를 낳았다. 아폴론이 마르페사를 사랑했지만, 아파레우스의 아들 이다스가 포세이돈으로부터 날개 달린 말이 모는 마차를 얻어 그녀를 빼앗았다. 에우에노스는 전차를 타고 뒤를 쫓아 리코르마스 강까지 따라갔지만 잡을 수가 없었다. 그래서 말을 죽이고 강에 몸을 던졌다. 그 이후 리코르마스 강은 에우에노스 강이라 불리게 되었다. 한편 이다스는 메세네에 갔다가 우연히 아폴론과 만났는데 아폴론이 마르페사를 빼앗으려고 덤벼들었다. 이다스와 아폴론은 소녀를 사이에 두고 싸움을 벌였다. 이를 보던 제우스가 둘을 갈라놓고 마르페사에게 남편을 선택하라고 말했다. 마르페사는 자신이 나이를 먹으면 아폴론으로부터 버림받지 않을까 생각하고 이다스를 선택했다. 아폴론은 또다시 실연을 당했던 것이다.

테스티오스와 클레오보이아의 딸 에우리테미스 사이에서 알타이아 · 레다 · 히페름네스트라라는 딸과 이피클로스 · 에우히포스 · 플렉시포스가 태어났다.

포르타온과 히포다마스의 딸 에우리테 사이에서는 오이네우스 · 아그리오스 · 알카토오스 · 멜라스 · 레우코페우스라는 아들들과 스테로페라는 딸이 태어났다. 스테로페와 아켈로스 사이에서는 세이렌들이 태어났다. 세이렌은 오디세우스의 모험에서 다시 등장한다. ■

25 사랑 또는 방종, 그리고 색 짙은 욕망
— 두 가지 이야기

사랑만큼 사람을 아름답게 만들어주는 것이 또 있을까. 사랑은 인간의 마음을 따뜻하게 어루만져 빛나게 하고, 아픔과 그리움을 통해 마음을 단련시켜준다. 그런데 그 사랑이 지나쳐 방종이 되거나 욕망이 되면 사랑의 빛은 사라지고 마음도 황폐해진다. 여기에 그 두 이야기가 있다.

샛별을 의미하는 헤오스포로스의 아들 케익스는 아이올로스의 딸 알키오네를 아내로 맞이했다. 이들에 관한 이야기로는 두 가지가 전해진다. 두 이야기 모두 서로를 너무 사랑했고, 결국은 새가 되었다는 내용은 다르지 않지만 그 과정은 전혀 다르다.

하나는 이들이 잘난 체를 했기 때문에 새가 되었다는 주장이다. 케익스는 아내가 헤라라고 말하고 알키오네는 남편을 제우스라고 말했기 때문이다. 그렇지만 제우스는 이들을 죽이지는 않고 새로 만들었다. 케익스와 알키오네는 서로를 너무 사랑했지만, 그것이 방종이 되었기 때문에 새가 되고 말았다.

또 다른 주장은 위와는 다른 너무나 애절한 사랑 이야기다.

케익스는 테살리아의 왕이었는데 신변에 괴이한 일들이 계속 일어났다. 그래서 그는 아폴론의 신탁을 듣기 위해 여행을 떠나기로 마음먹었다. 그런데 아내인 알키오네가 떨어지려고 하지 않았다. 남편을 너무나 사랑했기 때문이다. 알키오네는 남편이 자기에게 싫증을 느껴 떠나려 한다고 생각했다. 케익스는 아내를 거친 바다로 데리고 갈 수가 없었기 때문에 아내를 매정하게 뿌리치고 배를 타고 떠났다. 그러나 목적지에 다다르기도 전에 폭풍우를 만나 배가 난파하고 말았다. 케익스는 아내에 대한 그리움과 죽음 사이에 놓였다. 그는 다만 아내의 손에 자신의 시체가 거두어지기를 바랄 뿐이었다.

한편 알키오네는 부부의 사랑을 관장하는 헤라에게 매일 남편의 무사귀환을 빌었다. 헤라는 측은한 생각이 들어 꿈을 보내 알키오네에게 케익스의 죽음을 알렸다. 알키오네는 충격을 받고 남편의 모습을 마지막으로 보았던 바닷가로 나가 눈물과 함께 남편을 추억했다.

그때 저쪽에서 무엇인가 떠오는 것이 보였다. 케익스의 시체였다. 알키오네는 그것을 보고 그대로 바다로 뛰어들었다. 뛰어드는 순간 그녀는 새가 되었다. 새는 하늘을 날아 케익스의 시체 위에 앉아 키스를 했다. 이 광경을 본 신들은 케익스도 새로 만들어주었다.

특이한 것은 이 새는 바위틈이나 육지에 새끼를 낳지 않고 바다 위에서 새끼를 낳는다는 것이다. 그리고 바다에는 이들이 새끼를 낳을 때를 즈음하여 일주일 가량 바람이 불지 않는다. 옛 선원들은 이때에 항해를 하면 안전하다는 것을 알고 있었다고 한다.

두번째 이야기는 알로에오스의 아내 이피메데이아와 연관된 이야기다. 트리오프스의 딸 이피메데이아는 남 몰래 포세이돈에 대한 사랑을 가슴 속에 키워왔다. 그녀는 매일 바다로 나가 바닷물(포세이돈)을 자신의 식을 줄 모르는 뜨거운 가슴에 끼었었다. 포세이돈이 이를 놓칠 까닭이 없었다. 간절하고 열렬한 이피메데이아의 사랑은 오토스와 에피알테스라는 자식으로 열매를 맺었다.

그런데 이들은 보통 아이들과 달랐다. 매년 몸둘레가 약 50cm씩, 키는 약 2m 정도씩 자라더니, 아홉 살이 되자 몸둘레가 4m 50cm, 키가 20m 정도나 되는 어마어마하게 크고 힘센 아이가 되었다. 그들은 거만하게 세상을 굽어보며 자기들과 맞설 수 있는 것은 신뿐이라고 생각했다.

신들과 싸우기 위해서는 하늘로 올라가야 했다. 그래서 이들은 먼저 산을 허물어 바다를 메우고 올림포스 위에 오사 산을 올렸다. 그리고 그 위에 또 펠리온 산까지 얹어 하늘로 올라가려고 했다. 신들은 긴박한 위기를 느꼈다. 가장 먼저 나선 것이 전쟁의 신 아레스였다. 그러나 그는 불쌍하게도 이들에게 사로잡히고 말았다.

첫번째 싸움을 승리로 이끈 오토스와 에피알테스는 더욱 강한 자신감을 가졌다. 누구나 그렇지만 자신감이 자만감으로 바뀌는 순간 등 뒤로 파멸이 다가온다. 그런데 자만으로 가득 찬 사람은 안타깝게도 뒤를 돌아보지 않는다. 이들도 예외는 아니었다.

승리에 도취되어 여신들을 겁탈하기 위해 에피알테스는 헤라에게, 오토스는 아르테미스에게 접근했다. 그러나 헤르메스가 아레스를 훔쳐냈고, 아르테미스는 속임수를 써서 낙소스에서 그들을 퇴치했다. 아르테미스는 한 마리의 사슴으로 변신해 그들 사이를 뛰어다녔다. 오토스와 에피알테스는 사슴을 잡기 위해 창을 던졌는데, 그것이 서로에게 맞았던 것이다. ■

26 멧돼지를 둘러싼 내분과 애증
— 칼리돈의 멧돼지 사냥

칼리돈 지역에서는 신들에게 첫 수확물을 바치며 제사를 지냈다. 그런데 제사를 지낼 때 칼리돈의 왕이었던 오이네우스는 깜빡하고 아르테미스를 빠뜨렸다. 아르테미스는 처녀신으로서 잔혹한 일면을 지니고 있었다.

분노한 아르테미스는 칼리돈에 덩치가 크고 매우 강력한 힘을 지닌 멧돼지를 보냈다. 이 멧돼지는 칼리돈 각지를 돌아다니며 농작물에 피해를 입히고, 가축과 사람을 마구잡이로 살해했다. 오이네우스는 자신의 실수를 인정했지만 이미 엎질러진 물이었다. 멧돼지를 없애는 것 이외에는 달리 방법이 없었다.

오이네우스는 그리스 전역에 있는 영웅들에게 멧돼지 사냥에 동참해줄 것을 부탁했다. 멧돼지를 퇴치하는 자에게는 멧돼지의 가죽을 부상으로 내걸었다. 그리스 각지의 영웅들은 자신들의 힘을 과시하기 위해 하나둘씩 칼리돈 지역으로 몰려들었다.

멧돼지 사냥에 참가한 사람은 다음과 같다. 오이네우스의 아들 멜레아그로스, 전쟁의 신 아레스의 아들 드리아스, 이다스와 린케우스 형제, 이들의 사촌인 스파르타의 쌍둥이 형제 폴리데우케스와 카스토르, 아테네의 영웅 테세우스, 아드메토스, 아르고 원정대의 대장 이아손, 암피트리온의 아들이자 헤라클레스의 동생인 이피클레스, 페이리토스, 그리고 여자로서는 유일한 아탈란테. 이외에도 많은 사람이 있지만, 여기서는 뒤에서 그 이름이 다시 나올 사람들만 추렸다.

각지에서 사람들이 모여들자 오이네우스는 당시의 관례에 따라 9일 동안 성대한 연회를 베풀었다. 그런데 10일째 되던 날 일이 발생했다. 23명의 남자들이 여자인 아탈란테와는 함께 사냥을 나갈 수 없다고 강경하게 버텼던 것이다.

오이네우스의 아들 멜레아그로스는 이미 이다스의 딸 클레오파트라와 결혼한 몸이었지만 아탈란테에게 욕망을 느꼈다. 그는 아탈란테가 사냥에 참가할 수 있도록 남자들을 종용했다. 사냥을 주재하는 사람이 멜레아그로스였기 때문에 모두들 결국엔 그의 말을 따를 수밖에 없었다.

사람들이 멧돼지를 포위하던 도중 아르카디아에서 온 안카이오스를 비롯한 사람들이 멧돼지에게 물려 죽었다. 또한 멧돼지에게 던진 창이 빗나가 다른 사람을 맞혀 죽게 하기도 했다. 가장 먼저 멧돼지에게 상처를 입힌 것은 여자인 아탈란테였다. 그녀는 활을 쏘아 멧돼지의 등을 맞혔다. 다음에 암피아라오스가 역시 활을 쏘아 눈을 맞혔다. 마지막에 멧돼지를 살해한 것은 멜레아그로스로, 그는 칼로 멧돼지의 옆구리를 찔러 쓰러뜨렸다.

사냥이 끝난 후 전리품을 놓고 싸움이 벌어졌다. 멜레아그로스는 처음에 멧돼지에게 상처를 입힌 아탈란테에게 가죽을 상으로 주었다. 여기에는 아탈란테에 대한 육체적 욕망이 작용했다.

그러자 다른 사람들이 이 결정에 이의를 제기했다. 멜레아그로스의 외할아버지인 테스티오스는 남자들이 사냥에 참가했는데 여자에게 멧돼지의 가죽을 주는 것은 창피한 일이라고 말했다. 만약 멧돼지를 마지막에 쓰러뜨린 멜레아그로스가 멧돼지의 가죽을 차지할 생각이 없다면 혈연관계에 따라 자신이 차지하겠다고 선언하고 아탈란테에게서 가죽을 빼앗았다.

멜레아그로스는 몸이 달아 테스티오스의 아들, 즉 외삼촌을 살해하고 가죽을 빼앗아 다시 아탈란테에게 주었다. 이로 인해 칼리돈에서 인근 크레스 사람들과 싸움이 벌어졌다. 이 싸움에서 멜레아그로스는 몇 명의 외삼촌들을 살해했다. 그리고 그 역시 죽음에 이르게 된다.

한 여자에 대한 욕망이 독선적인 결정을 내리게 했고, 결국 근친살해로 이어졌다. 이제 멜레아그로스의 죽음을 살펴보자. ■

27 장작개비처럼 타올랐다 스러진 삶
— 멜레아그로스의 삶과 죽음

멜레아그로스는 영원히 살 수 있는 사람이었다. 그렇지 않더라도 최소한 자신이 죽을 시기는 선택할 수 있었다. 그러나 그는 자신의 의지대로 죽지 못했다.

멜레아그로스는 포르타온의 아들 오이네우스와 테스티오스의 딸 알타이아 사이에서 태어난 칼리돈의 왕자였다. 앞에서 본 대로 포르타온과 테스티오스는 배다른 형제다.

멜레아그로스가 태어난 지 7일째 되던 날, 운명의 여신들인 모이라이가 그의 어머니 알타이아를 찾아왔다. 세 여신 가운데 두 신은 멜레아그로스의 용기와 영광에 대해 말했다. 나머지 한 여신이 말하기를, 지금 난로에 타고 있는 장작이 모두 타면 멜레아그로스가 죽을 것이라고 예언했다. 알타이아는 얼른 장작에 붙은 불을 끄고 장작을 상자 속에 넣어 소중하게 보관했다. 아들의 생사가 달린 장작이었던 것이다.

멜레아그로스는 운명의 여신들이 예언한 그대로 용기를 지닌 젊은이로 성장했다. 그리고 앞장에서 본 것처럼 칼리돈의 멧돼지 사냥에서 가죽의 행방을 놓고 테스티오스의 아들들, 즉 외삼촌을 살해하는 엉뚱한 일을 벌이고 말았다.

이 일을 기화로 벌어진 크레스 사람들과의 전투에 그는 참가하지 않았다. 어머니가 자신의 형제를 죽였다고 그를 저주했기 때문에 분노한 그는 집에 처박혀 있었다. 그러나 크레스 사람들이 성벽까지 밀려와 불을 지르고 약탈을 하자 칼리돈 사람들이 멜레아그로스의 참전을 요구했다. 그래도 어머니 형제들과 싸울 수 없다는 생각 때문에 멜레아그로스는 집에 있었다. 이번에는 그의 아내 클레오파트라가 나섰다. 이번 사건이 자신이 아탈란테에게 품은 육체적 욕망에서 비롯되었기에 그는 아내의 말까지 무시할 수는 없었다. 하는 수 없이 칼을 뽑아들고 전투에 참가한 멜레아그로스는 패배가 확실하던 싸움을 뒤집고 승리를 거두었다. 그러나 이 과정에 다시 외삼촌을 몇 명 더 살해하고 말았다.

멜레아그로스의 어머니 알타이아는 아들이 자신의 형제들을 살해한 것에 큰 분노와 깊은 절망을 느꼈다. 분노와 절망 가운데 하나가 다른 하나를 눌렀다면 행동으로 이어지지는 않았을 것이다. 그러나 알타이아의 마음속에서 분노와 절망은 거의 동일한 힘으로 작용했고 마침내 충돌을 일으켰다. 충돌은 무엇인가를 지향하며 밖으로 터져나오게 마련이다.

알타이아는 그 순간 상자 속에 넣어둔 장작이 생각났다. 충돌은 행동을 강요했고, 알타이아는 순간적인 판단에 따라 상자를 열고 장작을 꺼내 불을 붙였다. 장작은 천천히 불이 붙었고, 멜레아그로스의 용기와 영예로운 삶처럼 기세 좋게 활활 타올랐다. 마지막에 절규라도 하듯 불길이 일어났다가 이내 검은 숯이 되어 불이 꺼졌다.

장작이 모두 타자 전쟁터에서 승리의 환호성을 지르던 멜레아그로스는 장작개비가 쓰러지듯 갑자기 쓰러져 죽었다. 그의 비밀을 알고 있던 것은 어머니 알타이아뿐이었다. 모두들 그의 돌연한 죽음에 당황했다.

다른 사람들로부터 아들의 죽음을 확인한 알타이아는 자신이 모든 것을 잃었음을 깨달았다. 형제는 아들의 손에 죽었고, 아들은 자신의 손에 죽었다. 밖으로 뻗어나오던 충돌은 이제 그녀의 내부로 파고들었다. 자기에 대한 분노와 절망은 자기혐오로 변했고, 자기혐오는 손가락으로 그녀가 취해야 할 행동을 지시했다.

　그 손가락이 향한 곳은 허공이었다. 알타이아는 허공에 줄을 묶고 목을 맸다. 그녀의 깊은 후회는 불 꺼진 장작처럼 그녀의 가슴을 검게 만들었고, 사그라진 불꽃처럼 그녀의 생명도 꺼졌다. ■

28 결혼하지 않는 여자

— 아탈란테

칼리돈의 멧돼지 사냥에서 한 가지 의문이 드는 것은 멜레아그로스가 아무 탈 없이 아탈란테에게 멧돼지 가죽을 주었다면 아탈란테는 과연 멜레아그로스와 사랑을 나누었을까 하는 것이다. 왜냐하면 아탈란테는 아르테미스나 아테나처럼 처녀성을 지키고 싶어한 여자였기 때문이다.

아탈란테는 아르카디아의 이아소스의 딸이라는 이야기와 보이오티아의 스코이네우스의 딸이라는 이야기가 있다. 아탈란테는 태어나자마자 버림을 받았다. 아들이 아닌 딸이라는 이유에서였다.

숲 속에 버려진 아탈란테는 곰의 젖을 먹고 자랐다. 그러다가 어느 사냥꾼에게 발견되어 어릴 때부터 사냥을 배우며 자랐다. 그리스 신화에서 사냥의 여신 아르테미스와 쌍벽을 이루는 여자 사냥꾼으로 꼽히는 것도 이런 이유 때문이다.

아탈란테는 사냥과 결혼한 것이나 마찬가지였다. 남자나 결혼, 바느질을 비롯한 가사나 아이의 양육 따위에는 관심이 없었다. 그녀는 두 처녀신 아르테미스와 아테나 가운데 아테나를 더 많이 닮았다고 할 수 있다.

△사과를 줍는 아탈란테. 레니.

사냥꾼이라는 겉모양은 아르테미스를 닮았지만 호전적이고 거친 성격면
에서는 아테나와 비슷했다.

한번은 켄타우로스 족에게 겁탈을 당할 뻔했지만 아탈란테는 두 사람
을 상대로 싸워 둘 다 화살로 살해했다. 아탈란테는 최고의 모험인 아르
고 원정대에도 지원했다. 원정대의 대장 이아손은 능력면에서는 충분히
자격이 되지만 여자가 배에 타면 남자들 사이에서 질투로 인한 혼란이 생
길 수 있다는 이유로 거절했다.

아탈란테와 관련된 이야기로는 앞서 살펴본 칼리돈의 멧돼지 사냥과

그녀에게 구혼한 사람들과 경주를 벌인 것이 유명하다. 칼리돈의 멧돼지 사냥에서 그녀에게 욕망을 품었던 멜레아그로스가 죽었기 때문에 그들의 결혼은 성사되지 못했다.

아탈란테가 멜레아그로스를 사랑했는지 어땠는지는 모르지만 그녀는 다른 남자와의 결혼을 거부했다. 하지만 아탈란테를 버렸던 그녀의 아버지는 그녀에게 결혼할 것을 종용했다. 아탈란테는 아버지의 말을 거부하지 못하고 결혼을 승낙했지만 조건을 달았다. 자기와 경주를 해서 이긴 남자와 결혼하겠다는 것이었다. 경주에서 패한 사람은 그 자리에서 죽이겠다는 무시무시한 협박과 함께였다.

목숨을 건 결혼 경기는 성황리에 열렸다. 아탈란테는 사냥 솜씨만큼이나 아름다웠기 때문에 많은 청년들이 죽음을 무릅쓰고 경기에 참가했다. 냉혹한 승부였다. 남자들은 차례로 죽어갔다.

아탈란테는 완전무장을 하고 출발점에 섰다. 남자들은 무거운 옷을 벗고 거의 나체로 경기에 참가했지만 아무도 아탈란테를 이기지 못했다. 남자들은 결승점에서 기다리고 있는 아탈란테에게 어김없이 살해되었다.

뒤에서도 보겠지만 이런 경우 속임수 없이는 이길 수가 없다. 물론 그 속임수는 또다른 속임수를 낳는다. 어쨌든 아탈란테에게 속임수를 쓴 것은 히포메네스라는 남자였다. 히포메네스는 사랑의 신 아프로디테의 도움을 받았다.

그는 아프로디테에게 황금 사과 세 개를 얻었다. 황금 사과를 몸에 지니고 경주에 나선 그는 아탈란테가 뒤를 쫓아오면 그때마다 황금 사과를 던졌다. 아탈란테는 그 사과를 줍느라 뒤처졌다. 이렇게 세 번을 하는 동안 경주는 끝이 났고, 히포메네스는 처음으로 아탈란테에게 이긴 남자가 되었다.

사실 황금 사과가 탐이 난다고 해도 경기에 반드시 이길 생각이라면 경주를 끝내놓고 남자를 살해한 다음 천천히 집어도 될 것이었다. 그래서 후대의 연구자들은 아탈란테가 이미 히포메네스에게 사랑을 느꼈기 때문에 황금 사과를 핑계로 일부러 경기에 졌을 것으로 본다. 또한 히포메네스가 도움을 받은 것이 아프로디테였다는 점도 감안해야 한다.

그런데 히포메네스는 아프로디테와의 약속을 어기고 아프로디테 신전에서 아탈란테와 몸을 섞었다. 분노한 아프로디테는 이들을 사자로 만들었다. 당시 사람들은 사자는 표범과 교미한다고 믿었기 때문에 아탈란테와 히포메네스는 그 이후 다시 서로의 몸을 탐할 수 없게 된 것이다. ■

29 계모의 전설은 시작되고
— 아타마스와 네펠레

계모라고 하면 사악한 이미지부터 떠올리게 된다. 콩쥐팥쥐, 신데렐라, 헨젤과 그레텔 등의 동화에서 연상되는 이미지 때문은 아닐까? 그렇다면 왜 동화들은 계모를 나쁜 여자로 그려놓았을까?

이에 대해서 여러 주장이 있지만, 친어머니를 그런 식으로 그려놓으면 윤리적으로 문제가 되기 때문이라는 주장이 가장 설득력이 있어 보인다. 그렇다면 계모는 역사적인 누명을 썼다는 말이 된다. 다음 이야기를 살펴보자.

아이오네스의 아들 가운데 아타마스는 보이오티아에 군림하며 네펠레와의 사이에서 외아들인 프릭소스와 외동딸인 헬레를 얻었다. 그런데 아타마스는 네펠레를 버리고 이노를 두번째 아내로 맞이해 레아르코스와 멜리케르테스를 낳았다.

계모 이노는 네펠레의 자식들을 없애기 위해 음모를 꾸몄다. 이노는 여자들에게 남자들에게는 말하지 말고 보리를 볶아서 파종하라고 말했다. 그것도 모르는 남자들은 땅에 여자들이 준 볶은 보리를 뿌렸다. 볶은 보리가 싹을 틔울 리 없었다.

아타마스는 무슨 일 때문인지 알아보기 위해 델포이에 사자를 보내 이 상황에서 벗어날 수 있는 방법을 물었다. 이노는 델포이로 가는 사자를 협박해 신탁의 내용을 바꾸었다. 아타마스가 들은 신탁은 만약 프릭소스를 제우스에게 제물로 바치면 불황이 끝날 것이라는 내용이었다.

아타마스는 난처했다. 그러나 주민들은 아타마스에게 프릭소스를 제단에 바칠 것을 강요했다. 위기일발의 상황이었다. 이 사실을 알게 된 네펠레는 재빨리 프릭소스와 헬레를 빼돌려, 헤르메스가 자신에게 주었던 황금털을 가진 말하는 양을 그들에게 주고 도망치도록 했다.

프릭소스와 헬레는 양의 등에 타고 하늘을 날아서 땅을 가로지르고 바다를 건넜다. 시게이온과 케로네소스 사이에 있는 바다 위에 이르렀을 때 헬레가 양의 등에서 떨어져 깊은 바다 속에 빠져 죽었다. 그 이후 그 바다는 헬레의 이름을 따서 헬레스폰토스(헬레의 바다 : 현재의 다르다넬스 해협)라고 불리게 되었다.

한편 프릭소스는 무사히 콜키스 인의 땅에 도착했다. 태양신 헬리오스와 페르세이스의 아들 아이에테스가 그들의 왕이었다. 그는 키르케와 미노스가 아내로 삼았던 파시파에와 남매지간이다. 그는 프릭소스를 빈객으로 맞이하고 딸인 칼키오페를 주었다. 프릭소스는 황금털을 가진 양을 잡아 재액을 막아주는 제우스에게 바치고 그 가죽을 아이에테스에게 주었다.

아이에테스는 황금 양털을 전쟁의 신 아레스의 숲에 있는 떡갈나무에 걸어놓고 잠을 자지 않는 용에게 지키게 했다. 이 아레스 숲에 있는 황금 양털은 훗날 역시 같은 피를 이어받은 이아손이 이끄는 아르고 원정대를 끌어들이게 된다. 프릭소스와 칼키오페 사이에서는 아르고스 · 멜라스 · 프론티스 · 키티소로스가 태어났다.

한편 아타마스는 모든 것을 잃었다. 먼저 헤라의 분노를 사서 미치고 말았다. 그는 그로 인해 이노 사이에서 태어난 자식들을 모두 빼앗겼다. 레아르코스는 아타마스의 활에 맞아 죽었고, 이노는 멜리케르테스와 함께 바다에 몸을 던졌기 때문이다.

정신을 차린 아타마스는 보이오티아에서 추방을 당하자 어디로 가야 할지를 신에게 물었다. 들짐승에게 대접을 받으면 그곳에서 살아야 한다는 신탁을 얻고 오랜 여행을 하다가 늑대들이 양고기를 씹고 있는 것을 보았다. 늑대들은 그를 보고 먹이를 버려두고 도망쳤다.

아타마스는 그곳에 거처를 정하고 자신의 이름을 따서 아타만티아라고 불렀다. 그는 그곳에서 히프세우스의 딸 테미스토를 아내로 맞이해 레우콘 · 에리트리오스 · 스코이네우스 · 프토오스를 낳았다.

계모인 이노가 꾸민 일이 결국 집안을 파멸로 이끌고 스스로 자살의 길을 택하게 만들었다. 이후에도 계모 이야기는 계속된다. 계모 메데이아는 배다른 아들 테세우스를 살해하려다가 발각되어 쫓겨나고, 테세우스의 아내 파이드라는 배다른 아들 히폴리토스에게 연정을 느꼈다가 파이드라는 자살을 하고 히폴리토스는 말에 짓밟혀 죽는 비극이 일어난다. 그렇다면 계모는 사악한가? 사악한 이야기만 늘어놓은 탓이다. 인간은 누구나 사악하기도 하고 그렇지 않기도 하기 때문이다. ■

30 신을 두려워하지 않는 영원한 남자
— 시시포스

신화에는 신과 대결해서 끝내 굴복하지 않은 인간이 없다. 애초에 신과 대등한 처지에서 상대한 사람도 거의 없었거니와, 기껏해야 신을 속이려고 했다가 참혹한 벌을 받거나, 신처럼 되기 위해 무모한 짓을 했다가 죽은 경우가 대부분이다. 프로메테우스는 제우스를 맞상대해서 괴롭힌 거의 유일한 존재이지만 그는 신이었다.

인간 가운데 신과 대결해서 끝내 굴복하지 않은 사람이 있다. 바로 프로메테우스의 후손이자 코린토스의 왕인 시시포스였다.

시시포스는 앞에서 본 대로 데우칼리온(프로메테우스의 아들)의 손자였다. 데우칼리온은 헬렌을 낳았고, 헬렌은 시시포스를 낳았다. 시시포스는 프로메테우스의 피를 이어받았기 때문인지 매우 영리하고 신들을 두려워하지 않았다.

시시포스의 영리함을 알려주는 일화가 있다. 한번은 당시의 유명한 도둑인 아우톨리코스가 그의 소를 훔쳐갔는데, 시시포스는 어렵지 않게 소를 되찾았다. 미리 그런 일이 있을 것을 예상하고 발굽에 따로 표시를 해두었던 까닭이다. 아우톨리코스는 소를 훔치지 않았다고 시치미를 뗐지

△바위를 밀어올리는 시시포스.

만 증거가 명백했다.

　시시포스는 여기서 그치지 않고 아우톨리코스의 딸인 안티클레이아를 소를 훔쳐간 대가로 납치했다. 그후 안티클레이아는 라에르테스와 결혼해 트로이 전쟁의 영웅인 오디세우스를 낳았다.

　호메로스는 오디세우스가 라에르테스의 아들이라고 말했지만, 이후의 그리스 작가들은 여러 정황으로 볼 때 시시포스의 아들이라고 주장했다. 오디세우스의 영리함과 기질적인 면이 시시포스를 닮았다는 것이다. 즉, 시시포스가 안티클레이아를 납치했을 때 잠자리를 같이해 오디세우스가 태어났다는 말이다.

시시포스는 코린토스를 건설하고 언덕 위에 망루를 지었다. 어느 날 시시포스는 망루에서 제우스가 강의 신 아소포스의 딸 아이기나를 납치해 오이노네 섬으로 가는 것을 보았다. 아소포스는 두 아들과 스무 명의 딸을 두었다. 그는 아이기나가 사라진 것을 알고 사방을 찾아다니다가 시시포스에게로 와서 행방을 아는지 물었다.

시시포스는 아소포스에게서 신선한 샘물을 얻기로 하고 자기가 본 것을 알려주었다. 아소포스는 딸 아이기나를 찾기 위해 오이노네 섬으로 갔지만 제우스가 던진 벼락을 맞았다. 이후 아소포스 강바닥에는 검은 숯이 많았다고 한다.

한편 제우스는 감히 자기의 비밀을 누설한 시시포스에게 벌을 내리기 위해 타나토스(죽음)를 보내 그를 지하세계로 데려가게 했다. 그러나 시시포스는 프로메테우스의 후손답게 오히려 타나토스를 속여 사로잡았다. 타나토스가 잡히자 세상에는 죽는 사람이 없게 되었다. 쉽게 말해 지하세계로 죽은 사람을 데리고 갈 저승사자가 사라진 셈이었다.

전쟁의 신 아레스가 신들을 대표해서 타나토스를 구해냈다. 타나토스는 시시포스를 잡아가기 위해 다시 그를 찾아갔다. 시시포스는 이 또한 미리 예상하고 있었다. 그는 아내에게 자기가 죽더라도 시체를 매장하지 말고, 제물도 바치지 말라고 일러두고 타나토스를 따라 지하세계로 갔다.

하데스는 시시포스의 아내 메로페가 장례를 치르지 않자 화를 내며 돌아가서 장례를 치르게 하라고 시켰다. 시시포스는 기다렸다는 듯 지상으로 돌아와 다시 신들을 희롱하며 죽지 않고 오랫동안 살았다.

그러나 신을 능멸한 죄로 시시포스는 지하세계에서 손과 머리로 바위를 굴려 언덕 위까지 옮겨야 하는 벌을 받았다. 그러나 바위는 아무리 밀어도 다시 원위치로 굴러떨어진다. 다시 같은 방법으로 바위를 언덕 위로 밀고 올라가지만 바위는 또다시 굴러떨어지고……. 이는 프로메테우스가 매일 아침 새로 돋아나는 간을 독수리에게 쪼아먹혔던 사건을 연상시킨다.

시시포스는 같은 일을 무한히 되풀이하면서 죽지 않고 영원히 사는 신들의 삶 역시 이처럼 덧없다는 것을 몸으로 보여준다. 바위는 밀어올리면 떨어지고, 다시 밀어올리면 또다시 떨어진다. 신들의 무한한 삶 역시 그렇지 않냐며 시시포스는 여전히 신들을 조롱하고 있는 것이다.

시시포스는 아틀라스의 딸 메로페를 아내로 맞이해 외아들 글라우코스를 두었다. 글라우코스는 괴물 키마이라를 퇴치한 벨레로폰을 낳았다. ■

31 신이 되려다 절름발이로 늙어 죽은 남자

— 벨레로폰

무모하게 신이 되려고 하거나 신의 기분을 누리려고 했던 인간이 몇 있다. 파에톤은 아버지 아폴론의 간곡한 만류에도 불구하고 태양의 마차를 몰았다가 말들을 통제하지 못하고 하늘과 땅을 모두 태운 다음 하늘에서 떨어져 죽었다. 이카로스는 아버지의 경고를 어기고 하늘로 높이 날려고 하다가 밀랍으로 붙인 날개가 떨어지는 바람에 바다에 떨어져 역시 죽고 말았다.

벨레로폰도 그랬다. 다만 벨레로폰이 앞의 사람들과 다른 것은 그가 영웅이었다는 것이다. 앞서 말한 대로 영웅은 괴물을 퇴치한 사람들이다. 무모하게 신이 되려고 했지만, 그는 영웅이었기 때문에 죽지 않고 다리를 다쳤을 뿐이다.

벨레로폰은 프로메테우스의 후손이며 시시포스의 손자다. 그는 젊은 시절 불사신이며 날개 달린 말인 페가수스를 가지고 싶어했다. 페가수스는 페르세우스가 메두사를 퇴치했을 때 떨어진 피에서 태어난 말이었다. 메두사는 아테나 여신의 무녀로, 포세이돈과 신전에서 정사를 벌임으로써 아테나의 분노를 사 흉측한 괴물이 되었다. 이 당시 그녀는 포세이돈

△페가소스를 타고 키마이라를 죽이는 벨레로폰. 루벤스.

의 아이를·임신하고 있었는데 그것이 페가수스였다. 따라서 페가수스의 아버지는 포세이돈이다.

　이후 페가수스는 여기저기 떠돌아다녔는데 아무도 이 말을 길들이지 못했다. 벨레로폰은 예언자의 조언에 따라 아테나 신의 제단에서 하룻밤을 보냈다. 꿈에 아테나가 나타나 황금으로 만든 재갈을 주고 포세이돈에게 황소를 제물로 바치면 페가수스를 얻을 수 있다고 말해주었다.

　벨레로폰은 아테나가 시킨 대로 했다. 그 일이 있고 얼마 지나지 않아

샘 가에서 얌전하게 물을 마시고 있는 페가수스를 발견했다. 벨레로폰은 아테나가 준 재갈을 물리고 자기 것으로 만들었다.

그는 실수로 형제인 벨레로스를 죽였다. 그의 원래 이름은 힙노스였는데, 이때부터 벨레로폰, 즉 '벨레로스를 죽인 자'라는 의미로 불리게 되었다. 이 때문에 쫓겨난 그는 아르고스로 가서 프로이토스 왕에게 죄 사함을 받았다.

그런데 프로이토스의 아내 스테네보이아가 벨레로폰에게 욕망을 품었다. 여자들은 이방인을 좋아한다. 더욱이 날개 달린 말인 페가수스를 타고다니는 벨레로폰은 스테네보이아의 마음을 충분히 휘저어놓았을 것이다. 그러나 벨레로폰은 냉담했다. 그러자 스테네보이아는 남편에게 반대로 벨레로폰이 자기를 유혹하려고 했다고 거짓말을 했다.

프로이토스는 벨레로폰을 자기 손으로 죽이고 싶지 않았기 때문에 편지와 함께 장인인 이오바테스에게 보냈다. 관습에 따라 9일 동안 사위가 보낸 손님을 환대한 다음 편지를 뜯어보았다. 편지 내용은 벨레로폰을 죽여달라는 것이었다. 이오바테스는 그를 죽이는 대신 그 지방에 출몰해 사람들을 괴롭히는 키마이라를 퇴치해달라고 부탁했다.

싸움에서 져 죽을 것이라는 이오바테스의 예상과 달리 벨레로폰은 페가수스의 도움을 받아 키마이라를 퇴치했다. 이오바테스는 두번째로 이웃나라를 벨레로폰 혼자 공격해달라고 부탁했다. 이 역시 성공으로 끝나자 마지막으로 그를 아마존으로 보냈다. 벨레로폰은 여기에서도 승리를 거두고 돌아왔다. 심지어 도중에 이오바테스가 미리 매복해두었던 군대까지 모두 무찌르고 돌아왔다. 이후 이오바테스는 그에게 사과하며 그 동안 있었던 일을 밝히고 자신의 딸을 주어 사위로 삼았다.

모든 것을 알게 된 벨레로폰이 아르고스로 돌아가 스테네보이아에게 페가수스를 타고 함께 도망치자고 유혹한 뒤 하늘에서 밀어내 떨어뜨려 죽였다는 이야기도 있다.

어쨌든 벨레로폰은 영웅이 되었지만, 이에 만족하지 않고 욕심을 부린 탓에 여생을 불우하게 보냈다. 그는 자기가 신이 될 수 있다고 생각했다.

그는 신들과 싸우기로 결심하고 페가수스를 타고 하늘로 올라가기 시작했다. 이를 지켜보던 제우스는 헤라가 암소로 변한 이오에게 그랬던 것처럼 등에 한 마리를 보냈다.

등에는 날갯짓을 하며 하늘로 오르는 페가수스를 물었다. 이에 놀란 페가수스가 몸을 비트는 바람에 벨레로폰은 하늘에서 떨어지고 말았다. 목숨은 건졌지만 이 일 때문에 그는 많은 것을 잃고 평생 절름발이로 살아야 했다. ■

32 예언가의 삶
— 멜람푸스와 테이레시아스

시시포스의 형제 크레테우스는 이올코스를 창건하고 살모네우스의 딸 티로를 아내로 맞이해 아들 아이손 · 아미타온 · 페레스를 낳았다. 아미타온은 피로스로 이주해 페레스의 딸 에이도메네를 아내로 맞이해 비아스와 멜람푸스를 낳았다. 멜람푸스는 검은 다리라는 뜻이다.

멜람푸스는 시골에서 살았는데, 그의 집 앞에 떡갈나무가 있었다. 그 나무에는 뱀이 살고 있는 구멍이 있었다. 어느 날 하인들이 뱀을 죽였는데, 멜람푸스는 나무를 모아 뱀을 화장시켜주고는 새끼들을 키웠다. 어느 날, 그가 잠을 자고 있는 동안 이미 어른이 된 뱀이 그의 두 어깨 위에 서서 혀로 그의 두 귀를 맑게 해주었다.

잠에서 깨어난 그는 깜짝 놀랐다. 머리 위를 날고 있는 새의 말이 들려왔기 때문이다. 그는 새에게 들은 것을 통해 미래를 예언했다. 게다가 그는 제물로 바쳐지는 짐승의 장부로 점을 치는 법을 배웠고, 알페이오스강 근처에서 아폴론을 만난 이후로는 뛰어난 예언자가 되었다.

멜람푸스의 형제 비아스는 네레우스의 딸 페로에게 구애했다. 그러나 네레우스는 딸에게 구애하는 남자가 너무 많았기 때문에 피라코스의 암소를 가지고 오는 자에게 딸을 주겠다고 말했다.

피라케에 있었던 이 암소는 개 한 마리가 사람이나 동물이 가까이 다가갈 수 없도록 지키고 있었다. 비아스는 혼자서 암소를 훔칠 수 없었기 때문에 형제인 멜람푸스에게 도움을 청했다. 멜람푸스는 도와주겠다고 약속을 한 다음 훔치는 것을 들켜 1년 동안 갇힌 다음에야 암소를 얻을 수 있다고 예언했다. 멜람푸스는 비아스와의 약속대로 피라케로 갔고, 예언대로 훔치는 현장을 들켜 감옥에 갇히는 몸이 되었다.

거의 1년이 되어갈 무렵 지붕에서 벌레들이 말하는 소리가 들려왔다. 그 가운데 한 마리가 대들보를 얼마나 먹어치웠냐고 물었고, 다른 벌레가 거의 남지 않았다고 대답하는 것을 들었다. 그는 곧바로 자기를 다른 감옥으로 옮겨달라고 말했다. 그후 곧바로 감옥이 붕괴되어 주저앉았다.

피라코스는 놀랐고, 그가 보통 예언자가 아니라는 것을 알고는 결박을 풀어주었다. 그리고 어떻게 하면 자기 아들 이피클로스가 아이를 낳을 수 있을지 알려달라고 부탁했다. 이피클로스는 성적 불능자였다. 멜람푸스는 암소를 주면 말해주겠다는 조건을 내세웠다.

멜람푸스는 두 마리의 수소를 잡아 잘게 잘라서 새들을 불러모았다. 마지막에 늙은 독수리가 날아와 이피클로스가 성적 불능자가 된 이유를 알려주었다. 예전에 피라코스가 숫양을 거세할 때 사용했던 피가 묻은 작은 칼로 이피클로스를 겁준 적이 있었는데, 무서워 도망치는 이피클로스를 달래서 그 칼을 성스런 떡갈나무에 묻은 일 때문이라는 것이었다.

그리고 그 칼을 찾아서 녹을 벗겨내 이피클로스가 10일 동안 삼키면 아이가 생길 것이라는 것도 말해주었다. 그래서 멜람푸스는 나무 밑에서 칼을 찾아내 녹을 벗겨내고 10일 동안 그것을 이피클로스에게 마시게 하자 아들 포다르케스가 태어났다. 멜람푸스는 암소를 피로스로 끌고 가서 네레우스의 딸을 얻어 비아스에게 주었다.

뒤에서 보겠지만 멜람푸스는 아르고스의 왕 프로이토스의 딸이 미치자 왕국의 삼분의 이를 받기로 하고 고쳐주고는, 왕의 딸들과 결혼했다. 비아스는 왕국의 여자들이 미쳤을 때 아내 페로를 잃었다. 멜람푸스는 아르고스의 왕이 된 이후 더이상 예언을 하지 않았다.

또다른 유명한 예언자 테이레시아스는 제우스와 헤라의 다툼에서 심판 역할을 맡았다가 헤라의 분노를 사서 장님이 되고 말았다. 이에 미안해진 제우스가 그에게 예언 능력을 주었다. 그 다툼은 남자와 여자가 성교를 할 때 누가 더 쾌락을 느끼는가에 관한 것이었는데 테이레시아스는 여자 라고 답했다. 이는 남자의 성교 횟수가 많아야 함을 뜻하고, 아울러 제우 스의 바람기를 정당화시키는 답이었기에 헤라의 분노를 샀다.

테이레시아스의 이야기는 세상에 대해 눈을 감아야, 다시 말해서 우리 의 눈을 속이는 현실로부터 벗어나야 세상이 제대로 보인다는 것을 의미 하는 이야기로 이해해야 하지 않을까. 우리를 미혹하는 것에 대해 눈을 감아야 비로소 미래가 바로 보이기 시작할 것이다. ■

33 사랑한다면 이들처럼
— 아드메토스

앞에서 시시포스의 형제 크레테우스는 아이손 · 아미타온 · 페레스를 낳았음을 보았다. 이 가운데 페레스는 테살리아에 페라이라는 도시를 건설하고 아드메토스와 리크르고스를 낳았다. 리크르고스는 네메아 지역으로 이주해 도시를 건설했다.

아드메토스는 페레스의 뒤를 이어 페라이의 왕이 되었다. 아드메토스는 앞서 본 칼리돈의 멧돼지 사냥에도 참가했고, 사촌 이아손이 이끄는 아르고 원정대에도 참가했다. 아드메토스는 사람들에게 매우 친절하고 정이 많은 사람이었다.

아폴론은 자신의 아들 아스클레피오스가 제우스의 벼락을 맞고 죽자 그 벼락을 만든 키클로프스를 살해한 죄로 인간 밑에서 1년 동안 노예생활을 하도록 제우스로부터 명령을 받자 아드메토스를 찾아갔다. 아드메토스는 평범한 남자로 변신하고 자기를 찾아온 아폴론을 따뜻하게 대해 주었다.

아폴론은 잔인한 면도 있지만 자기에게 성의를 다하는 사람에게는 큰 친절을 베풀었다. 아드메토스에게도 그랬다. 아폴론은 아드메토스에게 그가 할 수 있는 모든 것을 해주었다.

　처음에 아폴론은 아드메토스의 목동이 되었다. 아폴론은 모든 암소가 쌍둥이를 낳게 해주었다. 아드메토스가 이올코스의 왕 펠리아스의 딸인 알케스티스에게 청혼을 했을 때, 펠리아스가 자기 사위는 사자와 멧돼지가 끄는 전차를 탈 수 있어야 한다는 상상도 하지 못할 어려운 과제를 내자, 아폴론은 사자와 멧돼지가 끄는 전차를 아드메토스에게 주었다.

　아드메토스는 알케스티스와 결혼을 하면서 아르테미스에게 감사의 제물을 바쳐야 하는 것을 깜빡 잊고 말았다. 이들이 결혼식을 올리고 신방에 들어갔을 때 뱀들이 곳곳에서 똬리를 틀고 혀를 날름댔다. 아르테미스의 복수였다.

　그러나 아르테미스는 아폴론의 누이였다. 아폴론은 아드메토스를 대신해 아르테미스의 화를 누그러뜨려주었다. 아폴론의 아드메토스에 대한 애정은 그의 죽음에 이르러 절정에 이른다. 아드메토스는 비교적 젊은 나이에 병에 걸려 죽을 운명에 처했다. 아폴론은 그를 죽이고 싶지 않았다.

　아폴론은 운명의 여신에게 부탁해 그를 대신해서 죽어줄 사람이 있다면 그를 대신해서 지하세계로 보내기로 했다. 그러나 대신해서 죽어줄 사람을 어디서 찾을 수 있단 말인가. 먼저 아버지와 어머니에게 상의했다. 앞으로 살 날이 많지 않다고 해도 깊은 절망이나 희생 없이 누가 자기 생명을 버릴까. 그것은 부모도 다르지 않았다. 아폴론이었다면 어땠을까. 그는 그럴 수 있다면 아드메토스를 위해 죽었을지도 모른다. 그만큼 그에 대한 애정이 남달랐기 때문이다.

　마침내 죽음의 신이 그의 방문을 두드렸다. 그때 아드메토스의 아내 알케스티스가 죽음의 신에게 자기가 대신해서 죽겠다고 나섰다. 아드메토스는 말렸지만 알케스티스의 결심은 확고했다. 아드메토스는 행복한 사람이었다.

　알케스티스는 갑자기 병에 걸렸고 급속도로 죽음의 날이 가까워졌다. 그때 페라이의 왕궁을 방문한 사람이 있었다. 다름 아닌 헤라클레스였다. 그는 왕궁 전체가 깊은 우울 속에 빠져 있는 것을 보고 그 이유를 물었다.

까닭을 알고 난 헤라클레스는 왕비의 방문 앞을 지키고 섰다.

지하세계에서 죽음의 신이 왕비를 데리고 가기 위해 나타났다. 헤라클레스는 기다리고 있다가 죽음의 신을 붙잡고 왕비를 포기하라고 강요했다. 죽음의 신은 헤라클레스의 완력을 당하지 못해 포기하고 돌아갔다.

다른 이야기에 따르면 알케스티스가 지하세계로 끌려갔을 때 지하세계의 여왕 페르세포네가 그녀를 되돌려보냈다고 한다. 알케스티스의 숭고한 사랑을 높이 산 것이 아니라 대리로 죽은 사람을 받아들일 수 없다는 것이 그 이유였다.

오르페우스는 죽은 아내를 찾기 위해 지하세계로 내려갔지만 잠깐의 방심과 회의 때문에 실패했다. 그러나 알케스티스는 죽을 각오를 하고, 아니 실제로 죽어서 남편도 구하고 자기도 살았다.

다음 장부터는 아드메토스의 사촌인 이아손의 이야기가 시작된다. ■

34 잃어버린 샌들 한 짝으로 모험은 시작되고
— 이아손

이제 막 모험이 시작되려고 한다. 모험의 주인공은 이아손으로 그는 아르고 원정대라는 영웅들을 이끄는 우두머리다. 그는 크레테우스의 아들인 아이손(크레테우스의 아들)의 아들이었다.

아이손은 사촌인 펠레우스에게 왕위를 빼앗겼다. 사실은 펠레우스에게 왕위를 물려주면서 아들 이아손이 어른이 되면 왕위를 되돌려줄 것을 부탁했다. 그러나 펠레우스는 그럴 마음이 없었다. 그러므로 왕위를 빼앗은 셈이었다. 이를 간파한 아이손은 아들이 죽었다는 소문을 내고 현인인 케이론에게 아들 이아손의 교육을 맡겼다.

한편 펠레우스는 왕권에 관한 신탁을 들었는데, 한쪽에만 샌들을 신은 사람을 주의해야 한다는 말을 들었다. 신탁은 그가 펠레우스를 죽이고 왕위를 차지할 것이라는 말을 덧붙였다. 그리고 곧 그 사실을 확인했다. 한쪽 샌들만 신은 사람이 그를 찾아왔기 때문이다.

어른이 된 이아손은 아버지의 왕위를 되찾기 위해 펠레우스를 찾아 떠났다. 도중에 급류가 흐르는 강을 지나게 되었는데, 한 노파가 이아손에게 자신을 업고 강을 건네달라고 부탁했다. 이아손은 순순히 노파를 업어

강을 건네주었는데 그때 한쪽 샌들을 잃고 말았다.

그 노파는 변신한 헤라였다. 헤라는 이아손을 시험해보고 싶었다. 헤라가 이아손을 돕게 된 것은 펠레우스에 대한 분노에서 비롯되었다. 펠레우스는 헤라의 신전에서 계모를 죽였을 뿐만 아니라 더이상 헤라를 숭배하지 않아 신전이 황폐해졌던 것이다.

이아손은 펠레우스를 만나 자기가 찾아온 용건을 밝혔다. 펠레우스는 한쪽 샌들만 신은 이아손을 보고 신탁을 생각해냈다. 당연히 그를 죽이기로 마음먹었다. 그러나 그 기간은 포세이돈에게 제사를 지내야 하는 정결한 시기였다. 피를 볼 수는 없는 노릇이었다. 펠레우스는 이아손에게 물었다. 만약에 신탁이 그가 누군가에게 살해될 것이라고 말했지만 권력을 쥐고 있다면 어떻게 하겠느냐는 물음이었다.

이아손은 황금 양털을 가지고 오라고 명하겠다고 대답했다. 이렇게 해서 이아손은 황금 양털을 가져오는 사명을 맡았다. 황금 양털을 가져오라는 것은 죽으러 가라는 말과 동의어였다. 펠레우스는 미소를 흘렸다. 손에 피를 묻히지 않아도 되었기 때문이다.

황금 양털을 둘러싼 모험. 이 말에는 황금빛 찬란한 낭만이 깃들어 있을 듯도 하지만, 사실은 수많은 난관과 고통이 기다리고 있는 매우 험난한 원정이었다. 이후 서양문학에서 황금 양털은 이루기 어려운 모험을 뜻하는 말이 되었다. 황금 양털은 앞에서 본 대로 네펠레의 남매인 헬레와 프릭소스를 태우고 테살리아로 간 양의 털이다.

모험심이 강한 이아손은 그 자리에서 명령을 받아들여 바로 원정 준비에 들어갔다. 이렇게 해서 조직된 것이 아르고나우테스, 즉 아르고 원정대이다.

그 원정대 속에는 이름만 들어도 금방 알 수 있는 용감한 그리스 청년들이 포함되어 있었다. 훗날 그리스 최고의 영웅이 된 헤라클레스, 또한 훗날 다이달로스 미궁 속에 살고 있는 머리가 황소인 미노타우로스를 처치한 테세우스, 음악의 대가 오르페우스, 그리스 최고의 미녀 헬레네의 형제인 카스토르와 폴리데우케스, 그들의 사촌인 린케우스와 이다스 등이 원정대에 속해 있었다. 이들 중 린케우스는 먼 곳을 투사할 수 있는 능력이 있었다. 펠레우스는 이아손에게 오히려 날개를 달아준 꼴이 되고 말았다. 신탁은 틀림이 없었다.

이아손은 그들을 망망대해에서 지켜줄 배를 만들었는데, 사람의 말을 할 줄 아는 떡갈나무로 대들보를 만들었다. 배는 아테나의 도움을 받아 만들어졌고, 배의 이름은 배를 만든 아르고스의 이름을 따서 아르고 호라고 붙였다. 원정대의 이름도 자연스럽게 아르고 원정대라고 불리게 되었다. 그들 앞에는 수많은 고난과 역경이 기다리고 있었다. 젊은이를 성장시키는 것은 실패와 경험이라고 하지 않았던가. ■

35 삶과 죽음의 경계에서
— 아르고 원정대의 모험

아르고 원정대가 처음 도착한 곳은 렘노스였다. 렘노스의 여자들은 아프로디테의 미움을 사서 악취를 풍겼고, 그 때문에 남자들에게 버림을 받았다. 화가 난 여자들은 남자들을 모두 죽였고, 따라서 렘노스에는 남자가 하나도 남아 있지 않았다. 아르고 원정대가 그들에게 어떤 환대를 받았는지는 충분히 상상할 수 있는 일이다. 게다가 아프로디테는 남편인 헤파이스토스를 즐겁게 만들어주기 위해 여자들에게서 풍기던 악취를 모두 제거했다. 아르고 원정대는 그곳에서 1년이나 기항했다.

다음으로 그들이 기항한 곳은 알크폰네소스로, 그곳에서 키지코스 왕의 환대를 받았다. 일행이 모두 섬에 상륙하고 혼자서 배를 지키던 헤라클레스는 6개의 팔을 가진 거인들의 습격을 받았다. 그러나 헤라클레스는 제우스의 아들이었다. 혼자서 그들과 싸워 모두 죽이고는 바닷가에 시체를 산처럼 쌓아두었다.

비티니아 해안에서는 헤라클레스가 노를 부러뜨려 어쩔 수 없이 육지에 상륙했다. 그곳에서 헤라클레스가 노를 만들고 있는 동안 그의 사랑을 받았던 힐라스가 물을 뜨러 갔다가, 그의 미모에 반한 요정들에 의해 물

△황금 양털을 가지고 있는 이아손. 쿠엘리누스.

속으로 끌려들어갔다.

　헤라클레스는 실종된 연인 힐라스를 미친 듯이 찾아다녔지만 눈에 띄지 않았다. 그런데 그 사이에 아르고 호는 헤라클레스의 승선을 확인하지 않고 그대로 출항하고 말았다. 그들이 바닷가에 나왔을 때 바다의 신이 나타나 헤라클레스는 12과업을 수행해야 하기 때문에 원정대에 참가할 수 없음을 알렸다. 노가 부러진 것도 우연이 아니었던 것이다.

　그들이 다음에 들른 곳은 배브릭스 인의 나라로, 그곳의 왕인 아미코스는 그곳을 찾아온 손님에게 권투 시합을 청해 모두 죽인 사람이었다. 아르고 원정대원은 그 이야기를 듣고 모두 분노했다.

　이에 권투의 명수인 레다의 쌍둥이 아들 폴리데우케스가 나섰다. 그는 아미코스의 머리를 가격해서 두 동강을 내고 말았다. 왕의 처참한 몰골을 보고 배브릭스 인들이 싸움을 걸어왔지만 아르고 원정대원들은 그들을 쉽게 물리쳤다.

아르고 원정대는 마침내 트라키아의 살미데소스에 도착했다. 그곳에는 맹인 예언자인 피네우스 왕이 살고 있었다. 그는 인간에게 미래의 일을 알려주었기 때문에 제우스의 벌을 받아 괴물새인 하르피아들로부터 고통을 당하고 있었다.

하르피아는 결코 채울 수 없는 배를 가지고 있어 늘 허기로 고통스러워하는 새였다. 하르피아는 피네우스가 식사를 하기 위해 식탁을 차려놓으면 게걸스럽게 음식물을 먹어치우고 식탁을 어지럽혔다. 아르고 원정대는 그의 처지를 딱하게 여기고 하르피아를 내쫓아주었다. 피네우스는 그 고통에서 벗어나게 해준 아르고 원정대에게 앞으로 닥칠 고난과 해결 방법에 대해 충고를 해주었다.

에욱세이노스 해의 입구는 두 개의 암석으로 되어 있었는데, 그 사이는 배 한 척이 겨우 지나갈 정도의 넓이밖에 되지 않았다. 그런데 심각한 것은 두 개의 암석이 움직인다는 것이었다. 그 사이로 지나가는 것이 있으면 먹이를 기다리고 있던 짐승처럼 바위가 안쪽으로 접근해 지나가는 모든 것을 부수었다.

아르고 원정대는 충돌하는 바위 앞에 이르자 피네우스의 충고에 따랐다. 먼저 바다 위를 걸을 수 있는 포세이돈의 아들 에우페모스가 바위 가까이에 다가가 비둘기를 한 마리 날려보냈다. 바위는 비둘기를 따라 서로 부딪쳤다. 그러나 비둘기는 꼬리털이 조금 빠졌을 뿐 무사했다. 그리고 서서히 바위는 뒤로 물러나고 있었다.

바로 그 순간이었다. 아르고 호에 타고 있던 사람들은 죽을 힘을 다해 노를 저었다. 뒤로 물러나던 바위는 그 사이로 들어온 배를 보고 다시 틈을 좁혀왔다. 움직이는 두 암석은 아르고 원정대의 거친 고난에 대한 통과의식으로 이해할 수 있다. 신화에는 이와 같은 통과의식에 관한 기술이 매우 많이 나오는데, 고난에 찬 통과는 현단계를 넘어서 다른 단계로 넘어가는 과정을 상징한다. 여기서는 아르고 원정대가 불가능한 것을 이루어내는 상황을 암시하는 예로 등장한 것이다. ■

36 사랑은 모든 것을 버리게 만든다
— 메데이아의 배신

그곳을 무사히 빠져나온 아르고 원정대는 황금 양털이 있는 콜키스에 도착했다. 이아손은 콜키스의 왕 아이에테스를 찾아가 자신이 온 목적을 밝히고 협조를 부탁했다. 하지만 누가 쉽게 왕국의 보물을 내준단 말인가.

아이에테스는 이아손의 말을 듣고 곰곰이 생각한 끝에 청동으로 된 발을 가지고 있고 입에서 불을 뿜는 두 마리의 황소에게 쟁기를 매어주고 카드모스 왕이 퇴치한 용의 이빨을 뿌려준다면 황금 양털을 주겠다고 말했다. 그것은 황금 양털을 못 주겠다는 소리와 다를 것이 없었다. 보다 정확하게 표현한다면 죽으라는 말이었다.

입에서 불을 뿜는 황소는 헤파이스토스가 선물한 것으로 매우 난폭한 동물로 알려져 있었다. 황소가 내뿜는 열기 때문에 가까이 다가서는 것조차 어려웠다. 그리고 용의 이빨을 뿌리는 것은 그야말로 자살 행위였다. 용의 이빨을 뿌리면 그곳에서 많은 무사들이 나타나 용의 이빨을 뿌린 사람에게 덤벼든다는 것은 잘 알려진 사실이었다.

이아손은 고민에 빠졌다. 그리스의 영웅들은 싸움에는 능했지만 일을

꾸미는 덴 무능했다. 모두 한숨만 쉬고 있을 때 한 여자가 이아손을 찾아왔다. 아이에테스의 딸 메데이아였다. 메데이아는 이아손을 보고 한눈에 반해 자기 주위의 모든 것을 버리기로 결심하고 찾아온 것이었다.

메데이아는 이아손에게 자신과 결혼을 해준다면 모든 것을 해결해주겠다고 제안했다. 이아손은 망설일 처지가 아니었다. 메데이아의 청을 거절하면 내일 황소나 무사들에 의해 살해될 것이었다. 이 급하게 맺어진 연인은 저승의 여신 헤카테의 신전으로 가서 결혼을 약속하고 평생 서로를 배신하지 않을 것을 서약했다.

어떤 사람들은 메데이아를 마녀로 생각했다. 그녀가 마법에도 능했기때문이다. 하지만 그녀는 이제 막 사랑에 눈뜬 아름다운 여자였다.

메데이아는 이아손에게 불을 내뿜는 황소에게 쟁기를 매는 방법과 용의 이빨에서 나온 무사들을 물리치는 방법을 일러주었다. 화상을 입지않도록 온 몸에 약을 발라주고 방패와 창을 주는 것도 잊지 않았다.

다음날 이아손의 앞에 입에서 불을 뿜는 두 마리의 황소가 끌려나왔다. 모두 이아손의 덧없는 죽음을 예상하고 있었지만 그는 태연히 황소에게로 가서 천천히 황소의 등을 쓸어주며 진정시킨 다음 쟁기를 맸다. 주위는 황소가 내뿜는 불 때문에 모든 것이 불타고 있었다.

다음은 용의 이빨을 뿌릴 차례였다. 이아손은 아무렇지 않는 표정으로 용의 이빨을 뿌리고 흙을 덮었다. 그리고 뒤로 물러나 창과 방패를 굳게 쥐었다. 얼마 후 용의 이빨을 묻은 곳에서 용맹스러워 보이는 무사들이 뛰어나와 이아손을 공격하기 시작했다. 얼마간 그들을 상대해 싸우던 이아손은 미리 준비해둔 돌을 그들 사이에 던졌다. 그러자 이아손을 향해 덤벼들던 무사들이 등을 돌려 자기들끼리 싸우기 시작했다. 해가 뉘엿뉘엿 넘어갈 즈음에 무사들은 모두 죽었다.

아이에테스는 황금 양털을 절대로 내줄 수 없다고 생각했다. 그래서 원정대에게 날이 저물었으니 쉬고 내일 황금 양털을 가져가라고 말했다. 어둠을 틈타 아르고 호를 불태우고 원정대를 살해할 생각이었던 것이다.

그러나 이아손에게는 메데이아가 있었다. 그녀는 아버지의 속셈을 눈치채고 밤에 몰래 황금 양털이 걸려 있는 아레스의 숲으로 이아손을 데리고 갔다. 잠들지 않는 용은 메데이아의 마법에 걸려 그 동안 자지 못했던 밀린 잠을 자려는 듯이 깊은 잠에 빠져 있었다.

이아손과 아르고 원정대는 아이에테스의 분노를 피해 재빨리 도망쳤다. 물론 그들 사이에 메데이아도 있었다. 그때 원정대의 도주를 눈치챈 메데이아의 동생 압시르토스도 배를 타고 추적해왔다. 메데이아에게는 이아손을 향한 사랑밖에 없었다. 그녀는 동생을 죽이고 뒤쫓아오는 추격대의 발길을 붙들기 위해 그 시체를 여덟 조각을 내서 바다에 버렸다. 추격대는 시신을 수습해서 장사를 치르기 위해 일단 콜키스로 돌아갔다. 아르고 원정대원조차 그 잔인성에 고개를 돌렸다.

메데이아의 새로운 삶의 굴절이 시작되는 순간이었다. 그녀는 아버지와 나라를 배신하고 동생을 죽이고서 사랑을 따라나섰다. 여자가 사랑에 빠지면 모든 것을 버린다. 여인이 사랑에 빠지면 모든 것을 배신한다. 테세우스에게 사랑을 느낀 아마존의 여왕 안티오페는 자신을 구하러 온 아마존의 여전사들과 싸우다 죽었다. 자기 종족을 배신한 것이다.

사랑에 빠진 여자는 무섭고 아름답다. ■

37 여인의 배신과 또 다른 배신
― 한 여인의 비극

그리스 신화에서 사랑에 빠진 여자는 비극적이었다. 조국을 배신하고 테세우스를 따라나섰던 아리아드네가 그랬고 메데이아가 그랬다. 사랑에 빠진 여자들은 모든 것을 버리고 남자를 따라나섰지만, 남자로부터 돌려받은 것은 영원한 사랑이 아닌 절망적인 배신이었다.

아르고 원정대의 귀환은 순탄치 않았다. 그 가운데 하나가 세이렌이었다. 그들의 노랫소리를 들으면 바다로 뛰어들어 그녀들이 부르는 노래를 영원히 듣게 된다는 세이렌의 이야기는 오디세우스의 모험에서 더욱 유명하다. 그래서 세이렌이 사는 곳은 여전히 그들의 노래를 듣고 있는 선원들의 백골로 가득 차 있었다.

아르고 원정대도 세이렌의 옆을 지나게 되었는데, 원정대원 가운데 하나인 오르페우스가 큰 소리로 노래를 불러 다른 대원들에게 세이렌의 목소리가 들리지 않도록 했지만 결국 한 명의 원정대원이 바닷속으로 뛰어들었다.

그들이 크레타에 도착했을 때에는 미노스 왕의 명령을 받은 탈로스가 순찰을 돌고 있다가 그들을 발견하고 바위를 던지며 공격해왔다. 탈로스는 거인으로 마지막까지 살아남은 청동인간이었다. 머리끝에서 발꿈치까지 한 줄기 정맥이 있고 이콜이라는 신의 피가 흐르고 있었다. 그리고 발바닥에는 청동 못으로 밑바닥이 고정되어 있었다.

탈로스는 하루에 세 번 해안을 돌며 순찰하다가 수상한 자가 나타나면 바위를 던지거나 몸을 빨갛게 달구어 두 팔로 침입자를 껴안아 태워 죽였다. 메데이아는 여기서도 실력을 발휘했다. 그녀는 주문을 외어 탈로스의 발바닥에 고정되어 있던 못을 빼냈다. 그러자 몸에서 이콜이 빠져나와 탈로스는 그 자리에서 죽고 말았다.

아이에테스를 위시한 콜키스 인의 추적도 만만치 않았다. 압시르토스도의 잘려진 시체를 본 그들은 더할 수 없는 분노와 복수심으로 원정대를 쫓아왔기 때문이다. 아르고 원정대는 천신만고 끝에 그들의 고국으로 돌아갈 수 있었다.

아르고 원정대가 돌아온다는 말을 들은 펠레우스는 그 대비를 위해 이아손의 아버지 아이손을 죽였고, 그의 어머니 역시 펠레우스를 저주하며 죽어갔다. 이아손은 펠레우스에게 황금 양털을 건네주기는 했지만 복수의 칼날을 갈기 시작했다. 복수에는 메데이아를 따를 사람이 없었다. 메데이아는 곧 흉계를 꾸몄다.

메데이아는 먼저 펠레우스의 딸들이 보는 앞에서 죽은 아이손을 살려냈다. 목을 잘라서 잘 끓인 뒤에 몸에 다시 붙이자 아이손이 살아났을 뿐만 아니라 훨씬 젊어졌다. 그 모습을 본 펠레우스의 딸들은 메데이아에게 아버지를 젊게 만들어달라고 부탁했다. 메데이아는 동일한 방법을 이용해서 펠레우스를 살해했다. 펠레우스의 목을 그대로 푹 삶은 것이다.

그후 살인 때문에 코린토스로 추방된 이아손과 메데이아는 한동안 평온하게 살았다. 그러나 언제나 비극은 행복의 주위를 어슬렁거리고 있다. 이아손은 코린토스의 공주인 크레우사와 결혼하기 위해 메데이아를 버렸다. 출세를 위한 것이기도 했지만 이아손은 원래부터 메데이아를 좋아하지는 않았다. 다만 영웅으로서 주어진 임무를 완수하기 위해 메데이아와 손을 잡았던 것이다.

△이아손과 메데이아. 모로.

메데이아의 비극 역시 아버지를 배신할 때에 이미 예견된 것이었다. 아버지를 버리고 동생마저 살해하면서 따라나섰던 이아손이 자신을 배신한 것이었다. 메데이아는 이아손에게 복수를 결심하고 독을 넣은 옷을 신부에게 선물했다. 그 옷을 입은 신부는 그녀를 도와주러 온 아버지와 함께 뜨거운 불에 타죽고 말았다.

한편 이아손은 젊은 날의 찬란했던 기억을 회상하면서 점차 미쳐갔다. 거칠 것 없던 그의 운명이 이젠 쇠락의 길로 접어들어 말할 수 없이 초라해졌다. 그는 과거의 화려했던 영광을 떠올리며 각지를 방랑했다. 그러다가 포세이돈의 성지인 이스트마스의 해안에서 낡은 아르고 호의 잔해를 발견했다. 원정이 끝난 후 이스트마스 해안에서 포세이돈에게 바쳐졌던 잔해가 남아 있었던 것이다.

그는 그때의 일들을 회상하며 선체 밑에 앉아 있다가 위에서 말하는 나무로 만든 뱃머리가 떨어지는 바람에 깔려 죽었다. 영웅은 언제나 비참한 죽음을 맞이했다. 그것은 그들의 괴물을 퇴치하지만 그 역시 또다른 괴물이 되어 퇴치되어야 할 운명에 놓였기 때문이다. 그것은 영웅의 정해진 운명이기도 했다.

메데이아는 자신의 아이들을 모두 죽이고 아테네로 가서 아이게우스 왕과 결혼했다. 그러나 메데이아는 타국에 있는 아이게우스의 아들 테세우스가 자신의 지위를 위협할 것으로 생각했다. 궁리 끝에 그녀는 테세우스를 죽이기로 마음먹었다. 이미 수많은 살해를 경험한 그녀였다. 그러나 테세우스를 죽이려는 시도는 발각이 났고, 그녀는 결국 외국으로 추방되었다. 그러나 테세우스는 많은 영토를 정복하고 그곳의 이름을 자신을 살해하려고 했던 계모의 이름을 따서 메디아라고 불렀다.

더이상 갈 곳을 잃은 메데이아는 고국인 콜키스로 몰래 돌아갔다. 그곳에는 놀라운 소식이 기다리고 있었다. 아버지인 아이에테스가 동생에게 왕위를 찬탈당했던 것이다. 메데이아는 그를 살해하고 다시 아버지 아이에테스에게 왕위를 돌려주었다. 언제나 비극이 주위에서 떠나지 않았던 기구한 운명을 지닌 메데이아다운 귀환인 셈이었다. ■

제4장 아르고스

38 아르고스 지역의 내력

이나코스는 신화에 나오는 아르고스 지역의 첫번째 왕이다. 그는 티탄이자 대양의 신인 오케아노스와 테티스 사이에서 태어났다. 그는 자신과 남매 사이인 멜리아와 결혼해서 포로네우스와 아이기알레우스를 낳았다.

이나코스는 포세이돈과 헤라가 아르고스의 영토를 두고 분쟁이 생겼을 때 심판관으로 참가해 헤라의 편을 들었다. 패배한 포세이돈은 화가 나서 아르고스 지방의 물을 모두 빼앗고 말았다. 이후 아르고스는 그리스에서 가장 메마른 지역이 되고 말았다. 장마철 이외에는 강에 물이 흐르지 않았다. 이는 뒤에서 볼 다나오스의 이야기와 깊은 연관이 있다.

포로네우스가 아버지의 뒤를 이어 아르고스를 지배했고, 아피스와 니오베가 태어났다. 아피스는 무자비하게 권력을 휘두르다가 살해되었다. 니오베는 제우스가 정을 통한 첫번째 인간 여자였다. 이들 사이에서 아르고스와 펠라스고스가 태어났다. 아피스가 살해되었기 때문에 아르고스가 왕위를 물려받았다. 그리고 이때부터 이 지역을 아르고스 지역이라고 부르게 되었다.

△사티로스와 님프. 클로디온.

아르고스는 에우아드네를 아내로 맞이해 에크바소스·페이라스·에피다우로스·크리아소스를 얻었다. 이 가운데 아르고스의 뒤를 이어 왕이 된 것은 크리아소스였다.

에크바소스는 아게노르를 낳았는데, 아게노르의 자식이 또한 아르고스다. 아르고스는 온몸에 눈이 있고 힘이 아주 센 괴물에 가까운 존재였다. 아르고스의 별명은 파노프테스로 '모든 것을 본다' 라는 의미다. 그는 아르카디아를 괴롭히던 황소를 죽이고 그 껍질을 온몸에 두르고 다녔다.

또한 아르카디아 사람들을 괴롭히고 가축을 잡아가는 사티로스와 상대해서 그를 죽였다. 그의 공적은 여기서 그치지 않는다. 타르타로스와 대지의 여신 가이아 사이에 태어난 딸로 길 가는 사람을 납치하던 에키드나도 죽였다. 또한 아피스를 살해한 범인들도 찾아내 함께 살해했다.

아르고스는 아소포스의 딸 이스메네와의 사이에서 외아들 이아소스를 얻었다. 제우스에게 납치되어 암소가 된 이오는 바로 이 이아소스의 딸이다. 그러나 이오가 이나코스의 딸이라고 하는 주장도 있다.

제우스와 이오 사이에서 에파포스가 태어났고, 에파포스에게는 리비에라는 딸이 있었다. 리비에는 포세이돈과 관계를 맺어 벨로스와 아게르노를 낳았다. 벨로스는 아이깁토스와 다나오스를 낳았고, 참혹한 비극은 여기서 발생한다.

이집트에서 페니키아로 가 그곳의 왕이 된 아게르노는 카드모스의 아버지다. 카드모스는 제우스에게 납치된 여동생 에우로페를 찾기 위해 세상을 떠돌다가 아레스와 아프로디테의 딸인 하르모니아와 결혼해 도시를 건설하게 되는데 그곳이 바로 테베다. 테베에 관해서는 뒤에서 다시 살펴본다.

한편 참혹한 비극 끝에 살아남은 린케우스와 히페름네스트라의 손자 가운데 아크리시오스와 프로이토스가 있다. 아크리시오스의 딸인 다나에는 제우스와 정을 통해 페르세우스를 낳게 된다.

페르세우스는 메두사를 처치하고 돌아오던 중 안드로메다를 만나 결혼해서 많은 후손을 둔다. 그 가운데 특기할 만한 인물로는 헤라클레스와 틴다레오스가 있다. 틴다레오스는 트로이 전쟁의 도화선이 되었던 헬레네의 아버지다.

이제부터 아르고스 지역에 어떤 일이 일어났는지 살펴보자. 가장 먼저 볼 것은 이오와 아르고스의 이야기다. ■

39 이오를 둘러싼 살해극
— 아르고스와 공작

신의 사랑을 받는 것은 참으로 불행한 일이었다. 메데이아처럼 여자가 사랑에 빠지면 모든 것을 버리지만, 반대로 신의 사랑을 받으면 모든 것을 빼앗겼다. 부모와 형제, 고향을 떠나야 하는 운명에 놓이거나 죽음을 택해야 했던 것이다. 이오는 앞의 경우로, 고향인 아르고스를 떠나 전세계를 방황하다 이집트에 정착했다.

이오는 앞에서 본 대로 이나코스 또는 아게르노의 딸이다. 이오는 헤라 신전에서 일하는 여사제였다. 그런데 제우스가 그녀를 유혹했다. 즉시 제우스의 아내인 헤라가 제우스와 이오의 관계를 눈치챘다. 제우스는 재빨리 이오를 하얀 암소로 변신시키고 이오와 관계를 가진 적이 없다고 딱 잡아뗐다.

그리스의 역사가 헤시오도스는 이 일화를 두고 사랑의 맹세를 깨뜨려도 신의 분노를 사지 않는다고 말했다. 신들의 왕 제우스가 솔선수범해서 사랑의 맹세를 깨뜨렸기 때문이다. 그러니 누가 벌을 준단 말인가.

헤라는 제우스에게 이오와 관계가 없다면 하얀 암소를 자기에게 달라고 말했다. 제우스는 자기가 판 함정에 빠졌다. 하얀 암소를 넘겨받은 헤

△이오를 납치하는 제우스. 코레지오.

라는 한꺼번에 두 개 이상 눈을 감지 않는 백 개의 눈을 가진 아르고스에게 그 암소를 지키게 했다. 앞의 족보에 따르면 아르고스는 이오의 할아버지였다.

아르고스는 암소를 미케네의 숲 속에 있는 올리브 나무에 매어두었다. 안달이 난 제우스는 헤르메스를 시켜 이오를 훔쳐내도록 명령했다. 그러나 몰래 훔쳐내는 것이 불가능했기 때문에 헤르메스는 아르고스를 살해했다. 이 때문에 헤르메스는 아르게이폰테스라는 별명이 붙었는데, 아르고스를 살해한 자라는 의미이다.

아르고스의 살해에 대해서는 두 개의 주장이 있다. 헤르메스가 판이 만든 시린크스라는 피리를 불면서 그에 얽힌 이야기를 해주어 아르고스를 잠재운 다음 살해했다는 것과, 돌을 던져서 살해했다는 것이 그것이다.

헤라는 아르고스의 죽음을 안타까워하며, 그의 눈을 새의 깃털에 새겨 놓았다. 그것이 바로 지금의 공작으로, 날개를 펼치면 아르고스의 수많은 눈이 시퍼렇게 살아 있음을 알 수 있다.

헤라는 아르고스의 죽음에 대한 안타까움 이상으로 이오에 대한 증오를 느꼈다. 그래서 등에를 보내 암소를 괴롭혔다. 암소로 변한 이오는 등에를 피해 그의 이름에서 유래한 이오니아 만으로 갔다가 하이모스 산을 넘어, 역시 이오의 행적에서 유래한 보스포루스 해협을 건넜다.

이오는 유럽과 아시아 여기저기를 떠돌아다녔다. 헤라의 추적이 집요했기 때문이다. 그녀가 마지막으로 정착한 곳은 이집트였다. 본래의 모습으로 돌아온 이오는 그곳에서 외아들인 에파포스를 낳았다.

그러나 헤라의 증오는 끝내 가라앉지 않았다. 헤라는 쿠레테스를 시켜 이오가 어디 있는지를 확인하고 에파포스를 납치하도록 명령했다. 쿠레테스는 아이를 납치해 숨겼다. 이를 안 제우스가 분노해 쿠레테스를 죽였고, 이오는 아들을 찾아 또다시 유랑을 시작했다.

이오는 누군가로부터 시리아의 왕이 에파포스를 양육하고 있다는 이야기를 듣고 시리아를 뒤져 아이를 찾은 뒤, 이집트로 가서 그곳의 왕 텔레고노스와 결혼했다. 이오는 그곳에 곡물의 여신 데메테르의 상을 세웠다.

이집트 사람들은 데메테르를 이시스라고 불렀다. 또한 이오 역시 이시스라 불리며 숭배되었다. 이시스는 이집트의 주신 오시리스의 누이인 동시에 아내로, 세트에게 살해된 오시리스의 몸을 찾아 다시 되살린 신비한 힘을 지닌 이집트의 여신이다.

이렇게 해서 아르고스의 후예들이 이집트에 정착해 살게 되었다. 에파포스는 나일의 딸 멤피스를 아내로 맞이해 그녀의 이름을 딴 멤피스라는 도시를 세웠다. 그리고 그들 사이에 리비아라는 나라 이름의 유래인 리비에가 태어났다. 리비에는 포세이돈과 관계를 맺어 벨로스와 아게르노를 낳았다.

벨로스의 쌍둥이 아들 아이깁토스와 다나오스는 각각 50명씩의 아들과 딸을 낳았다. 이 100명을 둘러싸고 벌어지는 사건이 다음에 살펴볼 이야기다. ■

40 첫날밤에 잘린 49개의 머리
― 다나오스 자매들의 살육

벨로스는 아시리아·아라비아·이집트·리비아를 통합한
왕국을 세우고, 아이깁토스에게는 아라비아를, 다나오스에게는 리비아
를 통치하게 했다. 그런데 아이깁토스가 이집트를 정복하고 다나오스의
리비아를 위협하기 시작했다.

아이깁토스는 50명의 아들을 다나오스의 50명의 딸과 결혼시키자고
제안했다. 다나오스는 이를 자기에 대한 도전으로 받아들이고, 아테나 여
신의 충고대로 배를 만들어 딸들을 태우고 도망쳤다. 그들은 로도스에 기
항했다가 이오의 고향인 아르고스에 도착했다.

다나오스는 자기가 이오의 후손임을 내세워 겔라노르에게 왕권을 내놓
으라고 요구했다. 이 사안을 놓고 의견이 분분한 가운데 이리 한 마리가
아르고스의 황소떼를 습격한 일이 일어났다. 이를 외래자가 왕이 되어야
한다는 신의 징조라고 받아들여 결국 다나오스가 왕위에 올랐다.

그런데 앞에서 본 대로 아르고스 지방은 첫번째 왕 이나코스의 판결로
인해 분노한 포세이돈이 물을 뺏기 때문에 척박했다. 다나오스는 딸들에
게 물을 찾을 것을 명령했다. 50명의 자매들 가운데 아미모네는 물을 구

△아미모네의 납치. 자코모티.

하러 다니다가 사슴이 있는 것을 보고 창을 던졌다. 그런데 그 창은 잠을
자고 있던 사티로스의 잠을 깨웠다.

　사티로스는 아미모네를 보고 욕정이 일어나 겁탈하려고 달려들었지만,
마침 나타난 포세이돈이 사티로스를 쫓아냈다. 이번엔 포세이돈이 아미

모네에게 잠자리를 같이 할 것을 요구했다. 험한 산을 넘으니 깊은 물이 기다리는 꼴이었다. 그 대신 레르네에 있는 샘물에 대해 말해주었다.

그런데 큰 일이 일어났다. 아이깁토스의 아들들이 다나오스의 딸들과 결혼하기 위해 나타났던 것이다. 다나오스는 자기가 먼 길을 유랑해 아르고스로 쫓겨온 것을 잊지 않았다. 그래서 결혼에 동의하는 한편 딸들에게 칼을 주며 그들을 죽이라고 말했다.

합동 결혼식이 거행되고, 신부들은 첫날밤 설렘과 사랑이 아닌 칼을 지니고 신방에 들어갔다. 아이깁토스의 아들들은 첫날밤에 모두 살해되고 말았다. 초야를 치르고 잠에 곯아떨어진 아이깁토스의 아들들은 영문도 모른 채 바로 하데스로 내려갔다. 다만 장녀인 히페름네스트라만이 자신의 상대인 린케우스에게 첫날밤의 비극에 대해 알리고 도망치라고 말해주었다.

왜 히페름네스트라는 린케우스를 살려두었을까? 신화에 따르면 린케우스가 히페름네스트라의 처녀성을 보호해주었기 때문이라고 한다. 하지만 보이지 않는 곳에 다른 이유가 존재한다. 이 살육이라는 비극을 수습할 사람을 남기기 위해서였다. 그것은 당장은 아니고 린케우스의 후손 가운데 나오게 된다.

49명의 딸들은 신랑의 머리를 아버지에게 보여준 뒤 레르네에 묻고, 몸뚱이는 시내에서 장례를 치렀다. 제우스의 명령을 받은 아테나와 헤르메스가 나타나 그녀들의 죄를 용서해주었다.

다나오스는 아르고스의 젊은이들에게 결혼 지참금을 받지 않고 딸을 주겠다고 말하고, 경기를 열어 승자들이 마음에 드는 딸을 고르도록 했다. 그렇게 하지 않고서야 첫날밤에 신랑을 죽인 여자를 누가 아내로 맞이하겠는가.

그러나 다른 주장에 따르면 린케우스가 다나오스를 살해하고 히페름네스트라를 제외한 모든 자매를 죽였다고 한다. 또한 다나오스의 딸들은 죽어서 벌을 받고 있는데, 그 벌은 시시포스의 그것과 유사하다. 밑 빠진 항아리에 물을 부어 채우는 일이었다. 다나오스의 딸들은 지금도 밑 빠진 항아리에 물을 퍼붓고 있다. 이는 척박하고 건조한 아르고스에 물을 붓는 일을 상징하기도 한다.

한편 레르네는 언제인가부터 머리가 아홉 개 달린 히드라라는 괴물이 나타나 아르고스 사람들을 괴롭히기 시작한다. 히드라는 포세이돈이 아미모네에게 알려준 레르네의 샘에 독을 뿜어 물을 마시지 못하게 한다.

히드라는 어디에서 왔을까? 그렇다. 아이깁토스의 49명의 머리가 그것이다. 그래서 히드라는 아홉 개의 머리를 가졌고, 그 가운데 하나는 죽지 않는다. 또한 다른 머리를 자르면 두 개가 나온다. 아이깁토스의 아들들이 히드라로 나타난 것이다.

그렇다면 이러한 비극을 마무리해야 하는 것은 누굴까? 바로 첫날밤 비극을 경험하지 않은 히페름네스트라와 린케우스의 후손이어야 한다. 그가 바로 헤라클레스다. 하지만 헤라클레스가 등장하려면 얼마간 세월이 더 지나야 한다. ■

41 미칠 수밖에 없는 세상
— 프로이토스 딸들의 발광

다나오스의 딸들로 인한 참혹한 비극은 그 영향이 오래 갔다. 평범히 보아 넘기기에는 너무나 처참한 일이었던 것이다. 49개의 피투성이 머리가 나뒹굴고, 머리를 잃은 몸뚱어리가 널브러져 있는 장면을 떠올리면 몸서리가 쳐진다. 이 아찔한 광경은 하나의 비극적 이미지가 되어 후세에 영향을 미치게 된다.

린케우스는 다나오스의 뒤를 이어 아르고스의 왕이 되었다. 그는 히페름네스트라와의 사이에서 외아들 아바스를 낳았다. 아바스는 아글라이아와 결혼해서 쌍둥이 아크리시오스와 프로이토스를 낳았다.

아크리시오스와 프로이토스는 어머니의 뱃속에 들어 있을 때부터 싸우기 시작해 어른이 되자 왕권을 놓고 다투었다. 이 싸움에서 방패라는 것이 발명되었을 정도로 이들의 싸움은 치열했다. 결국 아크리시오스가 승리를 거두었고, 프로이토스는 아르고스에서 추방되었다. 추방의 이유는 프로이토스가 아크리시오스의 딸 다나에를 납치하려고 했다는 죄목이었다. 하지만 다나에는 제우스의 연인이었다.

프로이토스는 리키아로 가서 이오바테스 왕에게 도움을 청했다. 그러자 왕은 자신의 딸인 스테네보이아와 군사를 그에게 주었다. 다시 싸움이 시작되었지만 쉽사리 결판이 나지 않았다. 결국 아르고스 왕국을 둘로 나누어 아크리시오스는 남쪽을, 프로이토스는 북쪽을 다스리기로 결정했다. 프로이토스와 스테네보이아 사이에서 이피노에 · 리시페 · 이피아나사가 태어났다.

그런데 프로이토스의 왕국에 큰 재앙이 덮쳤다. 프로이토스의 딸들이 미쳤던 것이다. 그 이유는 전달자에 따라 다르게 전해지는데, 하나는 디오니소스의 축제를 받아들이지 않았기 때문이고, 다른 하나는 헤라의 목상을 가볍게 여겨 헤라의 분노를 샀기 때문이라고 한다. 어쨌든 둘 다 신의 분노에 의한 것이다.

프로이토스의 딸들은 미쳐서 아르고스 전역을 돌아다녔고, 심지어는 아르카디아와 펠로폰네소스를 지나 아무것도 자라지 않는 황야를 뛰어다녔다. 프로이토스는 딸들의 병을 고치기 위해 예언자 멜람푸스를 불렀다. 멜람푸스는 왕국의 3분의 1을 치료비로 줄 것을 요구했다. 프로이토스는 너무 대가가 비싸다고 생각했다.

프로이토스가 망설이는 사이, 그의 딸뿐만 아니라 다른 여자들까지 미치기 시작했다. 여자들은 집을 버리고 자기 아이를 죽였으며, 황야를 떠돌아다녔다. 더이상 견딜 수 없는 상황이 되자, 프로이토스는 멜람푸스의 요구조건을 들어주기로 했다. 그러나 이번엔 멜람푸스가 왕국의 3분의 2를 요구했다. 3분의 1을 자기 형제인 비아스에게 주겠다는 것이었다.

프로이토스는 더 늦으면 멜람푸스가 왕국 전체를 요구할 수도 있다는 것을 깨닫고 서둘러 그의 제안에 동의했다. 멜람푸스는 건장한 남자를 데리고 고함을 지르며 신들린 춤을 추면서 여자들을 산에서 몰아냈다. 그 와중에 이피노에가 사라졌다. 그러나 나머지 여자들은 모두 제정신을 차렸다. 프로이토스는 두 딸을 멜람푸스와 비아스에게 주었다. 그리고 왕위를 이어받을 메가펜테스가 태어났다.

그런데 시시포스의 손자 벨레로폰은 코린토스의 왕 벨레로스를 죽이고 프로이토스에게 와서 죄를 사면받았다. 그때 프로이토스의 아내 스테네

보이아가 그에게 연정을 느끼고 사랑을 고백했다. 그러나 신세를 지고 있는 벨레로폰은 도의상 그럴 수 없다고 정중하게 거절했다. 거절당한 여자의 복수만큼 무서운 것이 또 있을까.

앞에서 본 대로 프로이토스는 이오바테스에게 그를 보내면서 그를 죽이라는 편지도 같이 보냈다. 여기에도 역시 49개의 머리라는 비극의 이미지가 작용하고 있다. 스테네보이아는 결국 거짓말을 해서 사랑하는 벨레로폰을 죽음에 몰아넣었다는 자책감을 이기지 못하고 목을 매 자살하고 만다.

죽음이 계속된다. 한꺼번에 살육당한 머리들은 조금씩 그들의 원한을 푼다. 헤라클레스를 통해 완전히 마무리가 될 때까지 말이다. 그 중간에 메두사의 머리라는 가장 징그럽고 참혹한 머리가 등장한다. 왜 하필이면 머리였을까?

여하튼 프로이토스는 불행한 삶을 살았다. 그렇다면 그와 싸웠던 아크리시오스는 어떻게 되었을까? ■

42 신탁은 빗나가지 않는다
— 아크리시오스에게 내린 신탁

프로이토스를 덮쳤던 재앙은 아크리시오스도 비껴가지 않았다. 다만 그에게는 서서히 다가왔고, 그것은 그의 목숨을 위협하는 일이었다. 아크리시오스는 앞으로 태어날 남자아이에 대해 신탁을 구했는데, 그의 딸 다나에가 아들을 낳고, 그 아이에 의해 죽임을 당할 것이라는 예언을 듣게 되었다.

깜짝 놀란 아크리시오스는 성에 있는 탑 꼭대기에 청동으로 된 방을 만들어 딸 다나에를 그곳에 가두고 남자들은 절대로 그곳에 접근하지 못하도록 지켰다. 아직 생기지도 않은 아이 때문에 다나에는 출구 없는 방에 갇히게 된 것이다.

그런 다나에를 발견한 남성은 다름아닌 제우스였다. 제우스는 황금으로 변신해서 지붕을 통해 다나에의 무릎으로 흘러들어가 그녀와 관계를 맺었다. 그리고 시간이 지나 신탁의 예언처럼 아들이 태어났다. 그 아이의 이름은 페르세우스였다. 일부 사람들은 프로이토스가 그녀를 범했다고 하기도 한다.

다나에가 아이를 낳은 것을 알게 된 아크리시오스는 제우스가 아버지

△황금비가 되어 세멜레에게 쏟아지는 제우스. 클림트.

라는 것을 믿지 않고 매정하게도 딸과 외손자를 상자에 넣어 바다에 띄워 보냈다. 갓 태어난 손자보다 자신의 목숨이 더 중요했던 것이다.

　세리포스에 사는 딕티스라는 젊은 어부가 이 상자를 발견했는데, 그 속에는 갓 태어난 아기와 눈물을 뚝뚝 흘리고 있는 아름다운 부인이 들어 있었다. 젊은 어부는 다나에를 달래서 집으로 데리고 갔다. 그곳에서 세상에 나온 페르세우스는 늠름한 젊은이로 성장했다.

　한편 그 나라의 왕은 딕티스와 형제인 폴리덱테스였는데, 다나에의 아름다움에 반해 그녀를 자기 것으로 만들려고 했다. 그렇지만 다나에는 그를 상대해주지 않았다. 게다가 페르세우스가 옆에 있었기 때문에 힘으로 몰아붙일 수도 없는 노릇이었다. 폴리덱테스는 꾀를 내서 다나에와 페르세우스를 떼어놓기로 했다.

그는 히포다메이아와 결혼을 하면서, 결혼식에 선물을 갖고 오라는 말과 함께 페르세우스를 포함한 사람들을 초청했다. 다른 사람들에게는 말을 결혼선물로 받았지만, 페르세우스의 말은 받지 않고, 대신 고르곤의 목을 원한다고 말했다.

이렇게 해서 페르세우스는 메두사의 목을 얻기 위해 모험을 떠나게 된다. 이 과정은 다음 장에서 살펴볼 것이다.

페르세우스가 메두사의 목을 가지고 집으로 돌아왔을 때 폴리덱테스는 다나에를 차지하기 위해 그녀를 강제로 신전에 가두어두고 있었다. 페르세우스는 그를 찾아가 메두사의 목을 보여주고 그를 돌로 만들었다. 그리고 폴리덱테스의 형제이자 자기들을 구해준 딕티스를 왕으로 세웠고, 이에 다나에는 왕비가 되었다.

그럼 신탁에서 외손자에 의해 살해될 것이라고 했던 아크리시오스는 어떻게 되었을까? 몇 년 후 페르세우스는 외할아버지를 만나기 위해 다나에와 함께 아르고스 왕국을 찾았다. 그러나 아크리시오스는 외손자가 자기를 만나러 온다는 것을 알고 자리를 피했다. 신탁의 예언에서 벗어나기 위해 몸을 숨긴 것이었다. 그러나 운명을 거부할 수는 없었다.

아르고스 왕국의 어느 도시에서 5종 경기가 열렸는데, 우연히 그곳을 지나던 페르세우스도 경기에 참가했다. 그런데 페르세우스가 던진 원반이 손에서 미끄러져 관중석으로 날아가 한 노인에게 맞았다. 노인은 그 자리에서 숨을 거두었는데, 그가 바로 아크리시오스였다.

그 일을 기화로 신탁의 내용을 알게 된 페르세우스는 프로이토스의 아들 메가펜테스와 서로의 왕국을 바꾸고, 아르고스가 아닌 티린스의 왕이 되었다. 페르세우스와 그의 아내 안드로메다는 많은 자식을 낳았다.

에티오피아에서 낳은 아들 페르세스는 페르시아를 세웠고, 엘렉트리온은 딸 알크메네를 낳았는데, 그녀는 암피트리온과 결혼해서 헤라클레스를 낳았다. 또한 메스토르는 히포토에라는 딸을 낳았는데, 포세이돈의 사랑을 받아 타피오스를 낳았다. 타피오스는 고향에서 멀리 떨어진 곳에 나라를 세웠다. 그것은 포세이돈이 히포토에를 멀리 납치해간 탓이다. 그는 프테넬라오스라는 아들을 낳았는데, 포세이돈이 그의 머리에 황금 머리카락을 심어서 불사의 몸으로 만들어주었다.

이외에도 수많은 후손이 있지만, 그 가운데 단연 돋보이는 것은 알크메네의 아들 헤라클레스다. 페르세우스의 모험 이야기가 끝나면 헤라클레스를 만나게 될 것이다. ■

43 이성과 육체가 마비되는 순간
— 메두사의 머리와 페르세우스

여왕이라는 의미인 메두사는, 살아 있는 뱀으로 이루어진 머리카락, 사자의 것보다 예리한 이빨, 강철로 만들어진 손, 황금 날개를 가진 최강의 괴물이었다. 그의 얼굴을 본 사람은 그 자리에서 바로 돌이 되었다.

결혼선물로 메두사의 머리를 원한다는 폴리덱테스 왕의 요구로 페르세우스는 어머니의 곁을 떠나 방랑길에 나섰다.

그를 도와준 신은 헤르메스와 아테나였다. 그의 아버지인 제우스가 명령했기 때문이다. 페르세우스는 신들의 인도로 먼저 그라이아이 자매가 살고 있는 암흑 동굴로 찾아갔다. 그라이아이 자매는 태어날 때부터 노파인 세 자매로, 그들만이 메두사가 있는 곳을 알고 있었다. 메두사는 고르곤의 세 자매 중 한 명으로, 고르곤은 신들의 벌을 받아 하늘과 땅의 경계를 이루는 곳에 살았는데, 정확한 지점은 아무도 몰랐다.

그라이아이 자매는 셋이 합쳐서 하나의 이빨과 하나의 눈밖에 가지지 못했기에 그것을 필요할 때마다 돌아가며 사용했다. 페르세우스는 먼저 그들의 눈과 이빨을 빼앗았다. 그라이아이는 그것을 돌려달라고 요청했

◁메두사를 죽이는 페르세
우스. 부조.

다. 페르세우스는 눈과 이빨을 돌려주는 대신 메두사가 있는 곳을 가르쳐
달라고 했다.

메두사가 있는 곳을 알아낸 페르세우스는 날개 달린 샌들과 메두사의
목을 담을 자루, 모습이 보이지 않게 되는 모자, 강철로 만든 낫을 헤르메
스에게 빌려 메두사가 살고 있는 곳으로 날아갔다. 메두사 역시 세 자매
중 하나로 위의 둘은 불사신이었다. 그러나 그 괴기스러움의 정도로 치면
메두사를 따를 수는 없었다. 앞에서 본 대로 메두사는 원래 아름다운 아
테나 신전의 여사제였지만, 포세이돈과 신전 안에서 정사를 벌인 탓에 아
테나의 저주를 받고 괴물이 되었다.

페르세우스는 아테나의 인도를 받아 얼굴을 돌리고 청동 방패에 비친
메두사의 모습을 보며 메두사의 머리를 잘랐다. 머리가 잘릴 때 쏟아진
피 속에서 날개 달린 말인 페가수스와 게리온의 아버지 크리사오르가 태

어났다. 게리온은 헤라클레스가 퇴치한 괴물의 하나다. 메두사의 피가 바다로 흘러들었고, 그것에 닿은 것마다 돌처럼 단단해졌는데 거기서 산호가 생겼다고 한다.

메두사의 머리가 의미하는 것은 무엇일까?

린케우스는 첫날밤 신부인 히페름네스트라의 육체를 탐하지 않았기 때문에 목숨을 구했고, 세월이 흘러 그의 후손 가운데 페르세우스가 태어났다. 그런데 메두사는 아테나 신전에서 포세이돈과 격렬한 정사를 나누었다. 그로 인해 흉칙한 괴물이 되었고 그의 얼굴을 보면 모두 돌이 되었다. 보다 정확하게 말하면 몸이 돌로 변할 정도로 메두사의 머리는 공포 그 자체였던 것이다. 돌이 되지 않고서는 견딜 수 없는 공포 말이다. 그런데 이 공포의 이미지는 어딘가 낯이 익다. 49개의 머리와 머리 잘린 몸뚱이에서 이미 보았기 때문이다. 이렇게 이미지는 세월과 함께 엷어지기는커녕 확장을 거듭하고 있었던 것은 아닐까 싶다.

페르세우스는 메두사의 목을 자루에 넣은 뒤 페가수스를 타고 재빨리 그 자리를 떠났다. 그때 잠에서 깨어난 메두사의 자매들은 동생의 목 잘린 모습을 보고 복수를 위해 미친 듯이 페르세우스의 뒤를 쫓았다. 그러나 어디에도 그의 모습은 없었다. 페르세우스는 헤르메스에게서 빌린, 모습을 감추어주는 모자를 쓰고 있었기 때문이다.

탈출에 성공한 페르세우스는 페가수스를 타고 그리스를 향해 날아가던 도중, 아프리카 북부 에티오피아 해안 지대를 지나다가 한 처녀가 벌거벗긴 채 바다의 괴물에게 제물로 바쳐져 있는 것을 보게 되었다. 당시는 그런 일이 흔했으므로 무심히 보아넘기고 지나갈 수도 있었지만, 페르세우스는 궁금증을 이기지 못하고 그녀가 묶여 있는 바위 위에 내려앉았다. 운명은 이렇듯 한순간에 변하고 만다.

그 여자는 눈물을 흘리면서 자신에게 일어난 일에 대해 얘기하기 시작했다. 그녀는 자신의 이름은 안드로메다이며, 에티오피아 왕국의 케페우스 왕과 카시오페이아 왕비의 딸이라고 소개했다. 이들은 서로를 소개하고 사랑에 빠진다. 그것을 운명이라 생각하며. ■

44 오만이 낳은 비극과 해피엔딩

― 카시오페이아와 안드로메다

과유불급이라 했다. 지나침은 모자람만 못하다는 말이다. 그러나 실제로 실천하기는 매우 어렵다. 안드로메다의 어머니인 카시오페이아 왕비는 매우 아름다운 용모를 지니고 있었다. 아름다움에 대한 자신감이 지나쳐 자만심이 되었다. 그녀는 바다에 사는 님프보다 자기가 더 아름답다고 떠들고 다녔다.

그 사실이 바다에 전해지자 님프들은 분노로 몸을 떨었다. 님프들과 친구인 포세이돈의 아내 암피트리테는 남편에게 그 사실을 알리고 복수를 청했다. 포세이돈 역시 화를 내며 바다의 괴물을 에티오피아로 보냈다. 그 괴물은 크기가 작은 섬 정도여서 조금만 요동을 쳐도 큰 파도가 일었다. 이로 인해 에티오피아 해안은 끊임없이 해일에 시달려야 했다.

에티오피아의 왕 케페우스는 원인을 알기 위해 신탁을 했다. 비로소 사건의 전말이 드러났고, 포세이돈의 분노를 가라앉히기 위해서는 외동딸 안드로메다를 괴물에게 바쳐야 한다는 응답을 듣게 되었다. 케페우스 역시 아내에 대한 분노가 솟구쳐 의자에 앉아 있던 카시오페이아 왕비를 그대로 걷어차 바다로 떨어뜨렸다. 밤하늘에 있는 카시오페이아 별자리는 왕비가 의자에 앉아 있는 모양이다. 케페우스는 아내로 인해 초래된 일을 해결하기 위해 딸인 안드로메다를 바쳐야 했다. 백성들의 고통이 너무 심했던 까닭이다.

이 이야기를 들은 페르세우스는 케페우스에게 제안을 했다. 괴물을 물리치면 안드로메다를 아내로 달라는, 케페우스에게는 아주 달콤한 제안이었다. 페르세우스는 제우스의 아들이었다.

얼마 지나지 않아 큰 파도가 일면서 괴물이 모습을 드러냈다. 괴물은 안드로메다가 묶여 있는 곳으로 입을 크게 벌리고 서서히 다가오기 시작했다. 안드로메다는 눈을 질끈 감았다. 그때 페르세우스가 땅을 박차고 하늘로 뛰어올라 괴물을 향해 날아갔다. 페르세우스는 허공에서 칼을 뽑아 괴물의 목덜미를 향해 찔렀다. 괴물은 자신을 방해하는 게 무엇인지를 보기 위해 고개를 돌렸다. 그 순간 페르세우스는 메두사의 머리를 앞으로 내밀었다. 괴물은 그 자리에서 살아 있던 모습 그대로 거대한 바위가 되고 말았다. 메두사의 머리는 신이 내린 조각가의 손인 듯, 놀란 괴물의 표정까지 빼놓지 않고 그대로 돌로 만들었다.

괴물을 퇴치한 페르세우스는 안드로메다의 결박을 풀어주고 에티오피아 왕궁으로 개선했다. 그러나 그들을 기다리고 있는 것은 성대한 만찬과 영광뿐만은 아니었다. 피비린내 나는 살육도 함께였다.

안드로메다에게는 피네우스라는 약혼자가 있었던 것이다. 그는 페르세우스와 안드로메다가 결혼한다는 사실을 알고 크게 분노하고는 무장한 병사를 곳곳에 숨겨두었다. 피네우스의 분노에는 페르세우스에 대한 열등감도 적잖이 작용하고 있었다. 열등감과 분노가 만나면 아주 치졸한 행위를 낳는다.

피네우스는 연회장에서 페르세우스를 향해 창을 던졌다. 그것을 신호로 이방인에게 자기 나라의 여자를 줄 수 없다는 듯이 젊은 병사들이 주위를 포위했다. 그러나 안타깝게도 여자들은 이방인을 좋아한다. 제우스를 비롯한 신들에 의한 여자의 납치는 실제로 이방인에 의한 납치이거나, 여자들이 자발적으로 따라나선 것으로 해석해야 한다.

△안드로메다를 구출하는 페르세우스. 비벨.

싸움은 간단히 끝났다. 페르세우스의 편이 수적으로 너무 적었기 때문이다. 최후의 상황에 그는 다시 조각가가 되어야 했다. 적이 아닌 사람은 고개를 돌리라는 말과 함께 메두사의 머리를 치켜들었던 것이다. 코웃음을 치던 피네우스는 비웃는 얼굴 그대로 돌이 되었다.

페르세우스와 안드로메다는 돌이 된 약혼자를 두고 결혼을 했다. 페르세우스는 한동안 에티오피아 왕국에 머물렀다. 페르세스라는 아들이 태어나자 그를 후계자로 남겨두고 안드로메다를 데리고 고향인 세리포스로 돌아갔다.

카시오페이아의 오만에서 비롯된 비극은 페르세우스와 안드로메다의 아름다운 결혼으로 끝이 났다.

그런데 에티오피아 사람들은 흑인이다. 신화에서는 이들이 흑인이 된 이유에 대해 이렇게 설명한다. 태양의 마차를 몰던 아폴론의 아들 파에톤이 말들을 통제하지 못해 하늘과 대지를 태우고 중심을 잃어 하늘에서 떨어질 때 그 모습을 보고 너무 놀라 흑인이 되었다는 것이다. 또한 리비아는 사막이 되었다. ■

45 어긋난 기대
— 암피트리온과 알크메네 그리고 코마이토

제우스는 기가스와의 전투, 즉 기간토마키아를 위해 인간의 힘을 빌려야 했다. 제우스는 올림포스의 높은 산 위에서 아래를 내려다보며 자신의 아이를 낳을 한 여자를 점찍었다. 그녀의 이름은 알크메네로, 제우스가 관계를 가진 마지막 인간 여자였다. 제우스는 일을 꾸미기 시작했다.

페르세우스의 아들 엘렉트리온은 어느 날 낯선 방문객을 맞았다. 프테렐라오스의 아들들이 타포스 사람들과 함께 와서 외할아버지 메스토르의 영지를 돌려달라고 했던 것이다. 앞에서 본 대로 메스토르의 딸 히포토에가 포세이돈에게 납치되었고, 그곳에 건설된 나라가 타포스였다.

엘렉트리온은 그들을 상대하지 않았다. 그러자 타포스 사람들은 엘렉트리온의 암소를 몰고가려 했다. 이 일은 서로를 죽이는 싸움으로 번졌다. 타포스 사람들은 뒤쫓아온 암소를 끌고 배를 타고 떠났다가 도중에 암소를 맡겼다. 엘렉트리온은 아이들이 죽은 것에 대한 복수를 맹세했다.

엘렉트리온은 딸 알크메네와 왕국을 자신의 동생 암피트리온에게 맡기고, 자기가 돌아올 때까지 알크메네의 처녀를 유지시키겠다는 다짐을 받았다. 엘렉트리온이 암소를 돌려받으려던 순간 암소 한 마리가 그에게 달려들었다. 암피트리온이 그를 구하기 위해 암소를 향해 창을 던졌는데, 그것이 뿔에 맞고 튀어 엘렉트리온의 목숨을 앗았다. 이를 핑계로 스테넬로스는 암피트리온을 아르고스에서 추방하고, 미케네와 티린스의 지배권을 장악했다.

암피트리온은 알크메네와 테베로 가서 죄를 정화하고 결혼하려 했다. 그러나 알크메네는 자기 형제들의 원수를 갚기 전에는 결혼을 할 수 없다고 버텼다. 암피트리온은 테베의 크레온의 도움을 얻고자 했다. 그러나 크레온은 암여우를 자기 땅에서 추방해주면 군대를 내주겠다고 했다. 이 암여우는 헤라가 테베를 벌주기 위해 풀어놓은 것으로, 테베 사람들은 매달 아이 한 명씩을 이 암여우에게 바치고 있었다.

암피트리온은 매우 뛰어난 사냥개를 가진 케팔로스를 찾아가 타포스를 무찌르고 생기는 전리품을 나눠주겠다는 제안을 하고 사냥개를 빌렸다. 그런데 문제가 생겼다. 세상에서 가장 빠른 암여우와 어떤 사냥감도 놓치지 않는 사냥개의 대결이라는 모순이 된 것이다. 난처해진 제우스는 둘 다 돌로 변하게 만들었다.

암피트리온은 연합군을 이끌고 타포스로 쳐들어갔다. 그곳의 왕은 프테렐라오스였다. 프테렐라오스는 앞에서 본 대로 포세이돈이 그의 머리에 황금 머리카락을 심었기 때문에 죽지 않을 뿐더러 싸움에서도 늘 승리했다.

그런데 프테렐라오스에게는 코마이토라는 딸이 있었다. 그녀는 이방인 암피트리온에게 연정을 느꼈다. 그래서 몰래 아버지의 머리에서 황금 머리카락을 뽑았다. 결국 프테렐라오스는 죽었고 타포스는 멸망했다.

코마이토는 어떻게 되었을까? 메데이아와 아리아드네 등 나라와 부모를 배신한 많은 여자들처럼, 그녀 역시 배신을 당했다. 암피트리온은 그녀의 사랑을 받아들이지 않았을 뿐만 아니라, 아버지를 죽였다는 죄목으로 그녀를 죽였다. 그리스 신화에 나오는 또다른 코마이토는 아르테미스 신전의 여사제였는데, 애인과 신전에서 사랑을 나누었다가 아르테미스의 분노로 제물로 바쳐졌다. 프테렐라오스의 딸 코마이토는 사랑도 해보지 못하고 죽음을 당했던 것이다.

암피트리온은 설레는 마음으로 테베로 돌아왔다. 이제 복수를 했기 때문에 사랑하는 알크메네와 뜨겁고 아름다운 밤을 보낼 수 있다는 기대감 때문이었다. 이럴 때 남자들은 몸에 힘이 들어가고 우쭐거리게 마련이다. 그런데 그는 그를 맞이하는 알크메네에게서 청천벽력과도 같은 소리를 듣게 된다.

어젯밤에 이미 기나긴 첫날밤을 보내지 않았느냐는 반문이었다. 깜짝 놀란 암피트리온은 당대의 유명한 점쟁이 테이레시아스에게 어떻게 된 것인지를 물었다. 그는, 제우스가 하루 먼저 암피트리온의 모습을 하고 알크메네의 침실에 들어 밤의 길이를 세 배로 늘린 다음 알크메네와 함께 보냈다고 말했다. 씁쓸했지만 어쩔 수 없는 노릇이었다.

코마이토는 암피트리온의 사랑을 기대했지만 죽임을 당했고, 암피트리온은 알크메네와의 아름다운 첫날밤을 기대했지만 제우스에게 선수를 빼앗겼다. 제우스는 이처럼 자신의 목적에 직선적으로 접근하는 일이 거의 없다. 몇 번의 우회로를 거쳐 목적했던 것을 이룬다. 다음의 목적지는 헤라클레스다. ■

46 그리스 최고 영웅의 탄생
― 헤라클레스

평소와 달리 제우스는 은근히 앞으로 태어날 아들 자랑을 했다. 자기가 생각해도 너무 뿌듯한 자식이었던 모양이다. 제우스의 아내 헤라는 그 이야기를 듣자마자 곧바로 질투의 화신이 되었다. 그런데 다른 관점에서 보면 이 역시 제우스의 의도가 아니었을까 하는 생각이 든다. 왜냐하면 헤라의 집요한 괴롭힘이 헤라클레스를 영웅의 길로 내몰았고, 헤라클레스라는 말이 '헤라의 영광'을 뜻하는 말이기도 하기 때문이다.

헤라는 끊임없이 이어지는 제우스의 애정행각에 넌더리를 내며, 다른 여자와 제우스 사이에서 태어난 아이들을 온갖 수단을 동원해 괴롭혔다. 헤라클레스 역시 예외는 아니었다. 헤라클레스는 헤라의 저주 때문에 평생 동안 위험하고 고단한 삶을 살아야만 했다.

헤라클레스의 시련은 태어나기 전부터 시작되었다. 헤라의 사주를 받은 출산의 신인 에일레이티아가 출산을 막았기 때문에 헤라클레스는 7일이나 자궁 속에 갇혀 있어야 했다. 에일레이티아는 아르테미스와 아폴론이 태어날 때 헤라의 명령으로 출산을 방해하려고 했다가, 뇌물을 받고 아이를 낳게 했다. 이 일로 그는 헤라에게 무척 혼났기 때문에 이번에는

△헤라클레스와 크레타의 황소.

무슨 일이 있어도 헤라클레스가 자궁 밖으로 나오지 못하게 하려고 했다.

에일레이티아는 양손으로 깍지를 끼고 무릎을 감싸는 주술로 산실 밖에 버티고 앉았다. 산실 안에서는 7일 동안 알크메네가 진통을 하고 있었다. 그때 알크메네의 노예인 갈란티스가 기지를 발휘해 "아기가 태어났어요!"라고 소리치며 산실 밖으로 뛰어나왔다. 에일레이티아는 깜짝 놀라서 주술을 풀고 산실 안으로 들어갔다. 그때를 틈타 헤라클레스가 밖으로 나왔다. 화가 난 에일레이티아는 갈란티스를 족제비로 만들었다. 그리스 어로 족제비는 갈레인데, 이는 갈란티스의 이름에서 유래했다고 한다.

첫번째 시도가 실패로 돌아가자, 헤라는 헤라클레스가 태어난 지 8개월 가량 되었을 때 그의 방에 끔찍한 독을 지니고 있는 뱀을 보냈다. 그 뱀이 혀를 날름거리며 포동포동한 살을 물어뜯으려고 하는 순간 헤라클레스는 아무렇지 않게 뱀을 잡아서 장난감처럼 가지고 놀다가 목을 졸라 죽였다.

이와 유사한 것을 아폴론의 이야기에서도 볼 수 있다. 아폴론의 어머니인 레토가 임신했을 때 헤라는 피톤이라는 무서운 뱀을 그녀가 아이를 낳을 수 없도록 방해하기 위해 보냈다. 그러나 다른 신들의 도움으로 무사히 아폴론과 아르테미스가 태어났다. 아폴론은 세상에 나오자 곧바로 델포이까지 찾아가 피톤을 죽이고 그곳을 자기의 성지로 삼았다.

헤라클레스는 암피트리온에게 전차 모는 법을 배웠고, 다른 사람에게 궁술, 무기 다루는 방법 등을 배웠다. 오르페우스의 형제인 리노스에게서는 비파를 배웠는데, 좀처럼 실력이 늘지 않자 리노스가 심하게 꾸짖었다. 화가 난 헤라클레스는 그를 비파로 때려죽이고 말았다. 법정에서 정당방위는 죄가 되지 않는다는 라다만티스의 판결에 따라 무죄 방면이 되었지만, 같은 일이 또 일어날 것을 우려한 암피트리온은 그를 산으로 보내 소를 치게 만들었다.

헤라클레스는 17살 때 키타이론의 사자를 맨손으로 때려잡았다. 그곳의 왕 테스피오스는 공을 치하하며 50명의 딸들에게 그를 접대하도록 했다. 헤라클레스는 50명의 자매를 한 명으로 착각해 50일 동안 50명과 잠자리를 같이했고, 이로 인해 50명의 아이가 태어났다.

사자 사냥을 마치고 테베로 돌아가던 도중에도 공을 세웠다. 테베의 왕 크레온은 자신의 딸 메가라를 헤라클레스의 아내로 주었고, 그들 사이에서 세 아들이 태어났다. 그리고 헤라클레스는 헤르메스에게서 검을, 아폴론에게서 활과 화살을, 헤파이스토스로부터 황금 가슴받이를, 아테나로부터 옷을 얻었다.

그러나 다시 헤라로 인한 시련이 시작되었다. 자신의 아내와 아들을 죽이려 했던 리코스를 처치하고 축하연을 벌이던 도중에 헤라클레스는 갑자기 미쳐 아내 메가라와 세 아들을 죽였다. 아버지까지 죽이려고 했을 때 아테나가 그의 가슴을 때려 정신을 차리게 했다. 정신을 차린 헤라클레스는 스스로에게 추방을 명령하고 죄를 씻은 다음 델포이로 가서 신에게 자기의 미래에 대해 물었다.

그때 무녀가 처음으로 헤라클레스라는 이름으로 그를 불렀다. 이전까지는 알케이데스라는 이름으로 불렀다. 무녀는 그에게 앞으로 에우리스테우스의 부하가 되어 12년 동안 봉사를 하면서 주어진 12과업을 마치고 나면 불사의 몸을 얻을 수 있다고 했다. 그 말을 들은 헤라클레스는 비록 굴욕적인 일이기는 했지만 무녀가 말한 대로 에우리스테우스에게 가서 그가 시키는 것을 따르기로 했다.■

47 인간에게 새로운 삶을 보여준다

— 헤라클레스의 열두 가지 과업 ①

헤라의 대리인격인 에우리스테우스는 헤라클레스에게 열두 가지 힘든 과업을 맡겼다. 열두 과업 가운데 여섯 가지 과업의 무대는 펠로폰네소스 반도였고, 두 가지는 그리스에서 멀리 떨어진 곳이었으며, 나머지 네 가지는 지하세계를 비롯해서 현실 세상에 존재하지 않는 장소였다.

첫번째 과업은 네메아 계곡에 사는 식인 사자의 가죽을 가져오는 일이었다. 달의 여신 셀레네가 젖을 먹여 키운 그 사자는 불사의 몸을 가진, 신들도 겁내는 괴물 티폰의 후손이었다. 식인 사자는 네메아 계곡 일대를 돌아다니며 주민들을 닥치는 대로 잡아먹었다. 이 사자의 상징어는 장례, 곧 죽음이었다.

헤라클레스는 네메아 입구에서 떡갈나무를 뿌리채 뽑아 곤봉을 하나 만들었다. 이 곤봉은 그가 평생 들고 다니며 휘두르게 되는 강력한 무기였다. 계곡에서 사자를 발견한 그는 활과 곤봉이 통하지 않는 것을 알고 사자를 하늘로 들어올려 목을 졸라 죽였다. 이 사건은 헤라클레스가 장례를 상징하는 사자를 죽임으로써 죽음을 극복한 영웅이 됨을 암시한다.

두번째는 물뱀 히드라를 퇴치하는 일이었다. 히드라는 앞에서 본 대로

△히드라를 곤봉으로 쳐죽이는 헤라클레스. 폴라이우올로.

척박한 아르고스 지방의 레르네라는 샘물에 사는 물뱀으로, 아이깁토스의 49명 아들들의 머리가 묻혀 있던 곳에 출현한 괴물이었다. 아이깁토스의 아들 가운데 유일하게 살아남은 린케우스의 후손이 바로 헤라클레스로, 과거의 원한과 비극의 이미지를 마무리하는 역할을 맡았다.

히드라는 머리가 아홉으로, 하나를 자르면 두 개가 되었다. 또한 가운데에 있는 머리는 죽지 않았다. 헤라클레스는 사촌의 조언에 따라 여덟 개의 머리를 불로 지지고, 죽지 않는 머리를 큰 바위로 눌러 움직이지 못하게 했다.

세번째는 케리네이아의 사슴을 산 채로 미케네로 가져오는 일이었다. 그 사슴은 황금뿔을 가지고 있었는데, 아르테미스의 전차를 끄는 네 마리 사슴 가운데 한 마리였다.

헤라클레스는 죽이거나 상처를 입히지 않기 위해 1년 동안이나 사슴의 뒤를 쫓았다. 결국 라돈 강 근처에서 잠을 자고 있는 사슴을 발견하고 그물을 던져 살아 있는 채로 잡는 데 성공했다. 아르테미스도 헤라클레스를 동정했기 때문에 이를 방해하지 않았다. 이미 자신과 아폴론도 헤라의 분노를 경험했기 때문이다.

네번째 과업은 에리만토스의 멧돼지를 산 채로 잡아오는 것이었다. 그는 도중에 켄타우로스인 폴로스의 환대를 받았다. 그러나 폴로스의 이 환대는 그의 족속인 켄타우로스에게 치명적인 불행을 초래하고 더 나아가 헤라클레스의 죽음을 유발시킨 사건이었다. 술에 취한 헤라클레스와 켄타우로스 족 사이에 싸움이 벌어졌던 것이다. 그런데 헤라클레스의 화살에는 히드라의 치명적인 독이 발라져 있어서 그의 스승인 케이론까지 죽음에 이르게 했다. 또한 이때 원한을 품은 켄타우로스 하나가 훗날 헤라클레스를 죽음으로 몰아넣는다.

헤라클레스는 덤불 속에서 거친 숨을 몰아쉬며 이리저리 뛰어다니는 멧돼지를 발견하고 그 뒤를 쫓았다. 멧돼지는 눈이 깊이 쌓여 있는 집으로 들어갔다. 헤라클레스는 소리를 크게 질러 멧돼지를 밖으로 유인한 뒤 그물을 던져 사로잡았다. 헤라클레스가 아르고 원정대에 참가한 것은 바로 이때였다.

다섯번째는 아우게이아스의 마구간을 청소하는 일이었다. 아우게이아스는 소를 많이 소유하고 있었는데 30년 동안 한 번도 청소한 적이 없었다. 헤라클레스는 그를 찾아가 자신의 임무를 밝히지 않은 채, 가축의 10분의 1을 주면 하루 만에 마구간을 깨끗이 치워주겠다고 말했다. 아우게이아스는 헤라클레스의 말을 믿지는 않았지만 약속을 했다. 헤라클레스는 아우게이아스의 아들을 증인으로 내세웠다. 헤라클레스는 벽에 구멍을 몇 개 뚫고 알페이오스 강물을 끌어들여 청소를 끝낸 뒤 어둡기 전에 강물을 밖으로 내보내고 뚫었던 구멍을 모두 막았다.

약속한 대로 하루 만에 마구간 청소를 모두 마치자 헤라클레스는 아우게이아스에게 약속했던 것을 달라고 요구했다. 그러나 아우게이아스는 그것이 헤라클레스가 마땅히 해야 할 일이라는 것을 알고는, 보수를 줄 수 없으며 또한 그런 약속조차 한 일이 없다고 딱 잡아뗐다.

결국 재판이 벌어졌다. 그 자리에서 아우게이아스의 아들인 필레우스는 아버지가 헤라클레스에게 가축의 10분의 1을 주겠다는 약속을 했다며 자신의 아버지에게 불리한 증언을 하고 말았다. 화가 난 아우게이아스는 헤라클레스와 자신의 아들을 외국으로 추방했다. 헤라클레스는 훗날 아우게이아스를 살해하고, 국외로 추방당했던 필레우스를 왕으로 세운다.

여섯번째 과업은 스팀팔로스에 있는 새를 쫓아내는 일이었다. 그곳에는 깊은 숲 속에 호수가 파묻혀 있었다. 그 숲 속에는 날개 끝이 청동인 새들이 살고 있었다. 그들은 떼지어 다니며 사람을 습격하거나 밭에 배설물을 떨어뜨려 농사를 망쳐놓곤 했다.

헤라클레스는 아무리 궁리해도 그 많은 괴물새를 쫓아낼 묘안이 떠오르지 않았다. 그 모습을 본 아테나가 헤파이스토스에게 방울을 얻어서 그에게 주었다. 헤라클레스가 숲 근처에 있는 산으로 올라가 그 방울을 흔들자 새들이 헤라클레스가 있는 곳으로 날아들었다. 기다리고 있던 그는 화살을 쏴 새들을 모두 죽였다.

일곱번째 과업은 펠로폰네소스를 벗어나 멀리 크레타 섬의 황소를 데리고 오는 일이었다. 이 황소는 미노스의 부탁으로 포세이돈이 바다에서 보내준 황소였다. 미노스의 황소에 대한 자세한 이야기는 뒤에 나온다.

헤라클레스는 잡아가도 좋다는 미노스의 허락을 받고 간단히 황소를 포획해 에우리스테우스에게 가져가 보여준 다음 자유롭게 풀어주었다. 그후 황소는 여기저기 떠돌아다니며 사람들을 괴롭혔고, 미노스의 아들인 안드로게오스도 물어 죽였다. 이 황소는 나중에 테세우스에게 잡혀 죽게 된다. ■

48 인간에게 새로운 삶을 보여준다
— 헤라클레스의 열두 가지 과업 ②

여덟 번째 과업은 트라키아 사람인 디오메데스의 말을 미케네로 데려오는 것이었다. 디오메데스는 전쟁의 신 아레스의 아들로 호전적인 민족의 왕이었으며, 사람을 먹는 말을 가지고 있었다.

헤라클레스는 바다를 건너가 말 시중 드는 사람들을 쫓아내고 말을 바다로 끌고왔다. 그때 디오메데스가 부하를 이끌고 바다로 달려왔다. 헤라클레스는 말을 헤르메스의 아들인 압데로스라는 어린 소년에게 맡기고 디오메데스와 싸움을 벌였다. 아무리 호전적인 민족이라 해도 헤라클레스를 당해낼 수는 없었다. 결국 디오메데스는 헤라클레스에 의해 살해되었고 다른 부하들도 쫓겨 도망갔다.

헤라클레스가 말이 있던 곳으로 돌아왔을 때 압데로스는 죽어 있었다. 말이 잡아먹은 것이었다. 헤라클레스는 그 자리에서 당장 말을 때려죽이고 싶었지만, 산 채로 잡아가는 것이 임무였으므로 참고 에우리스테우스에게 끌고갔다. 에우리스테우스는 그 말을 풀어놓았다. 말은 여기저기 떠돌다가 산에서 들짐승에게 죽임을 당했다. 헤라클레스는 압데로스의 죽음을 기리기 위해 그곳에 도시를 건설했다.

아홉번째 과업은 히폴리테의 허리띠를 가져오는 것이었다. 에우리스테우스가 헤라클레스에게 히폴리테의 허리띠를 가져오라고 한 것은 그의 딸인 아드메테가 원했기 때문이었다. 히폴리테가 차고 있는 허리띠는 가장 뛰어난 여자라는 의미에서 전쟁의 신 아레스가 준 허리띠였다.

히폴리테는 여자만 살고 있는 아마존의 여왕이었다. 매우 호전적인 아마존의 여인들은 남자아이가 태어나면 죽이거나 다른 도시로 보냈으며 여자아이만 양육했다. 여자아이의 오른쪽 유방은 창을 던지는 데 방해가 되지 않도록 잘라내고, 왼쪽 유방만 훗날 양육을 위해 남겨두는 것이 전통이었다. 참고로 아마존은 젖이 없다는 의미이다.

헤라클레스는 아마존 왕국으로 가서 히폴리테에게 허리띠를 달라고 부탁했다. 히폴리테는 선선히 허리띠를 내주었다. 그런데 헤라가 아마존의 여자로 변신해, 이방인이 여왕을 납치하려고 한다는 소문을 퍼뜨렸다. 헤라클레스는 히폴리테가 배신한 것으로 생각하고 그녀를 죽인 뒤 허리띠를 빼앗아 돌아왔다.

도중에 기항했던 트로이는 생지옥과 다름없었다. 트로이의 왕 라오메돈이 아폴론과 포세이돈을 속인 벌로 역병과 높은 해일이 온 도시를 덮치고 있었다. 신탁은 라오메돈의 딸 헤시오네를 괴물에게 바치면 재앙이 끝난다고 예언했다. 그래서 막 헤시오네를 제물로 바치려는 순간이었다. 헤라클레스는 제우스가 준 소를 주면 헤시오네를 구해주겠다고 약속하고 괴물을 죽였다. 그러나 라오메돈은 이번에는 헤라클레스를 속였다. 훗날 헤라클레스는 트로이로 가서 라오메돈을 살해했다.

그는 복수를 끝내고 돌아오던 중 폭풍 때문에 코스 섬이라는 곳으로 떠내려갔다. 이 표류는 제우스가 의도한 것이었다. 그곳에서 기간토마키아라고 불리는 기가스와의 전쟁이 있었다. 제우스가 이 전쟁에 대비해 헤라클레스를 태어나게 했던 것이다.

열번째 과업은 에리테이아에 있는 게리온의 소를 데려오는 것이었다. 게리온은 다리는 하나지만 옆구리와 허벅지에서 갈라져 나온 것까지 몸뚱이가 모두 세 개인 괴물이었다. 게리온은 원래 지하세계의 신인 하데스

△케르베로스를 잡아가는 헤라클레스. BC 6세기의 물병.

가 변신한 것이었다. 그는 붉은 소를 가지고 있었다.

헤라클레스는 유럽을 통과해서 많은 야수를 죽이고 리비아로 가서 여행의 기념으로 칼페와 아빌라라는 산 위에 두 개의 기둥을 세웠다. 이것을 헤라클레스의 기둥이라고 부른다.

헤라클레스가 에리테이아에 도착하자 오르토스가 그를 발견하고 달려들었다. 그러나 헤라클레스는 곤봉으로 개를 때려잡고, 개를 도우러 온 거인 에우리티온마저 살해했다. 헤라클레스가 소를 몰고 유유히 떠나려 할 때, 소식을 듣고 달려온 게리온과 마주쳤다. 그들은 치열한 싸움을 벌였지만 결국 헤라클레스의 화살이 게리온의 목숨을 끊어놓고 만다.

티레니아 지방을 지나는 도중에는 황소 한 마리가 바닷속으로 뛰어들어 시칠리아로 헤엄을 쳐 건넜다. 그로 인해 그곳을 이탈리아로 부르게 되었는데, 그것은 티레니아 지방 사람들이 황소를 이탈로스라고 불렀기 때문이다.

처음에 정해졌던 열 가지 과업을 8년 1개월 만에 끝냈을 때, 에우리스테스는 물뱀 퇴치와 아우게이아스 왕의 마구간 청소를 과업에서 제외한다고 말했다. 물뱀을 퇴치할 때는 다른 사람의 도움을 받았고, 마구간 청소 때는 보수를 요구했다는 것이 그 이유였다.

결국 열한번째 과업으로 아틀라스의 딸인 헤스페리스 자매가 지키고 있는 황금 사과를 가져오라는 명령이 떨어졌다. 헤라클레스는 프로메테우스를 괴롭히는 독수리를 죽이고, 그의 말에 따라 아틀라스를 속여 황금 사과를 손에 넣었다.

열두번째 과업은 지옥에서 케르베로스를 데려오는 일이었다. 케르베로스는 개의 형상을 한 세 개의 머리에 뱀의 꼬리를 가지고 있으며, 등에는 온갖 종류의 뱀 머리가 혀를 날름대고 있는 괴물로, 지옥의 문을 지키고 있었다. 그의 역할은 저승에서 도망치는 사람을 잡아먹는 것이었다. 에우리스테우스는 이번에야말로 그가 살아남지 못할 것으로 생각했다.

헤라클레스가 지하세계로 내려갈 수 있는 자격을 얻고 발을 들여놓자 메두사를 제외한 모든 영령들이 도망쳤다. 그는 하데스의 허락을 받아 힘으로 케르베로스를 굴복시킨 다음 에우리스테우스에게 데려갔다. ■

49 끝없는 영웅의 길
— 헤라클레스 이야기와 그의 죽음

허리클레스는 그리스 각지를 여행하며 수많은 일을 겪었다. 헤라클레스가 가는 곳에는 헤라의 집요한 분노가 따라다녔다. 헤라의 지나친 복수에 화가 난 제우스는 헤라의 팔다리를 묶고 무거운 추를 달아 올림포스 산꼭대기에 매달아놓기도 했다.

그는 가끔 정신 발작을 일으켜 주위 사람을 살해하기도 하고, 싸움을 벌이거나, 싸움에 휘말려 많은 사람을 죽게 만들기도 했다. 신탁을 하러 갔다가 아폴론과 싸움을 벌이기도 했다. 두 자랑스런 아들을 걱정한 제우스는 벼락으로 둘 사이를 떼어놓았다.

다른 한편, 많은 여자들에게서 그의 아이들이 태어났다.

헤라클레스는 지하세계에 갔다가 만난 멜레아그로스와 약속을 지키기 위해 칼리돈으로 갔다. 데이아네이라와 결혼하기 위해서였다. 그런데 데이아네이라에게는 이미 강의 신 아켈로오스가 청혼을 한 상태였다. 둘 사이에 결투가 벌어졌고, 헤라클레스가 황소로 변신한 강의 신의 뿔을 부러뜨리고 승리해 데이아네이라와 결혼했다. 이후 헤라클레스는 사소한 실수로 소년을 죽여 칼리돈에서 추방당했다.

△데이아네이라를 태우고 강을 건너는 네소스. 레니.

트라키아로 가던 도중 에우에노스 강을 건너려고 할 때, 켄타우로스 족의 하나인 네소스가 나타나 데이아네이라를 업어서 건네주겠다고 했다. 그런데 먼저 강을 건넌 네소스가 데이아네이라를 겁탈하려고 했다. 헤라클레스는 재빨리 활을 쏘았고, 네소스는 죽어가면서 데이아네이라에게 훗날 헤라클레스의 사랑이 식으면 사랑의 미약으로 자신의 피를 사용하라고 말했다.

세월이 흐른 어느 날, 데이아네이라는 헤라클레스가 정복 도중에 이올레라는 여자를 첩으로 잡았다는 말을 듣게 되었다. 질투심에 사로잡힌 그녀는 이전에 네소스에게서 얻은 사랑의 미약을 써야겠다고 생각했다.

헤라클레스는 데이아네이라에게 제우스에게 제물을 바칠 때 입을 깨끗한 옷을 가져오라고 일렀다. 그녀는 네소스의 피를 바른 속옷을 헤라클레스에게 주었다. 헤라클레스는 그 옷을 입고 제우스에게 제사를 지냈다.

그런데 속옷이 몸의 온기 때문에 따뜻해지자 독이 피부로 스며들기 시작했다. 그는 옷을 벗으려고 했지만, 몸에 찰싹 달라붙은 속옷은 벗겨지지 않았다. 결국 살점과 함께 쥐어뜯어낼 수밖에 없었고, 헤라클레스의 몸은 피투성이가 되었다. 이것이 네소스의 복수였다. 처참한 모습으로 돌아온 남편을 본 데이아네이라는 자기가 네소스에게 속아 헤라클레스에게 고통을 안겨주었다는 자책감에 시달리다가 목을 매어 자살했다.

헤라클레스는 스스로 죽을 것을 결심했다. 그의 죽음은 일찍부터 예견되어 있었다. 헤라클레스의 죽음에 대해서는 살아 있는 사람이 아닌 죽은 사람에 의해 죽임을 당할 것이라는 예언이 있었던 것이다.

헤라클레스는 태연한 얼굴로 미리 쌓아두었던 장작더미 위로 올라가 누웠다. 그러나 아무도 그곳에 불을 붙이려 하지 않았다. 차마 영웅의 죽음을 집행할 수 없었던 것이다. 그때 포이아스라는 사람이 양떼를 찾아 그곳을 지나갔다. 헤라클레스는 그에게 불을 붙여줄 것을 부탁하고, 그 대가로 그에게 자신의 활과 화살을 주었다. 트로이 전쟁에서 헤라클레스의 활로 파리스를 쏘아 죽인 필로크테테스는 포이아스의 아들이다.

올림포스의 신들은 모두 안타까운 마음으로 그 모습을 지켜보고 있었다. 불은 타닥거리며 기세 좋게 타올랐다. 인간의 것으로 타고난 육체가 모두 타버리자, 갑자기 천둥소리와 함께 나타난 구름이 그의 몸을 떠받치고 하늘로 올라갔다. 그는 불사의 몸을 얻었다. 그후 헤라클레스는 헤라와 화해하고, 헤라의 딸이자 청춘의 여신인 헤베와 결혼했다.

그리스의 소피스트였던 프로디코스에 따르면, 헤라클레스는 네메아의 사자를 죽이고 돌아오던 도중에 십자로에서 두 미인을 만났다고 한다. 한 여자는 그에게 평생 안락하고 사치스러운 생활을 누릴 수 있게 해주겠다고 말했다. 다른 여자는 생활이 투쟁과 고통으로 연속되겠지만 영광으로 장식된 삶을 주겠다고 말했다. 헤라클레스는 고민 없이 가시밭길을 선택했다. 고난과 영광이 점철된 삶을 살기로 결정하고 평생 그렇게 살다 죽은 것이다. 죽은 뒤에 헤라클레스는 매우 인기가 높은 신이 되었다. ■

제5장 크레타

50 유럽의 새로운 역사
— 에우로페

지금껏 우리는 리비에와 포세이돈 사이에서 태어난 두 아들 벨로스와 아게르노 가운데 벨로스의 후예들을 만났다. 이제 페니키아 지방으로 건너간 아게르노의 후손들을 만날 차례다.

아게르노는 텔레파사를 아내로 맞이해서 외동딸 에우로페와 카드모스·포이닉스·킬릭스를 낳았다. 사람에 따라서는 에우로페가 포이닉스의 딸이라는 주장을 하기도 한다. 어쨌든 아게르노의 후손은 둘로 나뉘어진다. 하나는 에우로페와 연관된 크레타이고, 다른 하나는 카드모스가 창건한 테베다. 먼저 에우로페부터 만나자.

제우스는 그리스 신화의 결정적인 순간에 그 얼굴을 내민다. 인간 여자와 관계를 맺어 아이를 낳고 그 아이를 통해 새로운 왕가를 꾸미는 일에 열심이었던 제우스는 페니키아 시돈의 바닷가에서 시녀들과 어울려 있는 에우로페를 발견했다. 그리고 바로 행동에 옮겼다. 이 행동으로 말미암아 크레타와 테베는 그리스 신화에서 중요한 지역이 되었다.

제우스는 황소로 변신해 시돈의 바닷가에 나타났다. 에우로페는 호기심을 이기지 못하고 황소의 등을 쓸어보았는데 감촉이 너무나 좋아 그 등

△황소로 변한 제우스가 에우로페를 유혹하고 있다. 베로네제 그림.

에 올라탔다. 황소는 당황한 에우로페를 등에 태운 채 바다로 들어가 크레타 섬까지 헤엄쳐 갔다. 시돈에서 크레타는 꽤나 먼 거리다.

크레타에서 제 모습을 드러낸 제우스는 그가 어린 시절을 보낸 동굴에서 에우로페와 정을 통했다. 그들 사이에서 미노스 · 라다만티스 · 사르페돈이 태어났고, 제우스는 절대로 과녁이 빗나가지 않는 창, 반드시 사냥감을 포획하는 개, 귀찮은 방문자를 내쫓아주는 청동인간 탈로스를 선물로 주었다.

이 가운데 개는 암피트리온과 관련해서, 청동인간 탈로스는 메데이아와 관련해서 이미 살펴보았다. 이 사냥개는 테베에서 암여우를 쫓다가 제우스에 의해 화석이 되었고, 탈로스는 크레타를 지키다가 메데이아의 주문에 걸려 이콜이라는 피를 모두 흘리고 죽고 말았다.

그후 에우로페는 아이 셋을 데리고 크레타의 왕 아스테리오스와 결혼했다. 아스테리오스는 아이들을 받아들여 키웠다. 그런데 이들은 서로 싸우기 시작했다. 밀레토스라는 소년을 셋이서 한꺼번에 사랑하게 된 것이 싸움의 발단이었다. 밀레토스는 아폴론과 아레이아 사이에서 태어난 아들이었다.

밀레토스가 사르페돈에게 애정을 가지자 미노스는 싸움을 일으켜 이겼다. 그러나 밀레토스는 도망쳐 자기의 이름을 딴 밀레토스라는 도시를 건설했다. 밀레토스는 철학의 발상지로도 유명한데, 철학의 아버지 탈레스를 비롯해서 아낙시만드로스, 아낙시메데스를 함께 밀레토스 학파라고 부른다.

사르페돈은 리키아 사람들과 싸우고 있던 에우로페의 형제인 킬릭스를 도와 함께 싸우고 영토를 얻어 리키아의 왕이 되었다. 제우스는 사르페돈에게 보통 인간의 세 배나 되는 수명을 주었다. 라다만티스는 보이오티아에 숨었다가 죽은 뒤 미노스와 함께 죽은 자의 나라에서 심판관 역할을 맡았다.

싸움에서 승리한 미노스는 크레타에 남아 태양의 신 헬리오스와 페르세이스의 딸 파시파에를 아내로 맞이해 아들 카트레우스 · 데우칼리온 · 글라우코스 · 안드로게오스와 딸 아리아드네 · 파이드라 · 크세노디게 등을 낳았다.

현재 역사가들은 에우로페가 제우스에게 납치되어 페니키아에서 크레타로 간 것을 페니키아의 문자가 유럽에 전해진 것으로 해석한다. 페니키아는 서구에서 문자를 가장 먼저 발명한 나라다. 또한 앞에서 본 대로 에우로페Europe의 이름이 현재의 유럽Europe과 같다는 점에서 이 해석은 더욱 신빙성을 얻고 있다.

역사가들의 생각대로라면 문자의 전파가 에우로페의 납치에서 비롯된 셈이 된다. 그런데 에우로페의 납치는 단순히 하나의 사건으로 그치는 것이 아니라 크레타 문명, 테베의 번성이라는 복잡한 이야기로 전개된다.

그리스 사람들은 실제로 일어났던 사건과 상상을 씨줄과 날줄로 삼아, 아름답고 기묘한 신화라는 직조물을 짜냈던 것이다. ■

51 그리스를 지배한 크레타의 왕
— 미노스

황소로 상징되는 크레타 문명은 매우 강성했다. 크레타 문명이 강성해진 것은 처음으로 해상을 장악했기 때문이다. 미노스는 해상력을 바탕으로 주변의 섬을 복속시켰다. 바다를 사이에 두고 있던 아테네조차 크레타에 조공을 바쳤다. 철학자 소크라테스는 사형을 언도받았지만 곧 바로 집행된 것은 아니었다. 왜냐하면 그때가 과거 아테네가 크레타에 조공을 바치던 것을 재연하는 시기였던 것이다. 그래서 사형 집행은 그 배가 돌아온 후에 실행되었다.

아스테리오스와 에우로페는 아들이 없이 크레타라는 딸만을 낳았다. 왕이 죽자 미노스가 그 자리를 이어받으려고 했다. 그러나 반대 여론이 높자 미노스는 자신이 신에게 왕위를 물려받았다고 강변하며 그 증거를 보여주겠다고 했다.

그는 포세이돈에게 기원하기를, 해저에서 황소를 보내주면 그 소를 신에게 바치겠다고 약속했다. 포세이돈은 미노스의 기원을 듣고 훌륭한 황소를 바다를 통해 보내주었다. 그리고 미노스는 왕위를 차지했다.

크레타의 왕이 된 미노스는 바다의 왕자가 되어 그리스를 지배했다. 아버지 제우스도 미노스를 아껴 9년에 한 번씩 아들을 이데 산으로 불러 세상을 다스리는 방법을 일러주었다. 그래서 헬레니즘 이전의 크레타 문명을 미노스 문명이라고도 부른다. 그만큼 미노스의 힘은 강했다.

미노스는 메가라와 아테네를 공격해서 승리했다. 특히 메가라와의 싸움은 메가라의 왕 니소스가 미노스의 아들 안드로게오스를 죽였다는 이유로 일으킨 것이었다. 그런데 니소스는 단 하나의 약점을 빼면 죽지 않았다. 그 약점이란 스테넬로스처럼 머리카락이었다. 다만 그의 머리카락은 황금 머리카락이 아닌 붉은 머리카락이었다.

그에게는 또 하나의 치명적인 약점이 있었다. 그것은 딸이었다. 스테넬로스에게 코마이토라는 딸이 있었듯이 니소스에게는 개의 자식이라는 의미인 스킬라라는 딸이 있었다. 스킬라는 미노스에 대한 사랑 때문에 전혀 망설임없이 아버지의 붉은 머리카락을 뽑았다. 하지만 스킬라의 사랑은 허상이었다. 그녀는 미노스로부터 버림받았을 뿐만 아니라 물에 빠져 죽게 되었다. 니소스와 스킬라는 둘 다 새가 되었다. 아버지 새는 딸 새만 보면 원한에 가득한 눈동자를 하고 날아가 매몰차게 공격한다.

미노스는 아테네에 원한을 품었다. 아들 안드로게오스가 아테네의 왕 아이게우스 때문에 죽었다고 믿었기 때문이다. 그러나 아테나 여신이 보호하는 아테네는 함락되지 않았다. 그러나 미노스의 기원이 받아들여져 아테네에는 전염병이 돌았다.

아이게우스가 전염병에서 벗어날 수 있는 방법에 대해 신탁을 했을 때 소년 소녀를 각각 7명씩 크레타에 바치는 것 이외에는 방법이 없다는 대답을 들었다. 하는 수 없이 아이게우스는 소년 소녀를 공물로 바쳤고, 이들은 뒤에 나오는 황소 괴물 미노타우로스의 먹이가 되었다.

미노스는 제우스의 아들답게 바람을 피우는 것에도 열심이었다. 견디다 못한 아내 파시파에는 미노스에게 약물을 먹였다. 파시파에는 앞서 본 마법에 능한 메데이아와 친척이었다. 이후 미노스와 정을 통한 여자는 모두 병에 걸렸다. 이를 치료할 수 있는 것은 프로크리스뿐이었다. 미노스는 어머니 에우로페가 제우스에게 받은 선물 가운데 언제나 과녁을 맞추

△황소로 변해 에우로페를 납치하는 제우스. 다르피노

는 창과 사냥감을 놓치지 않는 사냥개를 프로크리스에게 주고 치료를 받았다. 물론 파시파에의 의도와 달리 미노스는 병에 걸린 여자들도 다시 치료해주었다.

미노스의 아들 카트레우스는 딸 아에로페·클리메네·아페모시네와 아들 알타이메네스를 낳았다. 카트레우스는 자신의 죽음에 대해 신탁을 했는데, 자식에게 죽음을 당할 것이라는 말을 들었다. 우연히 이를 들은 알타이메네스는 자신이 아버지를 죽일지도 모른다고 생각하고 남매인 아페모시네와 함께 크레타를 떠나 로도스 섬으로 가서 나라를 세웠다.

카트레우스는 늘그막에 왕위를 물려주기 위해 아들을 찾아 로도스 섬에 갔다가 해적으로 오인한 알타이메네스에 의해 살해되었다. 카트레우스의 외손자인 메넬라오스가 외할아버지의 장례식에 참가한 사이, 집에 유숙하고 있던 파리스가 그의 아내 헬레네를 유혹해 트로이로 떠나고 말았다. 이로 인해 트로이 전쟁이 발발하게 된다.

미노스의 딸 아에로페는 아트레우스와 결혼했다. 아트레우스는 탄달로스로부터 시작된 신의 저주의 한복판에 서 있는 인물이다. 이 오랜 저주의 이야기는 뒤에서 다루어질 것이다. ■

52 포세이돈의 분노와 그 희생자
— 미노스와 그의 아내 파시파에

미노스는 전적으로 포세이돈의 도움으로 왕이 되었다. 포세이돈이 바다에서 황소를 보내주었던 것이다. 미노스는 그 소를 잡아서 제사를 지내겠다고 약속했었다.

그런데 미노스는 약속을 어겼다. 포세이돈이 보내준 황소가 너무나 훌륭해 탐이 났던 까닭이다. 미노스는 다른 황소 가운데 한 마리를 제물로 바치고 포세이돈의 황소를 자신의 소 우리에 넣었다. 신을 속이고 멀쩡할 수 있을까.

당연히 포세이돈은 크게 분노했다. 특히 포세이돈은 다혈질이라 걸핏하면 화를 내는 신경질적인 신이기도 했다. 트로이의 왕 라오메돈이 그를 속였을 때는 해일과 괴물을 보내 괴롭혔고, 이도 모자라 트로이 전쟁이 일어났을 때 트로이의 적군인 그리스의 편을 들 정도로 집요하기도 했다.

포세이돈은 엉뚱하게도 미노스가 아닌 그의 아내 파시파에를 이용했다. 파시파에는 포세이돈의 계략으로 소 우리에 있는 포세이돈의 황소에게 강한 정욕을 품게 되었다. 파시파에의 머리와 가슴에는 온통 포세이돈의 황소에 대한 정욕으로 가득찼다. 이게 어디 가능한 일인가.

△테세우스의 크레타 원정을 그린 모자이크.

　하지만 당시 크레타에는 그리스 최고의 기술자 다이달로스가 살인죄를
저질러 도망쳐와 있었다. 파시파에는 다이달로스에게 자신의 심정을 토
로하고 방법을 찾아달라고 부탁했다. 뒤에서 다시 보겠지만 다이달로스
에게 불가능한 일은 없었다.

　그는 암소를 만들었다. 물론 내장이 있고 간이 있는 진짜 암소는 아니
었지만 적어도 겉모습은 암소 그대로였다. 재료는 나무였고 안은 텅 비었
으며, 바퀴가 달려서 움직이는 것도 가능했다. 마지막으로 그 위에 암소
가죽을 씌웠다.

　정욕에 눈이 먼 파시파에는 내장 부위쯤에 있는 문을 열고 비어 있는
가짜 암소 안으로 들어갔다. 그리고 천천히 움직여 평소에 소들이 풀을
뜯는 곳으로 갔다. 얼마 후 문제의 황소가 파시파에 암소에게 다가와, 다

이달로스가 미리 만들어둔 구멍을 통해 파시파에와 사랑이라고는 부를 수 없는 행위를 했다.

이렇게 해서 태어난 것이 미노타우로스라고 불리는 황소 괴물이다. 황소와 인간이 관계를 맺었으니 생긴 것도 인간과 황소를 반반씩 닮을 수밖에 없지 않았겠는가. 미노타우로스의 생김새는 목 윗부분은 황소이고 아랫부분은 인간이었다. 파시파에는 물론이고 미노스도 놀랐다.

미노스는 이 일에 대해 신탁을 했다. 원인이 포세이돈의 분노 때문임을 안 미노스는 어쩔 수 없이 미노타우로스를 받아들일 수밖에 없었다. 그리고 암소를 만든 다이달로스에게 미노타우로스가 살 집을 지으라고 명령했다.

미노타우로스는 다이달로스가 만든 라비린토스라고 부르는 미궁에서 살게 되었다. 그곳은 한번 들어가면 다시는 나올 수 없는 곳이었다. 앞에서 본 대로 아테네로부터 바쳐진 소년 소녀 각각 7명씩 14명을 먹이로 삼아 그는 어둡고 음울한 곳에서 혼자 살았다. 그리고 어느 날 한 방문객을 맞이한다. 이는 테세우스의 장에서 살펴본다.

미노스의 뒤를 이어 왕이 된 것은 데우칼리온이었다. 데우칼리온의 동생 글라우코스는 어렸을 때 쥐를 쫓다가 꿀 항아리에 빠져 죽고 말았다. 아들이 보이지 않자 미노스는 점술가를 불러 아들을 찾게 했다. 그래서 폴리이도스가 점을 쳐서 아이를 찾았지만 이미 죽어 있었다. 곤란해진 그는 시체와 함께 숨어 있었다. 그때 뱀이 한 마리 나타나 시체 쪽으로 다가왔다. 시체에 손상이 나면 더욱 큰 일이라고 생각한 그는 돌을 던져 뱀을 죽였다.

그런데 다른 뱀이 나타나 동료 뱀이 죽은 것을 보고 풀을 물고 와 되살리는 것이 아닌가. 폴리이도스 역시 같은 방법으로 글라우코스를 살려냈다. 그런데 미노스는 점술을 글라우코스에게 모두 알려주기 전에는 떠날 수 없다고 폴리이도스를 붙잡았다. 그는 하는 수 없이 글라우코스에게 점술을 모두 알려주었다. 그리고 떠나기 직전 글라우코스에게 자기 입에 침을 뱉으라고 말했다. 글라우코스가 시키는 대로 침을 뱉자 점을 치는 능력이 모두 사라졌다.

미노스는 호전적인 성격 때문에 죽었다. 라비린토스에 살던 미노타우로스가 다이달로스의 도움으로 살해되자 미노스는 다이달로스와 그의 아들 이카로스를 미노타우로스 대신 라비린토스에 가두었다. 하지만 역시 천재 기술자인 다이달로스는 라비린토스에서 빠져나와 크레타를 탈출했다. 그를 찾아 그리스 전역을 찾아다니던 미노스는 오히려 다이달로스의 덫에 걸려 목욕탕에서 목욕을 하다가 죽고 말았다. 그의 손녀 아에로페의 아들 아가멤논이 목욕탕에서 죽은 것처럼 말이다.

미노스는 죽어서 형제인 라다만티스와 함께 지하세계에서 법을 집행하는 심판관이 되었다. 그것은 그가 제우스로부터 법을 배우고 실제로 법을 제정한 입법자였기 때문이다. ■

53 미노스의 딸들이 겪은 운명의 수레바퀴

— 아리아드네와 파이드라

미노스와 관계된 여자들은 대개 불행했다. 그와 바람을 피웠던 여자들은 파시파에가 미노스에게 준 약물 때문에 고통을 당했고, 파시파에는 황소와 정을 통해 황소 괴물의 어머니가 되었다.

여기서 그치지 않는다. 미노스의 딸인 아리아드네와 파이드라 역시 테세우스라는 영웅에 의해 고통스러운 나날을 보내야 했다. 아리아드네 역시 다른 신화의 여자들처럼 이방인을 사랑했다. 그리고 그 사랑 때문에 메데이아가 그랬던 것처럼 나라와 아버지와 형제를 배신했다. 그 이방인은 아테네의 왕자 테세우스였다.

아테네는 매년 소년 소녀 각각 7명씩을 크레타에 바쳤고, 아이들은 황소 괴물 미노타우로스의 먹이가 되었다. 그런데 아이게우스의 숨겨놓은 자식인 테세우스가 불공정한 조공을 없애기 위해 미노타우로스와 싸우겠다며 자진해서 7명의 소년 가운데 하나가 되었다.

아리아드네는 조공으로 온 소년 사이에 끼어 있는 테세우스에게 마음을 빼앗겼다. 라비린토스는 한번 들어가면 다시는 나올 수 없는 곳이었다. 그러나 이미 마음속에 사랑의 불꽃이 타오르고 있던 아리아드네는 테

△아리아드네와 테세우스. 베네데토 제나리 2세.

세우스를 죽일 수가 없었다. 라비린토스에 대해 가장 잘 알고 있는 사람은 당연히 그곳을 만든 다이달로스였다.

아리아드네는 다이달로스로부터 미궁을 빠져나올 수 있는 실타래를 받아 테세우스에게 주며 무사귀환을 기원했다. 라비린토스는 그녀의 동생인 미노타우로스가 사는 곳이다. 아리아드네는 동생을 죽여가면서까지 사랑을 얻으려고 했던 것이다.

테세우스는 실을 풀며 안으로 들어가 미노타우로스를 살해하고 실을 감으면서 다시 나왔다. 테세우스는 영웅이 되어 귀환했다. 아리아드네도 그 옆에 있었다. 그러나 낙소스 섬에 기항했을 때, 테세우스는 그곳에 아리아드네를 홀로 버려두고 떠났다. 그 다음에 대해 전하는 이야기는 둘이다. 하나는 아리아드네가 자살했다는 것이고, 다른 하나는 낙소스가 디오니소스의 섬이라는 이유에서 아리아드네와 디오니소스가 결혼했다는 것이다. 그렇지만 두번째 경우에서도 아리아드네는 다시 디오니소스로부터 버림받는다. 결론은 다르지 않다.

파이드라 역시 자살했다. 데우칼리온은 아버지 미노스가 죽자 그 뒤를 이어 크레타의 왕이 되었다. 그는 아테네의 왕이 된 테세우스와 동맹을 맺고 누이동생 파이드라를 테세우스에게 시집보냈다. 이른바 정략결혼인 셈이었다. 아리아드네를 버린 남자에게 파이드라를 시집보냈으니 말이다.

파이드라는 테세우스와 아마존의 여왕 사이에서 태어난 히폴리토스를 사랑했다. 앞에서 계모 이노는 전처 소생을 죽이려고 했지만, 또 한 사람의 계모 파이드라는 전처 소생을 사랑하게 되었다. 세상은 이런 사랑을 불륜이라고 부른다.

하지만 히폴리토스를 진정 사랑했던 것은 미의 여신 아프로디테였다. 아프로디테는 자기를 거들떠보지 않고 처녀신 아르테미스를 숭배하는 히폴리토스에게 복수를 하기 위해 파이드라를 이용했던 것이다. 파이드라는 그의 어머니 파시파에가 그랬던 것처럼 히폴리토스에게 부적절한 욕망을 느꼈다.

고민하던 파이드라는 마침내 자신의 감정을 히폴리토스에게 털어놓았지만, 그는 그녀를 완전히 무시했다. 무시당한 계모는 사악해진다. 파이드라는 오랫동안 집을 비우고 지하세계를 다녀온 테세우스에게 히폴리토스가 자신을 유혹하고 겁탈하려 했다고 거짓말을 늘어놓았다. 사랑의 거절에 대한 복수였다.

히폴리토스는 자신의 결백을 강력하게 주장했지만, 매정한 아버지 테세우스는 포세이돈에게 아들을 벌해달라고 요청하고 아들을 밖으로 내쫓았다. 히폴리토스는 마차를 끌고 해안을 달리다가, 포세이돈이 보낸 괴물을 보고 놀란 말들이 뒤엉키는 바람에 마차에서 떨어져 말에게 밟혀 죽었다. 절규하는 음악으로 유명한 영화 〈페드라〉는 이 이야기 그대로 만들어졌다. 다만 마차가 스포츠카로 대체되었을 뿐이다.

한편 파이드라는 이루지 못한 사랑 때문에 괴로워 히폴리토스를 무고하기는 했지만, 그로 인해 더 큰 자책감을 느끼고 언니 아리아드네가 그랬던 것처럼 목을 매어 자살하고 말았다. ■

54 하늘을 날았던 최고의 기술자와 그의 아들
— 다이달로스와 이카로스

한 번 들어가면 다시는 나올 수 없는 미궁인 라비린토스를 만들어 그리스 최고의 기술자로 이름을 드높인 다이달로스는 그 재주만큼이나 복잡다단한 삶을 살아야 했다. 〈상주아리랑〉의 노랫말을 보면 '말께나 하는 놈은 재판소 가고 일께나 하는 놈은 공동산 간다'는 말이 나온다. 모두 자기 재주 때문에 망한다는 말이다. 다이달로스의 삶 역시 그랬다.

다이달로스는 훌륭한 가문에서 태어났다. 철학자 소크라테스는 자신이 다이달로스의 후예라고 말했다. 다이달로스는 성인이 되면서 아테네에서 가장 뛰어난 화가이자 조각가가 되었다. 그의 그림은 새들이 날아와 부딪쳐 죽은 솔거의 그림처럼 매우 사실적이었다. 그의 제자 가운데 조카 페르딕스가 있었다.

다이달로스가 보기에 페르딕스는 자신을 능가할 자질을 지녔다. 페르딕스는 뱀의 턱뼈나 물고기의 등뼈를 모델로 해서 톱을 발명하고 컴퍼스도 발명해냈다. 다이달로스는 조카에게 심한 위기의식을 느꼈다. 최고의 자리에 대한 집착과 그에 비례한 질투가 상승작용을 일으키며 그를 부채질했다.

△다이달로스와 이카로스. 랜던.

다이달로스는 결단을 내렸다. 그리고 조카를 아크로폴리스 산으로 데리고 가 아래로 밀었다. 페르딕스의 재주를 아끼던 아테나 여신은 그를 가엾게 여겨 산메추라기로 변하게 만들었다. 이 일로 다이달로스는 아테네에서 추방당해 크레타로 갔다. 미노스는 훗날 자신의 목숨을 앗아갈 사람인지도 모르고 다이달로스를 두 팔 벌려 환영했다. 어찌되었건 그리스 최고의 기술자였으니까.

다이달로스의 최고의 작품은 앞에서 말한 대로 라비린토스였다. 그리고 파시파에를 위해 만든 인공 암소도 있다. 이밖에도 왕을 위한 여러 공예품을 만들었다. 그런데 이중 아주 독특한 한 발명품을 주목할 필요가 있다. 그것은 다름아닌 간이 비행기였다. 다이달로스는 신의 도움 없이도 하늘을 날았던 사람이었다.

미노스는 테세우스가 아리아드네의 힘을 빌려 미노타우로스를 죽이고 라비린토스에서 빠져나온 것의 직접적인 원인을 다이달로스에게 돌렸다. 사실 실타래를 주고 방법을 일러준 것은 다이달로스였다. 미노스는 그 벌로 다이달로스를 아들 이카로스와 함께 라비린토스에게 가두었다. 자기가 만든 함정에 스스로 빠진 꼴이 되었다.

빠져나갈 수 있는 방법은 하늘에 있었다. 그는 깃털과 밀랍을 이용해서 날개를 두 쌍 만들었다. 하늘을 날아오르기 전에 아들에게 너무 높이 날면 밀랍이 태양열에 녹고 너무 낮게 날면 날개가 젖어 무거워진다는 것을 분명히 알려주었다. 그러나 이오니아 해를 지날 때 흥분한 이카로스가 하늘 높이 날기 시작했다. 밀랍은 녹았고, 이카로스는 바다에 떨어져 익사하고 말았다. 그 이후 이 바다를 이카리오스 해라고 부르게 되었다.

다이달로스는 시칠리아로 가서 몸을 의탁했다. 분노한 미노스는 그를 잡기 위해 혈안이 되었다. 그는 그리스의 왕에게 소용돌이 모양의 조개껍질에 실을 꿰려면 어떻게 해야 하냐고 물었다. 이 물음에 답한 것은 시칠리아의 코갈로스 왕뿐이었다. 조개껍질 끝에 구멍을 내고 개미 허리에 실을 묶어 그곳을 지나가게 했다. 미노스는 그곳에 다이달로스가 있음을 확신했다.

미노스는 코갈로스 왕에게 다이달로스를 내놓으라고 요구했다. 그러나 시칠리아의 왕은 다이달로스가 자신을 위해 난공불락의 성을 만들고 있었기 때문에 그를 내주고 싶지 않았다. 그러나 당시 크레타는 최고의 힘을 지닌 나라였다. 위기감을 느낀 코갈로스 왕은 계략을 쓰기로 했다. 일단 다이달로스를 인도하겠다고 약속하고 관례에 따라 목욕을 할 것을 권유했다. 미노스의 목욕은 왕의 딸들이 시중을 들었다.

배관에 대해 잘 알고 있는 다이달로스는 미노스가 목욕하는 것에 맞춰 뜨거운 물, 또는 납물을 부어 그를 죽였다. 미노스가 살해되자 크레타 군대는 시칠리아를 공격해 코갈로스 왕을 살해했다. 그러나 다이달로스는 살아남았다.

그는 현재 목수들이 쓰는 연장의 대부분과 훌륭한 많은 건축물들을 남겼다. 다이달로스는 두 번의 살인을 경험하고, 아들이 물에 빠져 죽게 되는 등, 그의 재주를 이용하려는 사람들에 의해 시련을 겪기도 했지만, 자기만의 독특한 세계를 구축한 최고의 기술자였다. ■

제6장 테베

55 카드모스와 하르모니아의 결혼
― 테베의 건설

20세기 최고의 철학자 하이데거는 '큰 인물은 크게 방황한다'고 했다. 무엇인가를 찾아다니는 사람의 뒷모습만큼 숙연한 모습이 또 있을까.

아게르노는 딸 에우로페가 어디론가 사라지자 아들들에게 그녀를 찾지 못하면 돌아오지 말라는 명령을 내렸다. 카드모스는 어머니인 텔레파사와 함께 에우로페를 찾아 떠났는데 트라키아에서 어머니가 죽었다. 카드모스는 어머니의 장례를 치르고 신탁에 에우로페의 행방에 대해 물었다.

신탁은 에우로페를 찾아다니지 말고 배에 달 무늬가 있는 황소를 찾아 그 황소가 가는 곳으로 따라가다가 지쳐 쓰러지는 곳에 도시를 건설하라고 했다. 카드모스는 포키스의 펠라곤 왕의 소떼에서 배에 달 무늬가 있는 황소를 발견했다. 그 황소는 보이오티아를 지나 훗날 테베가 된 아소포스 강가에 누웠다. 카드모스는 황소를 잡아 아테나 여신에게 제사지내고, 부하들을 보내 전쟁의 신 아레스의 샘물에서 물을 떠오도록 시켰다.

아레스의 샘물은 용이 지키고 있었다. 이 용은 아레스의 아들이라고 말해지기도 한다. 용이 카드모스의 부하를 죽이자 분노한 카드모스는 용을 죽이고, 아테나 여신의 조언에 따라 용의 이빨을 땅에 뿌렸다. 그곳에서 무장한 남자들이 나타났다. 이들을 스파르토이라고 부른다.

카드모스가 이들 사이에 돌을 던지자 이들은 서로 싸우기 시작했다. 이 아손이 황금 양털을 찾으러 콜키스에 갔을 때에도 돌을 던졌다. 서로 죽이고 남은 것은 다섯뿐이었다. 카드모스는 이들과 함께 살인에 대한 속죄로 아레스에게 8년 동안 봉사했다.

아테나는 그에게 왕국을 건설하게 하고, 제우스는 아레스와 아프로디테 사이에서 태어난 하르모니아를 카드모스와 결혼시켰다. 하르모니아에게 카드모스는 이방인이었다. 신들이 모두 참석한 성대한 결혼식이 거행되었고, 신들은 저마다 준비한 선물을 꺼내놓았다. 그 가운데 헤파이스토스가 준 목걸이와 옷은 저주내린 물건이 되어 훗날 여러 사람의 피와 목숨을 앗아갔다.

사실 신들이 참석한 인간의 결혼식은 단 두 번이었다. 하나는 펠레우스와 테티스의 결혼식으로, 트로이 전쟁의 첫 원인인 불화의 사과가 던져진 곳이었다. 다른 하나가 바로 카드모스와 하르모니아의 결혼식이었다. 두 결혼식 모두 앞으로의 참혹한 비극을 예고하는 것이기도 했다.

뒤에서 보겠지만 카드모스의 자식들은 폴리도로스를 제외한 모두가 고통스러운 죽음을 당했다. 헤파이스토스가 준 목걸이는 훗날 오이디푸스의 아들 폴리네이케스가 테베를 침략할 때 암피아라오스를 전쟁에 끌어내기 위해 그의 아내 에리필레를 매수할 때 사용되었다. 암피아라오스는 자신이 전쟁에 참가하면 그곳에서 죽을 것을 알고 있었기 때문에 아들들에게 어머니를 죽여 복수할 것을 지시했다. 그러나 아들들은 아버지의 말을 따르지 않았다.

그 다음에 폴리네이케스의 아들 테르산드로스가 테베를 침략할 때 다시 에리필레를 매수하기 위해 하르모니아의 옷이 사용되었고, 그 때문에 암피아라오스의 아들들이 전쟁에 참가했지만, 이번에는 신탁에 따라 어머니를 살해했다. 그후에도 이 목걸이와 옷은 몇 명의 목숨을 앗아간 다음 최종적으로 아폴론의 신전에 바쳐졌다.

카드모스는 테베를 건설하고 훌륭하게 통치했지만, 후손들이 처참한 죽음을 당하자 손자 디오니소스의 말에 따라 하르모니아와 함께 북쪽으로 가서 살았다. 디오니소스는 카드모스에게 테베를 떠나야 슬픔에서 벗어날 수 있다고 조언했다.

어떤 사람은 전쟁의 신 아레스가 자신의 딸과 사위를 불쌍히 여겨 크지만 성질이 온순한 뱀으로 변신시켰다고 한다. 그리스 사람들은 뱀을 신성하게 생각했고, 영웅들의 영혼이 뱀 속에 들어 있다고 믿었다.

카드모스는 평생을 떠돌며 살았다. 에우로페를 찾아나선 뒤 곡절 끝에 테베를 건설하고 하르모니아와 결혼을 했지만, 그 역시 안정적인 삶은 아니었다. 다시 어디론가 떠나야 하는 운명이었던 것이다. ■

56 한 줌의 재가 된 제우스의 사랑
― 세멜레와 디오니소스

그리스 신화에서 제우스의 다음 서열은 과연 누구일까? 만약 제우스가 은퇴해서 물러난다면 그 후계자는 아마 아폴론이나 디오니소스가 될 것이다.

둘은 서로 대조적이면서도 닮았다. 아폴론은 눈에 보이는 강한 힘을 지녔고, 디오니소스는 보이지 않는 힘을 지녔다. 니체의 지적처럼 아폴론은 이성적인 힘을 지녔고, 디오니소스는 감성적인 힘을 지녔다. 니체는 서구 사회가 디오니소스적인 힘을 잃는 것을 안타까워했다. 디오니소스의 힘의 원천은 표면적으로는 술이었다. 술이 왜 강력한 힘인지는 생각해보면 쉽게 알 수 있다.

디오니소스는 신들의 왕 제우스와 테베의 공주이자 카드모스의 딸인 세멜레 사이에서 태어났다. 제우스가 세멜레에게 관심을 가지자 헤라는 세멜레를 없애기 위해 계략을 꾸몄다. 헤라는 유모의 모습으로 변신하고 세멜레에게 다가가, 제우스가 진정으로 그녀를 사랑하는지 시험해보라고 말했다.

그 말에 솔깃해진 세멜레는 제우스에게 신의 모습으로 자기를 찾아와

△제우스와 세멜레. 모로.

달라고 부탁했다. 제우스는 만류했지만 이미 다른 신의 이름을 걸고 맹세했기 때문에 어쩔 수 없이 신의 모습을 하고 그녀의 방에 나타났다. 신의 몸에서 뿜어져나오는 광채 때문에 세멜레는 재가 되고 말았다. 이 때문에 신들은 인간을 만날 때 변신을 했다. 그리고 이 변신에서 이미지가 파생되고 증폭되었다.

사실 디오니소스의 진짜 어머니는 세멜레가 아니다. 제우스는 자신의 딸인 페르세포네와 뱀의 모습으로 동침을 해서 아이를 낳았다. 그것을 안 헤라는 계략을 꾸며서 거인족인 티탄 족에게 잡아먹히게 했다. 그때 아테나가 그 아이의 심장을 구해냈다. 제우스는 아들의 심장을 뱃속에 넣어두고 있다가 세멜레의 자궁을 빌려 아이를 낳으려고 했던 것이다.

그러나 세멜레가 불에 타 죽자 제우스는 잿더미 속에서 태아를 꺼내 허벅지 속에 꿰매넣고, 달이 차기를 기다렸다가 세상에 꺼내놓았다. 제우스는 헤르메스를 시켜 세멜레의 자매인 이노에게 아이를 키우게 했다.

이노는 앞에서 나쁜 계모로 나왔다가 아들과 함께 자살한 여자였다. 그것은 남편인 아타마스가 미쳤던 까닭인데, 이노가 디오니소스를 양육했기 때문에 헤라가 아타마스를 그렇게 만든 것이었다. 이노가 바다로 뛰어들 때 포세이돈은 그녀를 갈매기의 모습을 한 신으로 만들어주었다.

헤라는 디오니소스를 미치게 만들어 추방했다. 그는 세상을 떠도는 방랑자가 되었다. 그를 구해준 것은 프리기아의 레아였다. 레아는 그의 광기를 치료해주고 종교의식을 가르쳤다. 그후 그는 아시아를 돌아다니며 포도 재배법과 포도주 제조법을 알려주었다고 한다.

신화에 따르면 디오니소스는 사랑을 잃고 포도를 얻었다. 그가 사랑했던 암펠로스라는 소년이 황소에게 살해되고 난 자리에서 자라난 것이 포도나무였다.

디오니소스에게는 많은 추종자가 있었는데, 대부분 여자들이었다. 물론 그가 처음부터 환대받은 것은 아니었다. 디오니소스 신앙이 외래의 것임을 알고 있었던 그리스 사람들은 디오니소스를 배척했다. 그래서 디오니소스 신화는 대부분 그를 믿지 않는 행위에 대한 벌과 관계가 많다. 세월이 흐르면서 점차로 디오니소스가 올림포스로 파고들게 되면서 가장 인기 있는 신이 되었다.

디오니소스는 훗날 지하세계로 내려간 뒤 어머니인 세멜레를 데려와 티오네라는 이름을 가진 신이 되게 했다. 디오니소스는 지하세계로 통하는 길을 동굴이라고 여겼던 다른 그리스 사람들의 생각과 달리 물 속으로 잠수해 지하세계로 들어갔다.

나중에 디오니소스는 헤라클레스가 그랬던 것처럼 자신을 박해했던 헤라와 화해를 했다. 헤라가 헤파이스토스가 만든 덫에 걸려 고통을 당하고 있을 때 디오니소스가 나타나 헤파이스토스를 술에 취하게 만들고 헤라를 구해주었던 것이 그 계기였다.

디오니소스와 연관된 신화는 많이 있고 기원전 6세기에 생겨난 오르페우스 교와도 직접 연관이 있다. 오르페우스 교는 훗날 그리스도 교에 큰 영향을 미쳤다. ■

57 카드모스 집안에 닥친 불행
— 펜테우스와 아가베, 악타이온, 이노

카드모스의 자손들은 거의 대부분 불행한 일을 당했다. 그 가운데 특히 딸 아가베와 그의 아들 펜테우스, 다른 딸 이노, 손자 악타이온이 대표적이다. 세멜레는 앞에서 본 대로 불에 타 죽었다. 이 가운데 펜테우스와 아가베는 카드모스의 손자 디오니소스와 연관이 있다.

디오니소스는 특히 여자들로부터 열광적인 지지를 받았다. 디오니소스 축제는 억제로부터의 완전한 해방을 의미하는 의식을 연상케 만든다. 그것은 혼돈으로의 회귀와, 존재 속에 잠재하는 본성이 발현되는 축제였다. 인간의 파괴적인 본성이 그대로 드러나는 그야말로 광란의 축제이기도 했다. 테베의 왕인 펜테우스는 디오니소스에 대한 숭배를 막다가 난폭한 여자들에게 몸을 갈기갈기 찢겨 죽었다.

이 사건은 테베 건설자인 카드모스의 손자로 서로 사촌지간인 디오니소스와 펜테우스의 불화 때문에 일어났다. 펜테우스 왕이 디오니소스를 신으로 인정하지 않았던 것이다. 이에 화가 난 디오니소스는 미남 청년으로 변신을 하고 왕을 찾아가, 여장을 하고 산에 올라가면 여자들의 멋진 춤을 볼 수 있을 것이라고 그를 유혹했다.

△아르테미스의 벗은 몸을 본 악타이온. 티치아노.

펜테우스가 산에서 여자들의 황홀한 춤을 구경하고 있을 때, 그를 산에 사는 사자라고 착각한 여자들은 이미 황홀경에 빠져 있었기 때문에 도망치지 않고 오히려 달려들어 그를 갈갈이 찢어 죽였다. 놀라운 것은 그 여자들의 우두머리가 펜테우스의 어머니 아가베였다는 것이다. 어머니가 아들을 살해한 셈이다.

펜테우스처럼 죽은 손자가 또 있었다. 그것은 아우토노에의 아들인 악타이온이었다. 그는 사냥을 매우 잘하는 씩씩한 젊은이였다. 어느 날 그는 사슴 사냥을 하다가 사냥개와 떨어져 깊은 산 속에서 길을 잃었다. 악타이온은 산 속을 헤매다가 삼나무 숲 사이로 흘러나오는 빛을 발견하고 그 빛을 등대 삼아 길을 찾아나섰다. 불빛이 새어나오는 곳은 한적한 샘가였다. 그곳에는 한 여자가 실오라기 하나 걸치지 않은 모습으로 목욕을 하고 있었다. 바로 사냥의 여신 아르테미스였다.

누군가 자기를 훔쳐보고 있다는 것을 안 아르테미스는 그 젊은이를 향해 물을 끼얹고 저주를 퍼부었다. 그 순간 악타이온은 자신의 몸이 변하고 있음을 알아차렸다. 물을 뒤집어쓴 악타이온은 얼굴에 묻은 물을 닦기 위해 손을 머리로 올리다가 깜짝 놀랐다. 팔은 긴 다리로 변했고 손가락은 뾰족하게 둘로 갈라져 있었다. 머리에서는 뿔이 자라고 있었고, 목이 길어지고 온 몸이 털로 덮이고 있었다.

샘물에 비친 악타이온의 모습은 영락없는 사슴이었다. 사슴 사냥이라는 놀이에서 사슴으로 뽑힌 것이다. 사슴으로 뽑힌 사람은 제물이 된다. 악타이온은 사슴이 되어 도망쳐야 했고, 그의 사냥개들은 사슴을 발견했다는 소리를 주인을 향해 지르고 있었다. 더이상 도망칠 수 없을 때 제물은 모든 것을 포기하고 제단에 올라선다. 황홀경에 빠져 있던 아가베에게 찢겨나간 펜테우스처럼, 사슴으로 변한 악타이온은 자신의 사냥개에게 몸이 찢겨나갔다. 사냥개들은 칭찬을 바라며 주인을 애타게 불렀다.

또다른 카드모스의 외손자이며 이노의 아들인 레아르코스는 갑자기 미쳐 날뛰는 아버지 아타마스의 창에 맞아 죽었다.

카드모스는 이 모든 상황을 테베에서 지켜보았다. 그리고 디오니소스가 일러준 대로 모든 것을 버리고 떠나야 했다. 결혼식 때 화려하고 아름다웠던 아내 하르모니아와 젊음과 생기가 넘쳐흐르던 카드모스는 이제는 늙고 힘없는 노인들이 되어, 외손자가 손가락으로 가리키는 곳을 향해 길을 떠나야 했다.

하기는 카드모스가 테베에 왔을 때 그곳은 풀만 자라는 곳이었다. 그 불모지에 테베를 건설했던 카드모스, 후손들이 모두 찢기거나 불에 타

죽고, 단지 과거에 영광이 있었다는 추억만 안고 그곳을 떠나야 했다.

앞서 에우로페의 장에서 말한 것처럼 문자를 발명한 페니키아의 왕자 카드모스가 그리스 한복판에 도시를 건설했다는 것은 문자가 그리스에 전해졌다는 역사적 사실을 비장하게 표현하고 있는 것으로 보아야 한다. ■

58 목에 밧줄을 건 여인
— 에리고네의 비극

디오니소스는 여자들로부터 인기가 많았다. 이는 여자들이 이방인을 좋아한 것과 관계가 있다. 또 하나, 신의 사랑을 받은 여자는 불행하다는 공식도 있다. 신은 인간과 달라 한자리에 계속 머물러 있지 않으려고 했기 때문이다. 디오니소스도 그랬다.

디오니소스의 첫사랑은 암펠로스라는 소년이었다. 그러나 디오니소스의 경고에도 불구하고 조심성을 잃은 암펠로스는 황소의 뿔에 의해 몸이 찢어져 죽고 말았다. 신들은 눈물을 흘리지 않는다. 그러나 디오니소스는 암펠로스를 잃고 눈물을 흘렸다. 그만큼 소년을 좋아했던 것이다.

암펠로스의 몸에서 포도가 자라기 시작했다. 디오니소스는 그 포도를 짜서 술을 만들었다. 암펠로스의 죽음은 향기로웠다. 디오니소스는 그 향기를 세상에 전하기 시작했다.

그는 어느 날 아티카의 늙은 정원사인 이카리오스의 집에 나타났다. 이카리오스에게는 에리고네라는 딸이 있었다. 이카리오스는 정원사답게 나무를 사랑했고, 디오니소스는 그에게 포도를 재배하는 법을 알려주었다. 디오니소스는 이카리오스를 통해 포도를 세상에 알리려고 했던 것이다.

▷디오니소스의 머리.

　디오니소스는 이카리오스의 집에 머물면서 에리고네에게 취했다. 아테나와 베짜기 시합을 했던 아라크네는 직물 속에 신들의 실수를 계속 짜넣었는데, 그 가운데 하나가 에리고네를 유혹하는 디오니소스의 모습이었다. 그 직물에는 신들의 사랑을 받았던 에우로페, 레다, 다나에 등이 함께 새겨졌다. 아테나는 불손한 아라크네를 거미로 만들었다.

　이카리오스는 포도를 세상에 전하러 다녔다. 하루는 양치는 목동들과 함께 밤을 보내게 되었다. 선량한 이카리오스는 그들에게 향긋한 포도주를 주었고 몇몇은 취해서 잠에 빠져들었다. 목동들은 이카리오스가 자기들을 독살하고 양떼를 훔쳐가려 한다고 의심했다.

　의심은 스스로 증식한다. 물을 주지 않아도, 양분을 주지 않아도 끝간 데 없이 자란다. 목동들의 의심은 마침내 이카리오스를 살해하고, 아침이 되어 잠에 빠졌던 동료 목동들이 깨어날 때까지 증폭되었다. 이카리오스는 디오니소스의 포도주를 전파하다가 죽은 첫번째 순교자였다. 목동들은 그의 시체를 우물에 버렸다.

에리고네는 홀로 집에 남아 있었다. 아버지는 포도 재배법을 알리기 위해 집을 나갔고, 연인 디오니소스는 또다른 연인을 찾아 떠났기 때문이다. 아무리 기다려도 아버지는 돌아오지 않았다. 에리고네는 매일 아버지를 찾아다녔지만 어디에도 아버지의 흔적은 없었다.

하루는 그녀의 개 마이라가 그녀를 어느 우물가로 데려갔다. 바로 그곳에 아버지의 시체가 있었다. 디오니소스를 낳은 어머니 세멜레가 그랬고, 포도를 키워낸 암펠로스가 그랬던 것처럼, 이카리오스도 처참하게 죽임을 당했다.

에리고네는 아버지의 시신을 수습해서 장사를 지냈다. 에리고네는 삶과 죽음 가운데 죽음을 선택했다. 우물가에 있는 큰 나무에 밧줄을 걸고 목을 그 속에 넣었다. 마이라는 두 시체를 지키다가 굶어죽었다.

이후 아테네에는 이상한 전염병이 돌기 시작했다. 처녀들이 나무에 목을 매고 죽는, 아주 희귀한 전염병이었다. 디오니소스의 징벌이었던 것이다. 자신의 사제였던 이카리오스를 거부하고 살해한 사람들에 대한 분노의 표현이었다.

신탁은 이카리오스를 살해한 사람들을 찾아내 벌을 주고 죽은 자들을 위한 제사를 지내야 한다고 말했다. 목동들은 케오스 섬으로 도망쳤지만 그 지방에 가뭄이 닥쳤다. 아폴론의 말대로 그들을 잡아 죽이자 곧바로 가뭄이 끝났다. 이후 포도를 수확하는 계절이 오면 사람들은 에리고네에게 제사를 지냈다. 그후로 처녀들이 미쳐 목을 매고 죽는 일도 다시 일어나지 않았다. ■

59 운명의 갈림길에서 만난 삶의 수수께끼
— 오이디푸스와 스핑크스

스핑크스의 수수께끼는 유명하다.

"목소리는 하나이고 어떤 때는 두 발, 어떤 때는 세 발, 또 어떤 때는 네 발을 갖고 있는데, 다리의 수가 많으면 많을수록 약해지는 존재는 누구인가?"

모두가 알고 있는 것처럼 그 답은 인간이다.

왜 하필이면 스핑크스는 오이디푸스에게 이 질문을 했을까? 물론 우연은 아니다. 스핑크스의 물음에는 필연적인 이유가 담겨 있다. 이것을 이해하기 위해서는 오이디푸스의 삶의 궤적을 살펴볼 필요가 있다.

오이디푸스는 테베의 왕인 라이오스와 왕비 이오카스테의 아들로 태어났다. 그런데 라이오스에게는 그가 낳은 아이에게 죽임을 당할 것이라는 예언이 있었다. 그것은 잠시 왕위를 빼앗겨 펠롭스에게 신세를 지고 있다가 다시 테베로 돌아올 때 펠롭스의 아들 크리시포스를 납치해 펠롭스의 저주를 받았기 때문이었다.

라이오스는 아이가 태어나자 발꿈치를 뚫은 뒤, 양치기를 시켜 산에 버렸다. 그러나 양치기는 왕의 말을 따르지 않고, 코린토스의 왕인 폴리보스에게 어린 오이디푸스를 데려갔다. 마침 아들이 없던 폴리보스는 그 아이를 양자로 삼고 오이디푸스라는 이름을 붙였다.

오이디푸스가 어른이 되어 참석한 한 연회에서 자신이 폴리보스의 아들이 아니라는 말을 듣고 델포이로 가서 신탁을 했다. 거기서 오이디푸스는 자기 아버지를 죽이고 어머니와 결혼할 운명이라는 말을 듣는다. 신관들은 그를 두려워하며 델포이에서 내쫓았다.

오이디푸스는 폴리보스를 친아버지로 믿고 있었기 때문에, 예언을 피하기 위해 코린토스로 돌아가지 않고 보이오티아로 갔다. 도중에 어느 십자로에서 만난 낯선 사람과 말다툼한 끝에 도망친 하인을 제외한 일행을 모두 죽였다. 안 그래도 심란한 예언을 듣고 심기가 불편했던 오이디푸스는 엉뚱한 사람에게 화풀이를 한 셈이었다.

오이디푸스가 테베에 이르렀을 때 그곳의 왕 라이오스가 스핑크스란 위험한 괴물에 대해 신탁을 하러 가던 도중 살해되었다는 소식을 들었다. 스핑크스는 지나가는 사람을 붙잡고 문제를 내서 알아맞추지 못하면 잡아먹는 무서운 괴물이었다.

라이오스의 뒤를 이은 크레온은 스핑크스를 해치우는 사람에게 왕위와, 왕비이자 누이동생인 이오카스테를 주겠다고 선포했다. 오이디푸스가 스핑크스의 문제를 맞추자 스핑크스는 분노하여 자살했다.

이렇게 해서 오이디푸스는 테베의 왕이 됨과 동시에 이오카스테를 왕비로 맞이했다. 신탁의 예언이 그대로 이루어진 것이다. 아버지 라이오스를 길에서 살해하고, 어머니 이오카스테를 아내로 맞이했기 때문이다.

다시 스핑크스의 문제로 돌아가보자. 스핑크스는 '목을 졸라 죽이는 존재'라는 의미로, 라이오스가 크리시포스를 유혹했을 때 결혼의 여신 헤라가 이 행위를 자신에 대한 모독으로 받아들이고 테베를 징벌하기 위해 보낸 괴물이었다. 스핑크스는 여자의 머리와 사자의 몸에 날개가 달린 모습을 하고 있었다.

이런 스핑크스가 왜 하필이면 인간이 그 답인 문제를 냈을까? 그것은 오히려 인간들의 정체성에 대해 던지는 스핑크스의 물음이 아니었을까?

△오이디푸스와 스핑크스. 앵그르

'너희들은 누구냐' 하는 물음 말이다. 그리고 이 물음은 오이디푸스에게 오면 '너는 누구냐' 라는 물음으로 그 범위가 좁혀진다.

아버지를 죽이고 어머니와 결혼한 너의 정체는 무엇이며, 그런 너를 포

함한 인간은 도대체 어떤 존재인가라는 물음이 그것이다. 그래서 오이디
푸스는 영민한 머리로 문제를 맞추었지만, 그 이후 평생 스핑크스의 물음
에 답하기 위해 절망적인 노력을 되풀이한다. 결국 스스로 눈을 찔러 장
님이 되어 세상을 떠돌아다니면서 그 해답을 찾으려고 한다.

'나는 누구인가?' ■

60 죽음보다 더한 절망의 나락
— 오이디푸스의 고뇌

오이디푸스는 다른 영웅들과는 전혀 다른 모습을 보여주었다. 헤라클레스나 페르세우스가 그랬던 것처럼 괴물을 죽여 목을 자르거나 껍질을 벗기는 일 따위는 하지 않았다. 그는 다만 마주보며 '인간'이란 한 마디로 스핑크스라는 괴물을 살해했다. 굳이 유사한 것을 찾으라면 메데이아의 주문 정도다. 메데이아는 직접적인 방법이 아닌 멀리 떨어져 주문을 외워, 크레타를 지키고 있던 청동인간 탈로스를 살해했다.

그렇기 때문에 오이디푸스의 삶과 죽음 역시 다른 영웅들의 그것과 다를 수밖에 없다. 다른 영웅들의 삶은 자신만만하고 당당했고 오만하기까지 했다. 또한 영웅들의 죽음을 보면 헤라클레스는 스스로 죽음을 선택했고, 페르세우스나 오디세우스는 자기 아들에게 살해를 당했으며, 이아손은 모험을 떠날 때 타고 갔던 배의 대들보에 깔려 죽었다. 괴물들을 퇴치한 것처럼 영웅들 역시 퇴치당했던 것이다.

그러나 오이디푸스는 괴물을 말, 즉 언어로 퇴치했기 때문에 그 삶과 죽음 역시 말과 연관될 수밖에 없다. 그는 어느 날 자기가 아버지를 살해했다는 것과 어머니와 결혼했다는 사실을 알게 된다. 다른 신화를 보면

△아버지를 죽이는 오이디푸스.

오이디푸스는 이 대목에서 자살을 하거나 운명적인 죽음을 맞이해야 했다. 그러나 그리스 신화에서는 그렇지 않았다.

오이디푸스는 죽을 수 없었다. 자기가 내뱉은 '인간'이라는 대답으로 스핑크스를 죽였지만, 이제 그 인간이 무엇인지에 대한 해답을 구해야 했기 때문이다. 이것이 바로 스핑크스가 오이디푸스에게 궁극적으로 요구했던 대답인 것이다.

오이디푸스는 스스로 눈을 찔러 장님이 되었다. 장님이 되어 암흑 속에 갇힌다는 것은 참혹한 현실에 대한 도피로 볼 수도 있지만, 반대로 세상 또는 그에게 주어진 인간의 본질에 대한 물음에 충실하려는 행위라고 볼 수도 있다. 현실에 대해 눈을 감는다는 것은 현실 너머에 있을 수 있는 본질을 향한 눈뜸을 지향하는 일로 이해되기 때문이다. 그리스 신화의 최고 예언자이자 점쟁이인 테이레시아스도 장님이었다. 눈을 감아야 세상이 바로 보이기 때문이다.

오이디푸스는 딸이자 누이동생인 안티고네의 손을 잡고 테베를 떠난다. 그가 스핑크스의 물음에 답을 얻었는지는 중요하지 않다. 오이디푸스 그 자체가 해답이기 때문이다.

카드모스는 테베를 건설하고 문자를 전해주었고, 테베의 왕자로 태어난 오이디푸스는 그 문자의 이미지를 탐구하고 심화시켰다고 볼 수 있다. 즉, 문자를 언어로 변화시킨 것이다.

20세기 철학자 하이데거는 '언어는 존재의 집'이라고 했다. 다시 말해서 언어가 없이는 무엇도 존재할 수 없다는 말이다. 언어 없이 사유할 수 없기 때문이다. 그런데 근대 철학자 데카르트의 말처럼 '나는 생각한다 그러므로 존재한다'를 생각한다면, 사유 없이는 내가 존재할 수 없다는 말이 된다. 결론은 '나는 언어다'가 된다.

이렇듯 테베는 그리스 신화에서 가장 지적인 왕가였다. 그러나 이를 위해 인간적인 면에서 가장 비극적인 집안이 될 수밖에 없었다. 사유를 깊이 있게 하기 위해서는 그만한 동기가 부여되어야 하기 때문이었다.

카드모스의 자손들이 비참했던 것처럼 오이디푸스의 자손들도 서로 싸우고 목을 매 자살했다. 카드모스나 오이디푸스는 문자와 언어라는 힘을 지니고 있었지만 그것은 보여줄 수 있는 성질의 것이 아니었다. 그것은 후손들이 그것을 스스로 깨닫고 얻어야 하는 힘이었다. 이들은 후손에게 물려줄 것이 없었기 때문이다.

이것들은 훗날 그리스에서 철학이 태동하면서 그 어떤 영웅이 남긴 흔적보다 훌륭한 유산이 된다. 그러나 당시에는 그렇지 않았기 때문에 카드모스는 테베에서 쫓겨났고, 오이디푸스도 장님 거지가 되어야 했다. ■

61 기구한 운명의 장난
— 안티고네

안티고네의 아버지는 오이디푸스다. 그러나 한편으로 오이디푸스는 그녀의 오빠이기도 하다. 어머니가 같은 까닭이다. 오이디푸스는 자기를 도우려 하지 않는 아들들에게 저주를 내리고 안티고네와 함께 테베를 떠나 테세우스에게로 가서 그곳에서 여생을 보냈다.

오이디푸스의 아들 폴리네이케스와 에테오클레스는 왕권에 관해 협정을 맺고, 돌아가며 일 년씩 왕좌를 차지하기로 했다. 누가 먼저 왕이 되었는지에 대해서는 의견이 다르다. 하지만 에테오클레스가 폴리네이케스를 추방한 것은 확실하다. 그는 아르고스에 몸을 의탁하고 그곳의 왕 아드라스토스의 딸 아르게이아와 결혼해 군대를 빌리기로 했다.

그러나 두 아들은 오이디푸스의 저주대로 왕위는커녕 싸움에서 모두 죽었다. 그들의 뒤를 이어 왕이 된 것은 오이디푸스의 어머니이자 아내였던 이오카스테의 동생 크레온이었다. 그는 싸우다 죽은 아르고스 사람들의 시체를 매장하지 않고 그대로 버려두었다. 그리고 테베의 시민들에게 아무도 그 시체의 장례를 치르지 못하게 했다.

그 당시 테베에는 아버지가 죽은 뒤 아테네에서 돌아온 안티고네가 있었다. 안티고네는 크레온의 법령을 무시하고 오빠 폴리네이케스의 시체 위에 흙을 세 번 뿌리는 의식을 행했다. 들판에서 그대로 썩어가는 오빠의 주검을 그대로 둘 수 없었던 것이다. 안티고네는 법을 어긴 죄로 체포되었다.

여기에 남녀의 사랑이 비극을 더한다. 안티고네는 오이디푸스의 비극이 있기 전에 크레온의 아들 하이몬과 약혼을 한 상태였다. 안티고네는 단호하게 오이디푸스의 편에 선다. 눈 먼 아버지의 손을 잡고 아테네로 간 것도 안티고네였다.

아르고스와 테베 사이에 전쟁이 일어났을 때 오이디푸스를 끌어들이는 편이 승리한다는 신탁이 있었기 때문에 양쪽은 서로 자기편으로 그를 끌어들이려고 시도했다. 그것이 실패로 돌아가자 크레온은 그 딸을 이용하기 위해 안티고네를 테베로 납치한다.

그러나 테세우스가 안티고네를 구출해서 오이디푸스에게 데려다준다. 오이디푸스는 테세우스에게 자신의 시체가 아테네에 있는 동안 아테네는 안전할 것이라는 축복의 말을 남긴다. 오이디푸스는 아테네에 묻혔는데, 그 무덤을 아는 사람은 테세우스뿐이었다고 한다.

안티고네는 위의 과정을 겪으면서 크레온에게 증오심을 갖게 되었다. 오빠의 주검 위에 흙을 뿌리는 의식을 한 것도 크레온에 대한 저항심의 표출이라고 할 수 있다. 크레온은 안티고네를 감옥에 가두고 굶겨 죽일 작정을 했다.

여전히 안티고네를 사랑한 하이몬은 그녀를 변호하며 아버지를 비난했지만, 크레온은 꿈쩍도 하지 않았다. 사랑하는 사람이 죽어가는 것을 지켜만 보고 있어야 한다는 상황이 하이몬을 깊은 고통 속으로 몰아넣었다.

이때 예언자 테이레시아스가 테베에 나타났다. 그는 크레온에게 이대로는 나라가 점차 더 혼란스러워질 뿐이라며, 살아 있는 자는 지상으로 데려오고 죽은 자는 지하에 매장해야 나라가 편안해질 거라고 예언했다.

크레온은 예언자의 말을 따랐다. 오이디푸스의 정체가 밝혀진 이후 나라 전체가 혼란과 고통 속에 빠져 있었던 까닭이다. 급히 하이몬과 크레온은 지하감옥으로 내려갔다. 안티고네를 데려오기 위해서였다. 그러나 안티고네는 죽어 있었다. 굶어 죽기를 기다리지 않고 목을 매 자살했던 것이다.

앞에서도 보았지만 목을 매서 죽은 시체는 자기와 닮은 제물을 요구한다. 이른바 이미지의 증폭을 살아 있는 사람에게 강요하는 것이다. 안티고네의 시체를 본 하이몬이 먼저 그 시체 위에서 자살했다. 그리고 아들이 죽었다는 소식을 들은 하이몬의 어머니도 스스로 죽음을 선택했다.

안티고네는 현실에 대한 적극적인 수용과 현실에 대한 적극적인 부정이라는 극단적인 삶을 산 여자였다. 아버지와 동시에 오빠이기도 한 오이디푸스를 끝까지 변호하고 지켰으며, 크레온의 법을 거부하고 자신을 향한 하이몬의 사랑까지도 거부한 채 자살을 선택했다. 안티고네의 이런 삶은 결국 부정의 부정은 강한 긍정이라는 삶의 등식을 살아남은 자들에게 보여준다. ■

제7장 아테네

62 아티카의 역사

아티카는 아테네를 중심으로 한 지역을 가리킨다. 아티카의 초대 왕은 인간의 몸과 큰 뱀의 꼬리를 가진 케크로프스였다. 처음에 아티카는 그의 이름을 따 케크로페이아라고 불렸다. 당시 신들은 각각 자기가 숭배받을 지역을 결정했다. 아티카에 처음 눈독을 들인 신은 포세이돈이었지만 아테나가 경쟁에 뛰어들었다.

아테나는 아크로폴리스 산에 올리브 나무를 심어주었고, 포세이돈은 소금물이 나오는 샘물을 주었다. 케크로프스는 아테나를 자신들이 숭배할 신으로 결정했다. 신들이 모두 나서서 아티카를 아테나의 숭배지로 삼았다는 이야기도 있다. 당연히 포세이돈은 크게 반발했고, 아티카 지역을 물에 침수시켰다. 아테네는 아테나의 이름을 딴 것이다.

케크로프스에게는 자식을 낳지 못하고 죽은 외아들 에리식톤과 딸 아글라우로스 · 판드로소스 · 헤르세가 있었다. 아글라우로스와 아레스 사이에서 태어난 딸 알키페가 포세이돈의 아들에게 겁탈당하려는 순간 아레스가 발견하고 그를 살해했다. 이 때문에 아테네에 아레이오스 파고스라는 재판정이 열렸고, 신들이 주재한 재판에서 아레스에게는 무죄가 선

△오레이티아를 납치하는 보레아스. 루벤스.

고되었다. 아레이오스 파고스는 이후에도 그리스에서 일어난 중요한 사건을 재판했다.

헤르세는 헤르메스와 관계를 가져 케팔로스를 낳았고, 몇 대가 흘러 키니라스가 태어났다. 키니라스는 아들 아도니스와 딸 셋을 낳았는데, 딸들은 아프로디테의 분노 때문에 이집트에서 삶을 마감했다. 아도니스 역시 어린 나이에 아르테미스의 분노 때문에 멧돼지에 의해 살해되었다.

아도니스에 대해서는 여러 갈래의 이야기가 있다. 아도니스의 잘생긴 용모 때문에 아프로디테와 페르세포네 사이에 분쟁이 일어났다. 그후로 오랫동안 중근동에서는 그를 기리는 아도니스 축제가 행해졌다.

케크로프스의 뒤를 이어 왕이 된 것은 대지에서 태어난 크라나오스였다. 그를 몰아내고 왕이 된 것은 암픽티온이었다. 그 역시 에릭토니오스에게 밀려났다. 에릭토니오스는 헤파이스토스와 크라나오스의 딸 아티스 또는 아테나의 아들이었다. 아테나의 경우는 뒤에서 살펴본다.

에릭토니오스가 죽고 판디온이 뒤를 이었다. 디오니소스의 포도를 전파한 이카리오스와 에리고네가 죽은 것도 이 즈음이다. 판디온은 제욱시페와 결혼해서 에렉테우스·부테스·프로크네·필로메라를 낳았다. 이 중 판디온의 뒤를 이은 것은 에렉테우스였고, 부테스는 아테나와 포세이돈의 신관이 되었다.

에렉테우스는 프락시테아와 결혼해 아들 케클로프스·판도로스·메티온과, 딸 프로크리스·크레우사·오레이티아·크토니아를 낳았다. 숙부 부테스는 크토니아를 아내로 맞이했다. 프로크리스는 케팔로스와 결혼을 했는데, 황금관을 받고 프테레온과 잠자리를 같이했다. 그 일이 케팔로스에게 발각되어 크레타의 왕 미노스에게 도망가 숨었다. 앞에서 본 대로 프로크리스는 미노스의 병을 고쳐주고 그 대가로 제우스의 두 가지 선물을 받았다.

훗날 케팔로스가 사냥감으로 알고 던진 창에 프로크리스가 맞아 죽었다. 아레이오스 파고스 법정에서 케팔로스는 영원한 추방이라는 벌을 받았다.

에렉테우스가 죽은 뒤 왕이 된 것은 장남 케클로프스였다. 그는 외아들 판디온을 두었다. 판디온은 메티온의 아들 때문에 일어난 내분 때문에 나라에서 쫓겨나 메가라로 갔으며, 그곳에서 필리아와 결혼했다. 그리고 훗날 메가라의 왕이 되었다.

판디온이 메가라에 있는 동안에 아들 아이게우스 · 파라스 · 니소스 · 리코스가 태어났다. 판디온이 죽자 아이게우스는 군대를 이끌고 아테네를 공격해 메티온의 족속을 몰아내고 왕이 되었다. 아이게우스는 두 번의 결혼에서 자식을 얻지 못해 신탁을 했다. 신탁은 아테네에 도착할 때까지 술이 담긴 부대를 열지 말라는 모호한 예언을 했다.

아테네로 돌아가던 도중 트로이젠의 피테우스의 집에서 유숙했는데, 피테우스는 신탁의 의미를 깨닫고 아이게우스를 만취시킨 다음 자신의 딸 아이트라를 아이게우스의 방에 밀어넣었다. 아이게우스는 아이트라가 임신한 것을 알고 바위 밑에 칼과 샌들을 징표로 숨겨두었다. 이렇게 태어난 것이 테세우스다.

아이게우스는 이아손이 이끄는 아르고 원정대를 도왔다가 배신당한 메데이아를 아내로 맞이해 메도스라는 아이를 낳았다. ∎

63 처녀신의 아들
― 에릭토니오스

옛말에 처녀가 애를 낳아도 할 말이 있다고 했다. 모든 일에는 그렇게 된 곡절과 사연이 있게 마련이다.

그리스 신화의 대표적인 처녀신은 사냥의 여신 아르테미스와 지혜의 여신 아테나다. 이들은 결코 신이나 인간과 성적인 관계를 맺지 않았다. 또한 처녀신들은 자신의 몸을 훔쳐본 사람들에게 큰 벌을 내렸다. 처녀의 수치심 때문이었다. 그런데 아테네의 왕 에릭토니오스는 일반적으로 아테나의 아들이라고 전해진다.

어떻게 된 것일까?

이들의 사연은 아테나와 헤파이스토스의 장에서 살짝 엿보았다. 추남에 다리까지 저는 헤파이스토스는 미의 여신 아프로디테와 결혼했다. 아프로디테는 남편이 마음에 들지 않아 아레스를 비롯한 많은 신과 정을 통했다. 상대가 마음에 들지 않기는 헤파이스토스 역시 마찬가지였다. 그가 은근히 좋아했던 것은 아프로디테와 달리 정숙한 아테나였다. 헤파이스토스는 아테나의 산파이기도 했다.

사랑은 우연을 가장하고 미풍처럼 불어온다. 어느 날 아테나가 가벼운

발걸음으로 헤파이스토스의 대장간을 찾아왔다. 갑옷을 손보기 위해 찾아온 것이었다. 헤파이스토스는 아테나가 맡긴 갑옷을 정성을 다해 고치고 다듬었다. 갑옷은 사랑의 손길이 닿은 곳마다 황금빛으로 번쩍였다. 헤파이스토스는 수줍은 표정으로 아테나에게 갑옷을 내밀었다.

아테나는 고마운 마음에 보상을 하려고 했다. 보상이라는 말에 용기를 얻은 듯, 헤파이스토스는 갑자기 아테나에게 달려들었다. 오랫동안 품어온 연정이 마침내 폭발을 일으킨 것이다. 아테나는 놀라 몸을 피하려고 했고, 엎치락뒤치락 하는 사이에 일이 벌어졌다. 성급한 헤파이스토스가 그만 정액을 아테나의 옷에 묻히고 말았다.

아테나는 정액을 닦아서 바닥에 버렸고 헤파이스토스의 정액이 땅에 떨어지는 순간 곧 아이가 잉태되었다. 이런 우여곡절을 겪고 태어난 아이가 아테네의 왕이었던 에릭토니오스다. 이렇게 해서 엉겁결에 아테나는 에릭토니오스의 어머니가 되었다.

아테나는 갓난아이를 상자에 담아 케크롭스의 딸 판드로소스에게 맡기면서 절대로 열어보지 말라고 경고했다. 그러나 판도라가 그랬듯이 호기심을 이기지 못한 판드로소스 자매들은 상자를 열었다. 그곳에는 아기를 돌돌 말고 있는 큰 뱀이 들어 있었다.

어떤 사람은 판드로소스 자매가 이 큰 뱀에 의해 살해되었다고 말하기도 하고, 아테나의 분노 때문에 미쳐 아크로폴리스에서 뛰어내려 죽었다고도 한다. 아테나는 아기를 거두어 아크로폴리스의 신전에서 키웠다. 또는 아테나가 갑옷 아래 따뜻한 가슴에 넣어 키웠다고도 한다.

에릭토니오스는 성인이 되자 당시의 왕 암픽티온을 추방하고 스스로 왕이 되었다. 그는 아크로폴리스에 아테나 여신의 목상을 세우고 판아테네 축제를 창설했으며, 프락시테아와 결혼해서 외아들 판디온을 두었다.

에릭토니오스는 발이 불구였기 때문에, 또는 하체가 뱀이었기 때문에 거동이 불편했다. 그러나 아버지 헤파이스토스처럼 무엇인가 만들기를 좋아했고, 발명에도 재능이 뛰어났다. 그는 오랜 궁리 끝에 오늘날의 휠체어와 비슷한 탈것을 발명했다. 그는 그것을 타고 여러 가지 조작을 통해 자유롭게 움직일 수 있었다. 그는 전쟁터에 자신이 발명한 것을 타고 나타나 적군과 아군을 놀라게 하기도 했다.

에릭토니오스는 죽은 뒤에 뱀의 모습으로 숭배되었다. 그는 이를테면 아테나의 양자였던 셈이다. 에릭토니오스가 죽자 외아들 판디온이 그의 뒤를 이어 왕이 되었다. 아테네의 왕권이 이때에 이르러 비로소 확립되었다고 볼 수 있다. ■

64 크레타와 아테네의 갈등
— 그리스 패권의 향방

흔히 아테네는 스파르타와 비교된다. 특히 정치적인 면에서 두 도시국가는 두드러진 차이를 보였기 때문이다. 제우스의 도움을 받아 미노스가 이끄는 크레타와, 아테나의 도움을 받는 아테네가 힘 겨루기를 한 적이 있었다. 처음에 승리한 것은 황소문명 크레타였다.

앞에서 살펴봤듯 아이게우스는 아들을 얻기 위해 신탁을 했고, 아이트라와 잠자리를 같이해서 임신시킨 후 혼자 아테네로 돌아온 일이 있었다. 그는 판아테네 축제의 경기를 주재했다. 거기서 승리를 거둔 것은 미노스의 아들 안드로게오스였다.

안드로게오스는 아버지 미노스의 명령에 따라 파로스 섬의 왕이 되었다. 헤라클레스가 파로스 섬을 공격했을 때 아들 알카이오스와 스테넬로스가 포로로 잡혔다. 안드로게오스의 최후에 대해서는 두 가지 이야기가 있다.

판아테네 축제에서 최종적인 승리자가 된 다음, 마라톤 지역에 출몰하는 황소를 퇴치하라는 아이게우스의 말에 따라 그곳으로 갔다가 오히려 살해당했다는 것이 그 첫번째다. 이 황소는 훗날 아이게우스의 아들 테세

△스킬라. 로사.

우스가 처치했다. 두번째는 경기가 끝나고 테베에서 벌어지는 라이오스 왕을 기리는 경기에 참석하기 위해 가던 중 패배한 아테네 젊은이들에게 습격을 받아 죽었다는 것이다.

미노스는 우아의 여신 카리테스에게 제사를 지내던 중 아들의 죽음에 대한 소식을 접했다. 그는 모자를 벗어던지고 피리를 그치게 했지만 제사는 원래대로 진행되었다. 그 이후 카리테스에게 지내는 제사에는 모자와 피리를 쓰지 않게 되었다.

당시 해상의 패권을 쥐고 있던 미노스는 함대를 보내 아테네와 판디온의 아들 니소스가 지배하고 있던 메가라를 공격했다. 그곳에서 그는 니소스를 돕기 위해 달려온 메가레우스를 살해했다. 앞에서 본 대로 니소스는 미노스를 사랑했던 자신의 딸 스킬라에게 배신당해 머리 한가운데 있는 붉은색 머리카락이 뽑혀 살해되었다.

전쟁은 쉽게 끝나지 않았다. 아테네가 쉽게 함락되지 않았기 때문이다. 미노스는 제우스에게 아테네를 벌해달라고 기원했다. 제우스는 여기에 답해 아테네에 기근과 역병을 보내 도시를 피폐하게 만들었다.

아테네 사람들은 신의 저주를 풀기 위해 오래된 신탁에 따라 히아킨토스의 딸들을 키클로프스의 무덤 앞에서 살해했다. 그러나 아무 소용이 없었다. 아테네 사람들은 다시 해결책을 신들에게 물었다. 신은 미노스가 선택한 요구사항을 그것이 무엇이든 가리지 말고 들어주어야 한다고 대답했다.

미노스의 요구사항은 일곱 명의 소년과 일곱 명의 소녀를 무기를 들리지 않고 보내, 크레타의 라비린토스에 살고 있는 미노타우로스의 먹이로 주어야 한다는 것이었다. 앞에서 본 대로 미궁에 들어가면 그곳에서 황소 괴물 미노타우로스에게 먹힐 수밖에 없었다.

아테네는 미노스와 신의 저주를 피하기 위해 이 조건을 받아들였다. 일종의 조공인 셈이었다. 이 치욕적인 인간 제물은 아이게우스의 아들 테세우스가 미노타우로스를 처지할 때까지 계속되었다.

테세우스는 아이게우스가 아이를 얻기 위해 신탁을 하러 갔다가 돌아오는 도중에 들러 잠자리를 같이 한 아이트라에게서 태어난 아들이었다. 테세우스는 청년이 되자 아버지 아이게우스가 숨겨둔 칼과 샌들을 찾아 들고 걸어서 아테네로 갔다.

미노스가 아들의 죽음 때문에 일으킨 전쟁은 소년 소녀가 각각 일곱 명씩 제물로 바쳐지는 것으로 마무리되었다. 그리고 다음 단계의 마무리는 아테네의 아이게우스의 아들 테세우스가 맡았다. 역사는 일방적인 독주를 허용하지 않는다. 크레타 문명은 미노스의 어이없는 죽음과 함께 쇠퇴하고, 젊은 테세우스가 이끄는 아테네가 점차 세력을 확대하게 된다. 아테네가 대도시로 발전한 시기도 이때부터일 것으로 추정된다. ■

65 테세우스를 둘러싼 음모와 죽음
— 메데이아와 아이게우스

아테네에 도착했을 때, 테세우스는 이미 영웅이 되어 있었다. 아테네로 오던 도중 이미 많은 악당을 처치했기 때문에, 그의 이름이 그보다 먼저 아테네에 도달해 있었던 것이다. 당시 아테네는 그야말로 혼란의 도가니였다. 아이게우스에게 왕권을 물려줄 적자가 없었기에 그의 조카인 팔라스의 50여 명이나 되는 아들들이 서로 왕이 되겠다고 다투고 있었기 때문이다. 게다가 이아손에게 배신당하고 아이게우스와 결혼했던 메데이아도 자신의 아들인 메도스가 왕위에 오르기를 은근히 기대하고 있었다.

이 와중에 테세우스가 나타난 것이다. 그는 이미 이름이 알려져 있었기 때문에 시민들의 열렬한 환영을 받았지만, 정작 자신이 누구인지는 밝히지 않았다. 왕권을 두고 다툼이 격화되고 있을 때 정체를 밝혔다가 쥐도 새도 모르게 죽을 수도 있었기 때문이다.

마법에 능한 메데이아는 테세우스를 보자마자 그가 누구인지를 알아챘다. 술수의 천재 메데이아는 팔라스의 50명의 아들보다 테세우스가 자신의 아들 메도스의 앞길에 장애물이 될 것임을 예감하고, 그를 살해하기로

△프로크루스테스를 죽이려고 하는 테세우스.

마음먹었다.

메데이아는 팔라스의 아들들이 힘을 과시하기 위해 테세우스를 끌어들였다고 거짓말을 하며, 그를 독살하라고 아이게우스를 부추겼다. 메데이아의 말에도 일리가 있다고 생각한 아이게우스는 테세우스의 독살을 그녀에게 맡겼다. 이미 몇 차례의 살해 경험이 있는 노련한 메데이아는 테세우스를 왕궁으로 초청했다.

메데이아는 독이 든 포도주를 테세우스에게 권했다. 테세우스는 일부러 아버지가 두고간 칼을 잘 보이게 내려놓고 포도주가 든 잔을 들었다. 칼을 보고 그가 자신의 아들임을 알게 된 아이게우스는 포도주 잔을 내리쳐서 마시지 못하게 했다. 결국 메데이아의 계획은 실패로 돌아갔다. 메데이아는 테세우스의 보복이 두려워 아이게우스의 곁을 떠나 원래의 고향인 콜키스로 돌아갔다. 그러나 테세우스는 훗날 자신이 정복한 땅을 계모의 이름을 따서 메디아라고 불렀다.

그 다음에 남은 테세우스의 적은 팔라스의 50명의 아들들이었다. 아이게우스가 그를 아들로 인정하고 후계자로 삼았음에도 불구하고 팔라스의 아들들은 이에 불만을 품고 모반을 꾸몄다. 이들은 군대를 둘로 나눠 반은 아테네를, 반은 테세우스를 공격하기로 계획을 세웠는데, 그 가운데 한 명이 일행을 배신하고 이 계획을 테세우스에게 밀고했다. 그 때문에 팔라스의 아들들은 테세우스를 기습했다가 오히려 매복하고 있던 테세우스 편의 공격을 받아 패퇴하고 말았다.

이렇게 명실상부하게 왕의 후계자가 된 테세우스가 처음 한 일은 마라톤 지방에 출몰하는 황소를 잡는 것이었다. 이는 이미 미노스의 아들인 안드로게오스가 실패한 일이었다. 그는 이 황소를 퇴치하고 축제를 벌였다. 이 과정에서 매년 크레타에 사람 제물을 바친다는 것을 알게 되었다.

그는 크레타로 가는 치욕적인 인간 제물을 중지해야겠다고 생각하고, 그 스스로 제물이 되어 크레타로 갔다. 그곳에서 그는 미노타우로스를 처치하고 인간 제물을 바치는 일을 중지시켰다.

그런데 크레타로 떠나기 전 아이게우스는 아들에게 만약 미노타우로스를 살해하는 데 성공하면 흰 돛을 검은 돛으로 바꿔 달고 오라고 했었다. 그런데 테세우스는 승리의 기쁨에 겨워 그 약속을 깜빡 잊고 말았다.

멀리서 돌아오는 테세우스의 배에 달려 있는 돛이 흰색임을 확인한 아이게우스는 낙심한 나머지 절벽에서 뛰어내려 자살하고 말았다. 테세우스는 괴물을 퇴치했지만 아버지를 잃었다. 그리고 빈 자리가 된 왕좌를 얻었다. ■

66 아테네의 영웅
― 테세우스의 행적

테세우스는 헤라클레스를 자기 삶의 거울로 삼았다. 아버지를 찾기 위해 아테네로 갈 때 빠르고 안전한 뱃길을 이용하지 않고 일부러 어렵고 험난한 길을 택했던 것도 영웅의 길을 걷고 싶었던 까닭이었다. 테세우스가 선택한 그 길에는 도적들과 괴물이 많았다.

그가 첫번째로 만난 것은 '곤봉의 사나이'라는 의미인 코리네테스로, 헤파이스토스의 아들이었다. 그는 길을 가는 사람들을 큰 곤봉으로 때려죽였다. 테세우스는 그 곤봉을 빼앗아 코리네테스가 다른 사람에게 했던 것처럼 그를 때려죽였다. 이후 그 곤봉은 테세우스를 상징하는 물건이 되었다.

다음에 만난 것이 시니스였는데, 그는 지나가는 행인을 붙잡아 두 그루의 소나무를 휘게 해서 그곳에 묶은 다음 나무를 풀어 찢어 죽이는 잔혹한 악당이었다. 테세우스 역시 같은 방법을 사용해 시니스를 살해했다.

메가라의 한 절벽에서는 스케이론이란 악당을 만났는데, 그는 행인의 물건을 빼앗고 그에게 강제로 자신의 발을 씻게 했다. 그리고 발을 씻으려고 몸을 구부리는 사람을 발로 걸어차 절벽 아래로 떨어뜨렸다. 테세우

△아마존의 싸움. 루벤스.

스는 시키는 대로 하다가 스케이론의 발을 잡아 절벽 아래로 떨어뜨려 거북이의 밥으로 만들었다. 엘레우시스에서는 행인에게 씨름을 강요해 살해하는 케르키온을 씨름으로 살해하고 나라를 빼앗았다.

프로크루스테스라는 악당의 집에는 침대가 두 개 있었다. 그런데 그는 키가 큰 사람은 작은 침대에, 키가 작은 사람은 큰 침대에 재웠다. 그리고는 침대에 맞게 작은 사람은 크게 늘이고 큰 사람은 작게 자르는 방법으로 살해했다. 이후 아전인수격으로 자기 멋대로 행동하는 것을 두고 '프로크루스테스의 침대'라고 표현하게 되었다. 테세우스는 그 역시 같은 방법으로 살해했다. 그는 키가 매우 컸기 때문에 목을 잘라내야 했다.

테세우스가 한 일 가운데 가장 유명한 것은 역시 미노타우로스를 죽인 것이다. 이에 대해 다른 해석도 있다. 크레타 섬에 도착한 테세우스는 황소를 뜻하는 타우로스라는 이름을 가진 격투기 챔피언과 시합해서 이겼다고 한다. 그래서 크레타의 왕 미노스는 그의 용감함을 칭찬하고 그 일행을 무사히 아테네로 돌려보냈다는 것이다.

테세우스는 앞에서 본 아르고 원정대에도 참가했고, 칼리돈의 멧돼지 사냥에도 참가했다. 또한 오이디푸스의 딸 안티고네가 테베의 왕 크레온에게 끌려갈 때 그녀를 구해주기도 했다. 또한 다시 모반을 일으킨 팔라스를 살해하고 일족을 소탕했다.

테세우스와 가장 친밀했던 사람은 라피테스 족의 왕이었던 페이리토스였다. 이들은 평생 모험을 함께 했다. 페이리토스가 히포메다이아와 결혼할 때 켄타우로스 족이 술에 취해 나타나 라피테스 족의 여자를 납치한 사건으로 일어난 싸움에서 테세우스는 페이리토스의 편을 들어 싸움을 승리로 이끌었다. 이들은 또한 제우스의 딸을 납치하고자 지하세계로 내려갔다. 페이리토스가 선택한 여신이 페르세포네였기 때문이다. 그러나 그들은 하데스의 망각의 의자에 앉아 세월을 보내다가 테세우스는 헤라클레스에 의해 구출되었지만 페이리토스는 그곳에 남았다. 헤라클레스가 테세우스를 망각의 의자에서 떼어낼 때 엉덩이 살이 떨어져나갔고, 그 이후 아테네의 젊은 남자들은 엉덩이가 작아졌다고 한다.

그가 지하세계에 갇혀 있는 동안 아테네는 엉망이 되었다. 그가 납치했던 헬레네를 찾기 위해 틴다레오스의 쌍둥이 형제가 아테네를 공격해 테세우스의 어머니까지 납치해갔던 것이다. 또한 아테네의 왕위는 다른 사람에게 넘어가 있었다. 아테네를 떠난 테세우스는 스키로스 섬으로 가서 할아버지의 영지를 물려받기로 했다.

스키로스의 왕 리코메데스는 겉으로는 테세우스를 환영하는 척했지만 속으로는 그를 부담스럽고 위험한 인물로 생각했다. 그래서 테세우스에게 영지를 보여주겠다며 높은 곳으로 데리고 올라가 그를 밀었다. 이렇게 해서 테세우스는 절벽에서 떨어져 죽고 말았다.

아테네라는 도시국가를 강성하게 만들고 부흥시킨 테세우스는 아테네가 아닌 외지에서 죽임을 당했다. 영웅은 자신의 역할을 마치면 제거되어야 하는 대상으로 전락한다. 테세우스도 그랬다.

그의 아들인 데모폰은 할머니 아이트라를 구출해 아테네로 돌아가 테세우스의 뒤를 이어 왕이 되었다. ■

67 테세우스의 여인들

— 헬레네 · 아리아드네 · 파이드라 · 안티오페

여자들은 영웅을 좋아한다. 그러나 영웅들의 삶이 불행했던 것처럼 영웅을 사랑했던 여자들도 신이 선택한 여자들처럼 불행할 수밖에 없었다. 영웅들은 신처럼 한 곳에 머물러 있지 않았기 때문에 가정적이지 않았다. 이러한 영웅을 사랑한 여자는 그들의 삶의 궤적에 따라 죽게 되거나, 다른 남자를 사랑해 죽음에 이르렀다.

테세우스의 주변에도 불행한 몇몇 여자들이 있었다. 첫 여자는 아르테미스 신전에서 춤을 추다 납치되었던 헬레네였다. 여자라기보다 열두 살짜리 소녀였던 헬레네는 쌍둥이 형제에 의해 구출되었다. 헬레네는 테세우스에게 있어 제우스의 딸을 납치했다는 것뿐 그다지 큰 의미는 없었다.

소나무의 악당 시니스를 살해했을 때에는 그의 아름다운 딸을 찾아내 애인으로 삼았고, 이들 사이에서 멜라니포스라는 딸이 태어났다.

그 다음 여자는 아리아드네였다. 아리아드네는 미노타우로스를 처치하기 위해 크레타에 갔을 때 만나 알게 되었다. 물론 아리아드네가 먼저 그에게 구애했다. 테세우스는 라비린토스에 살고 있는 황소 괴물이자 아리아드네의 남동생을 처치하고 나면 그녀를 아테네로 데리고 가겠다고 약

△낙소스에서 잠자는 아리아드네. 반더린.

속했고, 미노타우로스를 살해한 뒤 미궁에서 무사히 빠져나오자 약속대로 그녀를 배에 태워 아테네로 향했다.

그들이 처음 기항한 곳은 낙소스였다. 그런데 무슨 이유에서인지 테세우스는 아리아드네를 그곳에 버리고 떠났다. 가장 오래된 이야기에 따르면 테세우스는 마법에 빠져 아리아드네라는 존재를 잊고 떠났다고 한다. 이후 보다 현실적인 주장이 제기되었다. 다른 여자를 사랑하게 되어 아리아드네를 버렸다는 것이다. 일 때문에 서로 얽히게 되었을 때 먼저 유혹한 쪽은 테세우스가 아닌 아리아드네였다. 막상 일이 끝나자 테세우스는 아리아드네에게 매력을 느끼지 못했을 수도 있다.

또다른 주장은 낙소스에 이들이 기항했을 때 디오니소스가 자신의 아내로 삼기 위해 아리아드네를 납치했다는 것이다. 디오니소스와 아리아드네는 친척이다. 아리아드네는 에우로페의 손녀이고, 디오니소스는 에우로페의 오빠 카드모스의 손자다. 또한 디오니소스가 아르테미스에게 부탁해 사살했다는 이야기도 전한다. 여하튼 낙소스에서 테세우스와 아리아드네의 인연은 끝났다.

그 다음 테세우스의 연인은 흑해 인근에 사는 아마존 족의 여왕 안티오페였다. 안티오페를 잃은 아마존 족은 분노하며 아티카까지 쫓아왔다. 이들은 아테네에서 큰 싸움을 벌였는데 테세우스가 승리했다. 여러 갈래의 이야기가 있지만, 안티오페에게서 히폴리토스라는 아들이 태어났다.

안티오페는 히폴리토스를 낳고 얼마 후에 죽었다. 그 죽음에 대해서도 여러 이야기가 있다. 그 가운데 가장 유력한 것은 그녀가 자신을 데리러 온 아마존 족과 싸우다가 전사했다는 이야기다. 사랑을 위해 조국을 배신하고 자기가 여성이라는 사실까지도 배신한 채 동료들과 싸우다가 죽었다는 것이다.

테세우스의 정식 아내는 파이드라였다. 파이드라는 아리아드네의 여동생으로, 오빠 데우칼리온이 테세우스와의 우정을 돈독하게 하기 위해 시집을 보냈던 것이다. 파이드라는 남편이 델포이로 갔을 때 히폴리토스에게 강한 욕망을 느꼈다. 앞에서 본 대로 파이드라는 이루지 못한 사랑 때문에 괴로워하다가 목을 매고 자살했다.

그런데 그냥 죽은 것이 아니라 히폴리토스가 자기를 유혹하려고 했다는 거짓을 늘어놓았기 때문에 테세우스는 포세이돈에게 아들의 처형을 기원했고, 저주를 받으며 집에서 쫓겨난 히폴리토스는 포세이돈이 보낸 괴물에 놀라 버둥대는 말에 짓밟혀 죽고 말았다.

테세우스의 주위에 있었던 여자들은 모두 비극적인 삶을 살았다. 헬레네는 훗날 트로이 전쟁을 겪었고, 파이드라는 비참한 심경을 가누지 못하고 자살했다. 안티오페는 그것이 사랑이라 믿으며 동료들과 싸우다 죽었으며, 아리아드네는 버림을 받았다. ■

68 신을 시험한 자, 영원한 고통을
― 탄탈로스의 비극

그리스 신화에서 신이 인간을 시험하는 경우는 더러 있었지만 인간이 신을 시험한 경우는 극히 드물었다. 설령 있었다 하더라도 그 결과는 참혹할 정도로 혹독했다.

탄탈로스는 제우스와 티탄인 플루토 사이에서 태어났다. 플루토라는 이름이 부富를 의미하는 것처럼 그는 엄청난 부자였다. 그의 왕국은 트로이 아래에 있는 리디아였다. 그는 아틀라스의 딸 디오네와 결혼해서 훗날 그리스로 이주한 펠롭스와 니오베, 브로테아스를 낳았다.

제우스는 그의 단점에도 불구하고 그를 호의적으로 대했고, 신의 연회에 초대하기도 했다. 이 때문인지 탄탈로스는 매우 교만하고 방자했다.

그는 사람들에게 올림포스에 대해 마구 지껄여댔고, 금기를 어기고 신들의 음식인 넥타르와 암브로시아를 훔쳐 사람들에게 나눠주기도 했다. 이 때문에 탄탈로스는 신들 사이에서 평이 좋지 않았다.

어느 날, 판다레오스가 제우스의 신전에서 황금 개를 훔쳐 탄탈로스에게 주며 키워달라고 부탁했다. 개의 소재를 알고 있던 제우스가 헤르메스를 보내 개를 돌려달라고 말하자 탄탈로스는 개를 본 적도 없고 개에 대해 알지도 못한다고 딱 잡아뗐다. 하지만 제우스는 그를 벌하지 않았다. 그러나 그 교만함 때문에 그는 결국 최악의 형벌에 처해지게 된다.

사건의 발단은 이랬다. 탄탈로스는 신의 연회에 참석한 보답으로 신들을 자신의 집으로 초대하고 싶다고 했다. 그리고 아직 어린 아들 펠롭스를 청동냄비에 넣고 삶아 전골 요리를 만들었다. 탄탈로스는 신들의 능력을 시험해보려고 했던 것이다. 어린 펠롭스의 몸은 청동냄비 속에서 보글보글 소리를 내며 끓었고, 그의 영혼은 하데스로 갔다.

탄탈로스는 신들이 찾아오자 맛있는 음식이라며 청동냄비를 내놓았다. 신들은 모두 입을 다물고 고기를 먹지 않았다. 그 고기가 펠롭스의 몸임을 알았기 때문이다. 그런데 당시 딸 페르세포네가 납치되어 다른 생각을 할 여유가 없었던 곡물의 여신 데메테르가 무심코 고기 한 점을 집어먹었다. 펠롭스의 어깨 부분이었다. 여전히 다른 신들은 고기에 손을 대지 않고 아무런 말 없이 제우스를 바라보았다.

제우스는 마침내 인내의 한계에 도달했다. 그는 헤르메스에게 찢어진 펠롭스의 몸을 한 곳에 모으라고 지시했다. 그 다음에 메데이아가 이아손의 아버지에게 그랬던 것처럼 다시 냄비에 넣고 끓였다. 운명의 여신 모이라이 가운데 실을 잣는다는 뜻의 이름을 가진 클로토가 조각난 펠롭스의 몸을 꿰맸다. 물론 데메테르가 먹은 어깨 부분은 빈 채였다. 제우스는 빈 어깨뼈에 상아를 대신 끼웠다. 그리고 헤르메스는 하데스로 내려가 펠롭스의 영혼을 데려왔다.

펠롭스는 죽었다가 부활했다. 그 흔적은 상아로 만든 어깨뼈였다. 부활한 소년은 이전보다 훨씬 아름다워졌다. 그 동안의 탄탈로스에 대한 제우스의 호의는 정반대로 반전되었다. 탄탈로스는 그리스 신화에서 가장 가혹하고 처참한 형벌에 처해졌다.

탄탈로스는 신의 아들인데다 신들의 음식을 먹었기 때문에 죽지 않았다. 그것이 치명적이었다. 오히려 사형을 받아 죽을 수 있다면 그것으로 끝이었겠지만, 죽을 수 없었기 때문에 죽음보다 더한 절망적인 상태로 무한한 시간을 보내야 했다.

그가 형벌을 받게 된 곳은 하늘에서 지상까지의 거리만큼 지상에서 지하로 내려간 가장 밑바닥에 있는 타르타로스였다. 그곳은 팔이 백 개인 헤카톤케이르가 지키는 최악의 유형지였다. 그는 그곳에서 물이 목까지 잠긴 상태로 서 있어야 했다. 물론 이것이 벌의 전부가 아니었다.

탄탈로스는 늘 굶주림과 갈증에 시달렸다. 머리 위에는 배를 채워줄 과일 나무가 있었고, 아래에는 갈증을 해소시켜줄 물이 있었다. 그러나 물을 마시려고 하면 물이 멀어졌고, 과일을 먹으려고 하면 나무가 위로 올라갔다. 그 때문에 탄탈로스는 굶주림과 갈증을 채울 수가 없었다.

눈앞에서 그를 희롱하는 물과 과일은 그를 벌 주는 간수와 다름없었다. 굶주린 그는 뻔히 안될 것을 알면서도 물과 과일에 손을 뻗었다. 또한 그의 머리 위에는 가는 실로 매단 큰 돌이 있었기 때문에, 그는 언제 돌이 떨어질지 모르는 두려움에 시달려야 했다. ■

69 신을 비웃은 자의 비극
― 니오베

신 가운데 가장 잔인한 신을 꼽으라면 누구를 먼저 꼽아야 할지 망설이게 되지만, 가장 무정한 신을 꼽으라면 아폴론과 아르테미스 남매가 아닐까 싶다. 이들은 신들의 청부살인도 도맡아 했다. 아폴론은 활의 신, 아르테미스는 사냥의 신이었기 때문이다.

탄탈로스는 신을 시험한 죄로 타르타로스에서 고통을 당했는데, 가문의 오만함 때문인지 탄탈로스의 딸인 니오베 역시 엄청난 비극을 당했다. 그것도 하필이면 냉정한 아폴론과 아르테미스를 자극했던 것이다.

니오베는 제우스와 안티오네(테베의 섭정이었던 닉테우스의 딸) 사이에서 태어난 암피온과 결혼했다. 암피온의 형제 제토스는 보이티아의 님프 테베와 결혼했고, 이로써 이전까지는 도시를 건설한 카드모스의 이름을 따서 카드메이아라고 불렀던 곳이 테베라 불리게 되었다.

니오베와 암피온 사이에서 아들 일곱에 딸 일곱이 태어났다. 그러나 호메로스는 아들과 딸이 각각 여섯이라고 하고, 헤시오도스는 각각 열 명씩이라고 주장한다. 어쨌든 니오베는 자식에 대한 자부심이 유달리 강했다.

당시 테베에는 아폴론과 아르테미스, 그리고 이들의 어머니인 레토를 기념하는 축제가 열렸다. 그 자리에서 니오베는 자신의 지나친 자만심을 드러내고 말았다. 그녀는 잔뜩 치장을 하고서 테베의 사람들에게 해서는 안될 말을 늘어놓았다.

니오베는 자신이 신들의 연회에 초청받는 탄탈로스의 딸이며, 어머니가 신이라는 것, 남편 암피온이 테베의 왕이며, 자신은 왕비로 넓은 영토를 다스리고 있다는 것을 먼저 말했다. 여기까지는 크게 문제될 것이 없었다. 문제는 다음 말이었다.

테베 시민들이 눈에 보이지 않는 레토를 섬기는 것은 문제가 있다, 나에게는 열네 명의 자식들이 있어서 서로 결혼하겠다고 하는데 레토에게는 자식이 둘밖에 없고, 게다가 하나는 매번 사랑에 실패하고 다른 하나는 결혼할 생각도 없는 여신이다, 그런 레토를 섬기지 말고 눈에 보이고 자식도 많은 나를 섬겨야 한다, 이런 식의 말이었다.

테베의 시민들은 이 말에도 일리가 있다고 생각하고 축제를 중단했다. 그러자 레토가 분노로 치를 떨었다. 그녀는 해결사인 아폴론과 아르테미스를 불러 누구의 자식이 훌륭한지를 증명해 보이라고 말했다.

아폴론과 아르테미스는 인간 사냥을 시작했다. 아폴론이 먼저 남자 아이들을 향해 화살을 날리기 시작했다. 일곱 아들이 모두 쓰러졌다. 다음에는 아르테미스의 화살이 날기 시작했고 딸들이 하나씩 쓰러졌다. 어떤 사람은 아들 아미클라스와 딸 멜리보이아는 살아남았다고도 한다.

니오베는 후회와 절망, 분노로 꼼짝도 하지 못했다. 그저 쓰러진 자식들을 바라보며 하염없이 눈물만 흘렸다. 남편 암피온에 대해서는 자살했다는 이야기와 아폴론의 화살에 맞아 죽었다는 이야기가 있다.

니오베는 남편과 자식을 잃고 쓸쓸히 아버지 탄탈로스의 집으로 돌아갔다. 그곳에서 제우스에게 기원해 스스로 돌이 되었다. 자식들이 화살에 맞고 쓰러지는 것을 보고 깊은 회한과 절망으로 그 자리에서 돌이 되었다고 전해지기도 한다. 탄탈로스가 지배했던 리디아에 있는 그 돌에서는 지금도 물이 흐르는데, 사람들은 그것을 '니오베의 눈물'이라고 한다.

바다의 님프들과 미모 경쟁을 하다가 포세이돈의 아내 암피트리테의 분노를 사서 죽임을 당한 카시오페이아, 베짜기 경쟁을 하다가 신들의 잘못을 베에 새겨넣어 아테나의 분노를 사서 거미가 된 아라크네 등이 니오베와 비슷한 운명의 길을 간 사람들이다.

암피온이 죽고, 그의 형제 제토스마저 외아들이 죽자 절망한 나머지 죽고 말았다. 이렇게 테베의 왕위가 비자 이들 형제에게 추방을 당했던 라이오스가 그 뒤를 이어 왕이 되었다. 훗날 라이오스는 아들 오이디푸스에게 살해되었다. ■

70 상아로 만든 어깨
— 펠롭스의 운명

탄탈로스와 그의 아들 펠롭스의 운명은 완전히 뒤집혔다. 탄탈로스는 타르타로스에 갇혀 끝없는 고통에 시달리게 되었지만, 펠롭스는 상아로 만든 빛나는 어깨를 가진 아름다운 소년으로 다시 태어났다. 몸에 신의 손길이 닿았기 때문에 그의 몸은 더욱 빛났다. 포세이돈이 자신의 술시중을 드는 소년으로 삼기 위해 펠롭스를 납치했을 정도로 그는 아름다웠다.

펠롭스는 아버지의 뒤를 이어 왕이 되기 위해 포세이돈의 곁을 떠났다. 그는 날개 달린 전차를 선물로 받았는데, 그것은 바다 위를 달려도 차축이 젖지 않는 멋진 것이었다. 왕이 된 펠롭스는 인근 트로이의 왕 일로스의 침략을 받아 더이상 리디아에서 살지 못하고 부하들과 함께 그리스로 건너갔다.

피사의 왕 오이노마오스에게는 히포다메이아라는 딸이 있었는데, 그녀와의 결혼 조건은 매우 가혹했다. 구혼자가 먼저 히포다메이아를 전차에 태우고 달리면 오이노마오스가 바람처럼 쫓아와 구혼자의 어깻죽지를 창으로 찔러 죽였다. 구혼자는 피사에서 코린토스까지 140여 km에 이르

△히포다메이아의 조각상.

는 길을 오이노마오스의 창을 피해 달려야 했다. 그러나 오이노마오스는 전쟁의 신 아레스가 준 갑옷을 입고, 역시 아레스가 준 죽지 않는 말이 끄는 마차를 타고 있었다. 어떤 구혼자가 이런 오이노마오스를 당해낼 수 있었겠는가.

오이노마오스가 이런 결혼 조건을 내건 이유에 대해서는 두 가지 이야기가 전해진다. 하나는 그가 딸을 사랑해 잠자리를 같이 했기 때문이라는 것이다. 다른 하나는 사위에게 죽임을 당한다는 신탁 때문이라고 한다. 어찌 되었건 히포다메이아에게 청혼했던 12명의 구혼자들은 예외 없이 죽임을 당했다. 오이노마오스는 자신이 죽인 구혼자들의 머리를 베어 왕궁의 문 앞에 매달아놓았다.

이 이야기를 듣고 펠롭스가 히포다메이아에게 청혼했다. 거듭해서 말하지만 여자들은 탁월한 능력이나 외모를 지닌 이방인을 좋아한다. 히포다메이아는 상아로 만든 빛나는 어깨뼈를 가진 펠롭스에게 욕망을 느꼈다. 그때까지 자기를 위해 죽은 12명의 구혼자에게 느끼지 못했던 감정이다. 그녀는 그저 게임을 하듯이 아버지와 함께 살인을 즐겼던 것이다.

앞에서 우리는 메데이아 · 코마이토 · 스킬라 등의 여인들이 자신에게 욕망을 불러일으킨 남자를 위해 아버지 또는 형제를 살해하는 것을 보았다. 이번에는 히포다메이아가 그 뒤를 이을 차례였다. 그녀는 아버지의 마부를 찾아갔다. 그의 이름은 미르틸로스로, 헤르메스의 아들이었다. 미르틸로스는 평소부터 히포다메이아에게 뜨거운 마음을 갖고 있었고, 그녀 역시 이를 알고 있었다. 따라서 쉽게 계약이 성립되었다.

히포다메이아가 제안했던 것은 자신의 말대로 해주면 밤을 같은 침대에서 보낼 수 있다는 것과 그 관계를 지속적으로 유지할 수 있다는 암시였다. 미르틸로스는 거절할 수가 없었다. 이미 설레기 시작한 마음으로 콧노래를 부르며 오이노마오스의 전차 바퀴의 나사를 밀랍으로 만든 나사로 바꾸었다.

경기가 시작되었다. 펠롭스는 히포다메이아를 전차에 태우고 다른 구혼자들과는 달리 천천히 출발했다. 오이노마오스는 평소대로 아레스에게 제물을 바친 후 수호신의 가호와 함께 펠롭스를 죽이기 위해 맹렬하게 전차를 출발시켰다. 그러나 그 순간 밀랍으로 만든 나사 때문에 전차의 바퀴가 빠져 전차에서 추락했다.

오이노마오스의 죽음에 대해서는 두 가지 이야기가 있다. 하나는 전차에서 떨어지면서 아레스의 말들에게 짓밟혀 죽었다는 것이고, 펠롭스가 돌아와 전차에서 떨어진 오이노마오스를 살해했다는 것이 두번째다.

오이노마오스는 죽어가면서 자신을 배신한 미르틸로스에게 저주를 내렸다. 자신이 파멸한 것처럼 미르틸로스 역시 펠롭스에게 살해될 것이라는 저주가 그것이었다. 이것이 펠롭스와 관련된 첫번째 저주였다. ■

71 속임수에서 탄생한 올림픽

─ 미르틸로스의 배신과 저주

미르틸로스는 히포다메이아에 대한 욕망 때문에 오이노마오스를 배신했다. 그러나 언제나 그렇듯이 배신의 결과는 배신이다. 히포다메이아가 미르틸로스를 유혹한 것은 펠롭스에 대한 욕망 때문이었다. 오이노마오스의 사냥이 끝났으니 사냥개인 미르틸로스는 죽어줘야 했다.

펠롭스는 포세이돈에게서 얻은 날개 달린 전차에 히포다메이아와 미르틸로스를 태우고 달리며 승리의 기쁨을 만끽했다. 그때 히포다메이아가 목이 마르다고 말했다. 펠롭스가 투구를 가지고 물을 뜨러 갔을 때 미르틸로스가 히포다메이아를 차지하려고 했다. 그러나 히포다메이아는 천천히 그러나 단호하게 그의 손길을 뿌리쳤다. "아직 밤이 아니잖아"라고 말하지 않았을까. 아니면 "우리의 밤은 아직 많이 남아 있잖아"라고 말했을지도 모른다. 어쨌든 미르틸로스를 달래야 했으니까.

펠롭스는 그 낌새를 알아차리고 미르틸로스의 이름을 딴 미르토온 해에서 그를 밀었다. 그제서야 미르틸로스는 히포다메이아의 배신과 진실을 알았다. 그 역시 죽어가면서 펠롭스의 후손들에게 저주를 퍼부었다.

▷오이노마오스의 말들.

　펠롭스는 오케아노스로 가서 헤파이스토스로부터 미르틸로스를 죽인 것에 대한 죄의 사함을 받고 피사로 돌아가 그곳의 왕이 되었다. 그러나 펠롭스는 미르틸로스를 살해한 것에 대한 죄책감을 떨칠 수가 없었다. 그래서 펠롭스는 경기를 창안했다. 이른바 고대 올림픽의 시작이었다. 그는 올림피아 경기장에 미르틸로스를 기리는 기념비를 세우는 한편, 미르틸로스의 아버지 헤르메스를 달래기 위해 자신이 다스리는 영토에서 헤르메스를 숭배하도록 명령했다.

　경기에서 속임수는 철저하게 배격되었다. 이 경기의 시작이 속임수에서 비롯되었다는 것을 생각하면 아이러니가 아닐 수 없다. 펠롭스와 히포다메이아가 미르틸로스와 오이노마오스를 속인 것에 대한 후회에서 이 경기가 시작되었기 때문이다.

　경기방식은 오이노마오스가 했던 것과 다르지 않았다. 양을 잡아 제물로 바치고 전차 경주를 했다. 여인들의 경기도 행해졌는데, 히포다메이아는 열여섯 명의 처녀들이 모여 무릎 위로 올라오는 튜닉을 입고 오른쪽 가슴과 어깨를 드러낸 채 달리는 경기를 고안해냈다. 히포다메이아는 이 경기를 통해 펠롭스와의 결혼을 헤라에게 감사하고 싶었을 것이다. 그러나 이러한 감사의 마음은 훗날 후회로 바뀐다.

펠롭스는 그리스 남부 전지역을 자기 영토로 만든 다음 자신의 이름을 따서 그 지역을 펠로폰네소스라고 부르게 했다. 그는 강력한 왕이었고, 집안도 미르틸로스의 저주와 달리 번창했다. 펠롭스와 히포다메이아는 22명의 아이를 낳았다.

그러나 펠롭스는 또 한 번 속임수를 썼다. 그는 정복하지 못한 아르카디아의 왕 스팀팔로스에게 우의를 돈독히 하자며 자기 왕국으로 초대해, 무기를 갖지 않은 왕이 도착하자 자신의 아버지 탄탈로스가 자기에게 그랬던 것처럼 아르카디아 왕을 토막내 죽였다. 그리고 피가 흐르는 사지를 들판에 내버리라고 명령했다. 그러자 그리스 전역에 기근이 닥쳐왔다.

기근에 이어 미르틸로스의 저주가 시작되었다. 사건의 발단은 역시 아들이었다. 펠롭스는 히포다메이아가 아닌 어느 님프와의 사이에서 크리시포스라는 아이를 낳았다. 펠롭스에게는 스물세번째 아이였다. 그런데 이 아이는 매우 아름다워 펠롭스의 어린 시절을 연상시켰다. 그 때문에 펠롭스는 크리시포스를 특별히 아끼고 사랑했다.

문제는 왕권이었다. 스물두 명의 아이들과 히포다메이아 대왕의 총애를 받는 스물세번째 아이의 갈등이 증폭되었고, 질투와 시기가 왕궁에 떠돌았다. 저주의 검은 구름이 왕궁을 덮기 시작한 것이다.

그리고 마침내 사건이 터졌다. 크리시포스를 테베의 라이오스가 잠깐 유괴한 일이 있었다. 그리고 뒤를 이어 히포다메이아의 사주를 받은 아들 아트레우스와 티에스테스가 크리시포스를 살해했다.

펠롭스가 이 일을 알게 되었고, 아트레우스와 티에스테스는 왕국을 떠나 도망칠 수밖에 없었다. 그리고 미르틸로스의 저주는 이 두 사람을 매개로 힘을 발휘하게 된다. ■

72 원한과 저주의 형제
― 티에스테스와 아트레우스

배신은 배신을 낳고 속임수는 속임수를 낳는다. 탄탈로스에 대한 신들의 저주, 오이노마오스의 저주, 미르틸로스의 저주에 이어 이번에는 펠롭스의 저주까지. 펠롭스는 자기가 사랑했던 자식인 크리시포스를 살해한 히포다메이아와 티에스테스, 아트레우스에게 저주를 퍼부었다.

아버지와 미르틸로스를 배신했던 히포다메이아는 남편에게 배신감을 느끼며 아들과 함께 방랑을 하다가 자살했다. 아트레우스와 티에스테스는 신탁에 따라 미케네로 갔다. 당시 미케네의 왕좌가 비어 있었고, 펠롭스의 아들이 그 자리를 얻게 될 것이라는 신탁의 예언이 있었기 때문이다. 그런데 펠롭스의 아들은 둘이었다. 누가 왕이 되어야 하는가?

아트레우스의 아내는 크레타의 왕이었던 미노스의 아들인 카트레우스의 딸 아에로페였다. 그런데 아에로페가 사랑한 것은 남편이 아닌 티에스테스였다.

아트레우스는 양 중에서 가장 아름다운 것을 아르테미스에게 바치겠다고 서약했는데, 어느 날 황금 새끼양이 그의 앞에 나타났을 때 그 맹세를 지키지 않았다. 아트레우스는 황금 새끼양을 목졸라 죽이고 상자에 담아

보관했다.

그런데 아트레우스의 아내 아에로페가 티에스테스와 간통을 한 다음 그것을 그에게 주었다. 티에스테스는, 미케네의 왕은 황금 새끼양을 가지고 있는 사람이 되어야 한다고 미케네 사람들에게 말했다. 아트레우스는 당연히 자기가 가지고 있다고 생각했기 때문에 이 말에 찬성했다. 그때 티에스테스는 황금 새끼양을 꺼내놓고 왕이 되었다. 속임수는 속임수를 낳는다.

이때 제우스가 미케네의 왕좌에 간섭했다. 그는 헤르메스를 아트레우스에게 보내, 만약 태양이 반대로 뜨면 아트레우스가 왕이 된다는 협약을 맺으라고 제안했다. 티에스테스가 코웃음을 치며 이에 찬성했을 때 태양이 동쪽으로 저물었다. 제우스가 황도를 바꾸어놓은 것이다. 그리고 헤르메스가 황금 새끼양의 소유권에 대해 밝혔다. 결국 아트레우스는 티에스테스를 추방했다.

이후 아내의 간통 사실에 대해 알게 된 아트레우스는 티에스테스에게 화해를 구하며 그를 왕궁으로 초대했다. 그리고 제우스 제단에서 목숨을 구해달라고 비는 티에스테스의 자식 아글라오스·칼릴레온·오르코메노스를 살해하고 그 몸뚱아리를 여덟 조각을 냈다. 그리고 끓여서 티에스테스에게 접대했다. 탄탈로스의 저주가 되살아난 것이다.

티에스테스가 배불리 먹고 난 뒤 아트레우스는 그가 먹은 것이 자식임을 증거물과 함께 밝혔다. 그리고 티에스테스는 다시 국외로 추방되었다. 티에스테스는 어떤 방법을 써서라도 아트레우스에게 복수를 하겠다고 다짐했다.

티에스테스는 먼저 신탁을 했다. 신탁은 그에게 딸과 근친상간을 해서 아들을 얻으면 원하는 것을 이룰 수 있다는 예언을 했다. 그의 딸 펠로피아는 멀리 피신해 있었기 때문에 아트레우스의 죽음의 손길에서 피할 수 있었다. 그녀는 아테나 여신의 무녀였다.

티에스테스는 단번에 아트레우스를 살해해서 원수를 갚을 수도 있었지만 때를 기다렸다. 탄탈로스 집안이 어떤 집안인가. 속임수와 배신과 저주가 난무하는 집안이다. 티에스테스는 신탁의 도움을 받아 집안의 명성에 걸맞는 복수 방법을 생각해냈다.

티에스테스는 자신의 신분을 숨기고 칼로 위협해서 딸인 펠로피아를 겁탈했다. 이는 오이노마오스와 히포다메이아 사이에 있었던 근친상간 행위가 반복되는 것이었다. 티에스테스는 오직 복수만을 생각했다. 딸의 장래나 그로 인해 야기될 사건과 희생에 대해서는 헤아릴 여유가 없었다.

펠로피아는 낯선 남자에게 겁탈을 당했고, 그녀의 손에는 그 낯선 남자에게서 빼앗은 칼이 한 자루 남았다. 펠로피아는 자신을 겁탈한 사람을 알아내기 위해 그 칼을 소중히 간직했다. 그녀의 자궁 속에 낯선 남자의 아기가 자라기 시작했다. 그 아이는 훗날 칼을 든 복수하는 남자가 되었다. ∎

73 계속되는 복수와 속임수
— 아이기스토스

아트레우스가 왕으로 있는 미케네에 예년에 볼 수 없었던 심각한 가뭄이 닥쳐왔다. 이는 아트레우스가 티에스테스의 아이들을 무참하게 살해했기 때문에 내려진 신들의 징벌이었다. 아트레우스는 신탁에 가뭄에 대해 물었다. 신탁은 티에스테스를 미케네로 데리고 와야 가뭄이 끝날 것으로 예언했다.

아트레우스는 티에스테스의 행적을 조사했다. 시키온에 그가 있다는 것을 알아낸 아트레우스는 시키온으로 갔다. 그러나 티에스테스는 이미 그곳을 떠나고 없었다. 다만 그곳에서 아테나 여신의 무녀를 하나 알게 되어 그녀와 사랑에 빠졌다. 그녀의 이름은 펠로피아로, 티에스테스의 딸이었다.

아트레우스는 펠로피아를 시키온의 공주로 알았다. 또한 시키온의 왕역시 펠로피아를 공주처럼 꾸며 아트레우스에게 시집보냈다. 그는 티에스테스 대신 펠로피아를 얻어 미케네로 돌아왔던 것이다. 그리고 아홉 달후에 아기가 태어났다. 그의 이름은 아이기스토스였다. 아트레우스는 아이기스토스가 당연히 자기 아들일 것으로 생각했다.

펠로피아는 아이가 아트레우스의 아들이 아님을 알고, 산 속에서 염소 젖을 먹으며 자라야 한다며 아이기스토스를 목동들에게 주었다. 아트레우스는 펠로피아가 잠깐 미친 것으로 이해했다. 그는 몰래 사람을 보내 아이기스토스를 왕궁으로 데리고 왔다. 그 아이가 자신의 뒤를 이을 후계자였기 때문이다.

오랫동안 가뭄이 계속되었다. 신탁을 하러 갔던 티에스테스는 그의 행방에 대해 역시 신탁을 하러 왔던 아트레우스의 아들 아가멤논과 메넬라오스에게 붙들렸다. 아트레우스는 아들을 후계자로 키우기 위해 힘든 모험을 시키기로 했다. 그것은 티에스테스를 죽이는 것이었다. 아이기스토스는 어머니의 칼을 들고 감옥을 찾아갔다.

그 칼이 자신의 칼임을 안 티에스테스는 아이기스토스에게 부탁해 펠로피아를 불렀고, 3자대면이 이루어졌다. 티에스테스는 아이기스토스와 펠로피아가 모두 자기 자식임을 밝혔고, 이에 충격을 받은 펠로피아는 그 자리에서 칼로 가슴을 찔러 자살했다. 티에스테스와 아이기스토스 사이에 피 묻은 칼이 놓여 있었다.

티에스테스는 아이기스토스에게 반대로 아트레우스를 죽이라고 말했다. 아이기스토스는 피 묻은 칼을 아트레우스에게 보여주며 티에스테스를 죽였다고 속였다. 이에 아트레우스는 크게 기뻐하며 신에게 감사의 제물을 바칠 제단을 준비했다. 그는 의식이 거행되던 도중에 옆으로 다가온 칼 든 남자, 즉 아이기스토스에게 결국 살해되고 말았다.

아트레우스가 죽자 티에스테스가 왕이 되었다. 이렇게 형제 사이에 일어났던 피비린내 나는 복수는 일단 티에스테스의 승리로 끝이 났다. 그러나 그 승리를 위해 저지른 근친상간과 살인죄는 그대로 남았다.

아트레우스의 아들인 아가멤논과 메넬라오스는 옛날 티에스테스의 딸 펠로피아가 그랬던 것처럼 시키온에 있었기 때문에 화를 피했다. 이들은 성인이 되자 스파르타의 왕인 틴다레오스의 도움을 받아 미케네를 공격해 티에스테스를 왕위에서 몰아내고 외국으로 추방했다. 결국 티에스테스는 타국에서 쓸쓸히 죽었다.

그런데 아가멤논과 메넬라오스에게는 또다른 적이 남아 있었다. 사촌이기도 하고 어떤 사람의 주장에 따르면 형제이기도 한 아이기스토스가 살아 있었던 것이다. 앞에서 본 대로 아트레우스의 아내인 아에로페는 티에스테스과 간통을 저질렀다. 이들 관계에서 추정할 때 아가멤논과 메넬라오스가 티에스테스의 아들일 가능성이 높다고 말한다.

그렇다면 아트레우스는 대가 끊어지고 티에스테스의 아들들이 남아 복수의 칼날을 겨누고 있다는 말이 된다. 엄밀하게 말하면 복수의 칼날을 겨눈 것은 어린 나이에 이미 살인을 경험한 아이기스토스 쪽이다. 이제 저주는 상대에게 가해지는 것이 아니라 자기를 향해 가해지는 단계로 변질된다. ■

74 두 자매의 엇갈린 운명
— 클리타임네스트라와 헬레네

스파르타의 장에서 다시 보겠지만, 스파르타의 왕 틴다레 오스의 왕비 레다는 백조알 두 개를 낳았다. 하나의 알에서는 폴리데우케 스와 카스토르 형제가 나왔고, 다른 하나에서는 헬레네와 클리타임네스 트라 자매가 나왔다.

넷 가운데 폴리데우케스와 헬레네는 제우스의 자식이고, 나머지 둘은 틴다레오스의 자식이었다. 이렇게 시작된 자매의 운명은 세월이 흐르면 서 조금씩 벌어져 나중에는 보이지 않을 정도로 서로에게서 멀어졌다.

클리타임네스트라는 탄탈로스 집안과 결혼해 그 집안에 뿌려진 저주의 한복판에 서게 된다. 그녀는 처음에 아트레우스의 형제인 티에스테스의 아들 탄탈로스와 결혼했다. 그러나 사촌지간인 아가멤논이 탄탈로스를 살해하고 클리타임네스트라를 아내로 삼았다. 저주의 끈이 이어진 것이 다. 헬레네도 아가멤논의 동생 메넬라오스에게 시집을 갔으니 이들 자매 는 동서 사이가 되었다.

헬레네는 트로이 전쟁이라는 비극적 상황에 휘말려 먼 타국을 전전했 고, 아가멤논 역시 그녀를 찾아 트로이에서 세월을 보냈다. 그 사이 클리타임네스트라는 아가멤논에게 속아서 예쁜 딸 이피게네이아를 잃었다. 동시에 아가멤논에 대한 신뢰도 함께 잃었다. 얻은 것이라곤 깊은 절망과 주체할 수 없는 외로움이었다.

늪처럼 깊고 암울한 외로움에 빠진 것은 비단 클리타임네스트라뿐만이 아니었다. 성한 남자들은 대부분 트로이로 떠났기 때문에 남아 있는 여자들의 외로움도 해결될 수 있는 성질의 것이 아니었다. 전쟁이 끝나기를 기다리는 수밖에 달리 방법이 없었다. 그러나 전쟁은 끝날 줄을 모르고 지리하게 계속되었다.

앞에서 첫번째로 기항한 렘노스에서 아르고 원정대는 여자들의 열렬한 환영을 받았다는 사실을 보았다. 아프로디테의 미움을 사서 여자들에게서 이상한 냄새가 나기 시작했고, 그 때문에 남자들이 여자들을 거부하자 화난 여자들은 남자들을 모두 죽였다. 그리고 렘노스는 기약 없는 외로운 섬이 되고 말았다. 그런데 멋진 남자들이 섬을 찾아왔고, 아프로디테가 남편 헤파이스토스를 기쁘게 해주기 위해 여자들의 냄새를 제거하자 렘노스는 곧 파라다이스가 되었다.

밤은 깊어가고, 이야기에 능숙한 사내들은 밤의 무게와 정비례해서 무거워지는 여자들의 욕정을 덜어주었다. 아이기스토스는 클리타임네스트라가 지닌 절망과 외로움을 어루만지고 그녀의 탐스러운 육체와 눈동자를 안았다. 조금씩 그녀의 눈동자에 담겨 있던 우울과 고독이 엷어져갔다. 아이기스토스는 미케네의 왕이 되고 싶었다. 미케네는 아가멤논의 왕국이었고 그 왕비는 클리타임네스트라였다.

그들은 차츰 속내를 털어놓게 되고, 각자가 지닌 생각과 바람에 대해 말하기 시작했다. 조금의 오차도 없이 두 사람이 일치를 본 결론은 아가멤논의 살해였다. 클리타임네스트라는 아가멤논에게 일말의 정도 느낄 수가 없었다. 두 연인은 아가멤논을 살해하기로 결정하고 어떻게 실행할 것인지를 놓고 눈동자를 반짝이며 논의했다. 이들은 단란한 살해를 꿈꾸었다.

트로이 전쟁에서 돌아온 불행한 아가멤논은 귀향 연회가 있던 날 밤 목욕탕에서 가장 친밀했던 여인과 낯선 사내에 의해 죽임을 당했다. 계획에는 없었지만 이때 카산드라도 살해되었다.

앞에서 아트레우스와 티에스테스의 피비린내 나는 골육상쟁을 살펴보았다. 아가멤논은 아트레우스의 아들이다. 그는 숙부인 티에스테스의 아들인 탄탈로스를 살해하고 그의 아내 클리타임네스트라를 빼앗았다. 아이기스토스는 형제인 탄탈로스의 원수는 물론이고 아버지의 원수를 이렇게 갚았다. 아가멤논을 처참하게 살해하고 형이 빼앗겼던 클리타임네스트라를 다시 되찾은 셈이다.

그러나 클리타임네스트라의 운명은 아직 끝나지 않았다. 그것은 아직 저주의 끈을 매듭짓지 못했기 때문이었다. ■

75 복수의 여신은 그를 떠나지 않았다
— 오레스테스의 어머니 살해

아가멤논과 클리타임네스트라 사이에는 딸 셋과 아들이 하나 있었다. 아이기스토스는 아가멤논을 죽이면서 후환을 없애기 위해 아들인 오레스테스를 죽이려고 했지만, 누나 엘렉트라가 재빨리 그를 피신시켰기 때문에 목숨을 부지했다.

목숨을 구한 오레스테스에게 자신의 집안에 드리워진 저주를 풀어야 하는 역할이 주어졌다. 그러나 저주를 풀기 위해서는 손에 피를 묻혀야만 했다. 피로 얼룩진 저주의 가닥들을 모아 매듭을 짓기 위해서는 피가 묻지 않을 수 없었던 것이다.

성인이 된 오레스테스는 자기가 취해야 할 행동에 대해 신탁에 물었다. 그 결과는 어머니를 죽이라는 근친살해였다. 아버지를 죽였기 때문에 그 죗값을 받아야 한다는 것이었다.

오레스테스는 몰래 변장을 하고 미케네로 돌아와 누나인 엘렉트라를 찾아갔다. 어떤 주장에 따르면 아이기스토스는 아가멤논에 대한 적개심 때문에 엘렉트라를 가난한 농부에게 시집보냈다고 한다. 오레스테스는 누나 엘렉트라의 도움을 받아 아이기스토스와 어머니 클리타임네스트라를 살해했다.

　오레스테스의 행위에 대해서는 의견이 분분했다. 그 가운데에서 오레스테스에게 가장 적대적인 것은 복수의 여신 에리니에스였다. 이들은 살인, 특히 근친살해에 대해서는 절대로 용서하지 않았다. 어머니의 피를 손에 묻힌 오레스테스는 복수의 여신들로부터 자유로울 수 없었다.

　복수의 여신들은 먼저 그를 미치게 만들었다. 이들이 사용하는 방법은 특별한 것이 없었다. 그저 그가 어디를 가든지 따라다니는 것이었다. 오레스테스가 무엇을 하든 맞은편에 앉아 무표정한 얼굴로 그를 바라본다. 끊임없이 그가 어머니를 살해한 사람임을 상기시켜 자기혐오에 빠지게 만드는 것이다. 오죽하면 자기 손가락을 깨물어 뜯었을까. 에리니에스의 얼굴 위로 떠오르는 선연한 기억이 주는 고통을 이기기 위해 그는 자해까지 했던 것이다.

　오레스테스는 각지를 떠돌아다녔다. 그러다가 아테네 법정에 고발당해 재판장에 섰다. 그를 고발한 것은 아이기스토스와 클리타임네스트라 사이에서 태어난 딸인 에리고네였다. 재판 결과는 유죄를 선언한 배심원과 무죄를 선언한 배심원이 똑같았다. 결국 재판장인 아테나가 무죄를 선언하면서 오레스테스는 풀려나게 된다.

　오레스테스는 무죄 선고를 받기는 했지만 기억으로부터 자유로워지지는 못했다. 그것이 그가 짊어진 운명의 무게이기도 했다. 아폴론은 오레스테스에게 타우리스에 있는 아르테미스 목상을 가져오면 자유를 얻을 수 있다고 충고했다.

　타우리스에서 그는 제물로 바쳐졌던 누나 이피게네이아를 만나 함께 그리스로 돌아와 미케네와 아르고스의 왕이 되었다. 저주의 끈이 매듭지어질 순간이 다가오면서 그들의 곁을 감돌고 있는 피비린내는 더욱 강해졌다. 그는 아이기스토스와 클리타임네스트라 사이에서 태어난 아들인 알레테스도 살해했다.

　스파르타의 왕이자 헬레네의 아버지였던 틴다레오스가 죽자 오레스테스는 스파르타까지 그의 지배하에 두었다. 어찌되었든 그는 아트레우스가문의 적자였던 것이다. 그리고 메넬라오스의 헬레네 사이에서 태어난 헤르미오네와 결혼했다.

그런데 헤르미오네는 이미 아킬레우스의 아들인 네오프톨레모스의 아내였다. 원래 헤르미오네는 오레스테스의 약혼녀였는데, 오레스테스가 미쳐서 각지를 떠돌아다녔기 때문에 약혼을 파기하고 네오프톨레모스와 결혼했던 것이다.

이는 아가멤논이 아킬레우스의 여자였던 브리세이스를 빼앗은 것에 대한 복수에 해당된다. 아킬레우스의 아들이 아가멤논의 아들의 약혼녀를 빼앗은 것이기 때문이다. 그러나 이제는 저주와 원한의 시대는 지나고 화해의 시대가 다가오고 있었다. 네오프톨레모스가 죽고 헤르미오네는 원래의 약혼자인 오레스테스에게로 돌아간다.

탄탈로스가 신을 시험하기 위해 아들을 삶았을 때에 내려진 이 집안의 저주의 끈을 묶기 위해서는 마지막 매듭이 남아 있었다. 그것은 아가멤논의 후예와 아이기스토스의 후예가 서로 화해하는 것이다. 아가멤논의 후예는 오레스테스다. 알레테스가 오레스테스에게 살해되었기 때문에, 아이기토스의 남은 후예로는 오레스테스를 아테네 법정에 고발했던 에리고네뿐이었다. 이들은 어떻게 화해를 할까?

남녀관계만큼 오묘하고 무계획적이지만 치밀한 관계가 또 있을까. 오레스테스와 에리고네는 부모를 살해당한 불구대천의 원수였다. 그러나 이들은 로미오와 줄리엣이 그랬듯이 그들 사이에 널려 있는 수많은 시체를 무시하고 사랑에 빠졌다. 그리고 화해를 상징하는 펜틸로스라는 아이가 태어났다.

오레스테스는 오랫동안 살았다. 외롭고 힘든 삶이었지만 그에게는 뚜렷한 역할이 있었고 그는 그것을 해냈다. 그는 뱀에게 물려 삶에 마침표를 찍었다. 뱀은 봄이 오면 긴 겨울잠에서 깨어나 허물을 벗는다. ■

제8장 스파르타

76 스파르타의 내력

스파르타의 역사는 티탄이자 프로메테우스의 동생인 아틀라스까지 거슬러 올라간다. 아틀라스는 대양의 신 오케아노스의 딸 플레이오네와 결혼해 알키오네 · 메로페 · 켈라이노 · 엘렉트라 · 스테로페 · 타이게테 · 마이아 · 히아데스라는 일곱 명의 딸을 낳았다. 이들 자매를 플레이아데스라고 부른다.

그 가운데 메로페는 시시포스의 아내가 되었다. 장녀인 마이아는 제우스와 관계를 맺고 키레네의 동굴 속에서 앞서 본 전령의 신 헤르메스를 낳았다. 타이게테는 제우스와 정을 통해 라케다이몬을 낳았다. 라케다이몬의 후손 가운데 히아킨토스라는 소년이 있다. 히아킨토스는 아폴론의 사랑을 받았지만 아폴론이 잘못 던진 원반에 맞아 죽었다. 히아킨토스가 죽은 자리에 아이리스 꽃이 피었다.

아폴론의 누이 아르테미스는 타이게테가 제우스의 사랑에서 멀어지자 그녀를 암사슴으로 만들었다. 이 암사슴이 바로 헤라클레스가 열두 과업 가운데 하나로 산 채로 잡아간 아르테미스의 사슴이다.

켈라이노는 포세이돈과 정을 통해 아이를 낳았고, 스테로페는 아레스

△스테로페의 조각상.

와 관계를 맺어 오이노마오스를 낳았다. 플레이아데스는 동생 히아데스의 죽음을 슬퍼하다가 모두 자살했다. 제우스는 이들의 죽음을 슬퍼하며 하늘에 별자리를 만들었다.

타이게테의 후손 가운데 오이발로스라는 스파르타 왕이 있었다. 그는 히포콘·틴다레오스·이카리오스를 낳았다. 히포콘은 오이발로스가 죽자 그 뒤를 이어 왕위를 계승하고, 아들들과 함께 형인 틴다레오스와 동생 이카리오스를 추방했다.

틴다레오스는 테스티오스로 도망쳐 그곳의 공주 레다와 결혼했다. 한편 스파르타는 헤라클레스의 공격을 받았다. 히포콘이 헤라클레스의 사촌을 죽였다는 이유에서였다. 헤라클레스는 히포콘과 12명에 이르는 그의 아들들을 죽이고 스파르타의 왕위를 틴다레오스에게 돌려주었다.

이카리오스는 물의 요정 페리보이아와 결혼해서 훗날 오디세우스의 아내가 되는 페넬로페를 낳았다. 틴다레오스와 레다 사이에서 티만드라와 아르테미스가 불사로 만들어준 필로노에가 태어났다. 그리고 같은 날 제우스와 틴다레오스가 레다와 정을 통해 쌍둥이 자매(그리스 최고의 미녀 헬레네와 훗날 아가멤논의 아내가 된 클리타임네스트라), 쌍둥이 형제(카스토르와 폴리데우케스)가 태어났다. 이들 가운데 카스토르와 클리타임네스트라가 틴다레오스의 자식이다.

헬레네는 많은 구혼자 가운데 메넬라오스를 선택해 결혼했고, 클리타임네스트라는 아가멤논과 결혼했지만 그를 살해했다. 쌍둥이 형제는 사이가 매우 좋아 훗날 카스토르가 죽자 불사인 폴리데우케스가 제우스에게 요청해 서로 번갈아가며 하루씩 생명을 나눠 가질 정도였다.

쌍둥이 형제는 그리스와 로마의 수호신이었다. 이들은 함께 아르고 원정대에 참가했다. 카스토르는 말타기에 능했고 폴리데우케스는 권투에 능했다. 폴리데우케스는 아르고 원정 도중 손님과 권투를 해서 살해한 아미코스를 역으로 살해했다.

이들은 사촌인 이다스와 린케우스가 약혼한 여자들을 납치했다. 이 때문에 네 사촌은 싸움이 벌어졌고, 그 과정에서 폴리데우케스를 제외한 세 사람이 죽임을 당했다. 린케우스는 뛰어난 시력으로 쌍둥이 형제가 숨어 있는 곳을 알아내 창으로 카스토르를 찔러 죽였다. 폴리데우케스가 이다스를 창으로 찔러 살해했고, 그 사이 제우스가 린케우스에게 벼락을 던져 자기 아들을 도왔다.

특히 로마에서 이 쌍둥이 형제를 높이 숭상했는데, 이들이 나타나면 언제나 전쟁에서 승리했던 까닭이다. ■

77 도둑질로 세상을 매개한 사나이

— 헤르메스

제우스와 아틀라스의 딸 마이아 사이에서 태어난 헤르메스는
앞서 말한 대로 많은 별칭을 갖고 있었다. 그 가운데 '도둑의 신'이라는
별칭도 있는데, 이것은 그의 유아 시절과도 관계가 깊다. 태어나자마자
처음 한 일이 도둑질이었기 때문이다.

새벽에 태어난 그는 낮부터 동굴 밖으로 나와 세상을 돌아다녔다. 마침
동굴 앞에 거북이 기어가고 있었다. 그것을 본 헤르메스는 거북을 잡아
비파를 만들고, 아폴론이 잠시 바람을 피우고 있는 틈을 이용해서 그의
황소를 잡아 소의 창자로 현을 만들었다.

아기 헤르메스는 훔친 소의 꼬리를 잡아 뒤로 걸게 만들고, 자신도 묘
하게 생긴 신발을 신어 소의 행방을 감추었다. 그는 그렇게 훔친 소를 잡
아 올림포스 신들에게 제사를 지내 출생신고를 마친 다음, 고기는 모두
먹어 치워 그 흔적을 은폐한 뒤 천연덕스럽게 요람으로 돌아가 누웠다.

그런데 아르카디아에서 헤르메스가 아폴론의 소를 훔치는 모습을 목격
한 사람이 있었다. 그는 바토스라는 노인으로, 헤르메스는 그에게 입을
다물면 암소 한 마리를 주겠다고 약속했다. 바토스는 자기 입이 돌보다

무겁다며 기저귀를 찬 아기를 안심시키고 암소 한 마리를 얻었다.

　나중에 헤르메스는 소의 주인으로 변장해서 바토스에게 도둑을 알려주면 소 두 마리를 주겠다고 말했다. 그러자 바토스는 자기가 본 사실을 그대로 말했다. 화가 난 헤르메스는 그를 돌로 만들었다. 그의 말대로 입이 돌처럼 무거웠다면 몸 전체가 돌이 되지는 않았을 텐데.

　한편 소를 잃은 아폴론은 범인을 잡으려고 했지만 도무지 종적을 알 수 없었다. 그래서 점을 쳐서 범인을 알아냈다. 아폴론은 마이아를 찾아와 강보에 싸인 아이를 가리키며 소값을 변상하라고 요구했다. 헤르메스는 자기는 갓 태어났기 때문에 소가 무엇인지도 모른다고 시치미를 뗐다.

　아폴론은 주위를 샅샅이 뒤졌지만 어디에도 그와 관계된 흔적이 발견되지 않았다. 화가 난 아폴론은 아기를 끌고 제우스에게 달려갔다. 거기서도 헤르메스의 능청은 계속되었다. 그러나 모든 것을 알고 있는 제우스는 재미있다는 표정으로 구경만 하다가 소값을 물어주라고 명령했다.

　헤르메스는 하는 수 없이 가축을 숨겨놓은 곳으로 아폴론을 데리고 가면서 태어나서 처음 만든 비파를 불었다. 음악의 신이기도 한 아폴론은 헤르메스가 불고 다니는 악기가 탐났다. 아폴론은 헤르메스가 파놓은 함정에 빠지고 만 것이다. 아폴론은 즉석에서 소값으로 비파를 받았다.

　얼마 후에 헤르메스는 시린크스라는 악기를 만들어 불고 다녔다. 아폴론은 그것도 탐이 났다. 그래서 자신의 황금 지팡이인 케리케이온과 시린크스를 바꾸자고 제안했다. 그러나 헤르메스는 배짱을 부리며 소도둑을 알아낸 점술을 가르쳐주지 않으면 바꾸지 않겠다고 우겼다. 결국 아폴론은 케리케이온에 점술까지 가르쳐주고 시린크스를 얻었다. 시린크스에 얽힌 이야기는 뒤에 나온다.

　헤르메스는 이처럼 도둑질을 통해 자신이 원하는 것을 얻었다. 앞서 본 대로 황금 지팡이 케리케이온은 헤르메스를 위해 만들어진 것이었다. 서로 대립되는 성질을 하나로 묶는 것이 헤르메스의 일이었다.

　물건을 훔치는 도둑질은 사회적으로 벌을 받아야 마땅할 범죄다. 그런데 왜 헤르메스는 하필이면 아폴론의 소를 훔쳤을까? 그것은 아폴론에게서 얻을 것이 있었던 까닭이다. 무엇인가를 훔친다는 것은 무엇인가를 매개함을 뜻한다. 헤르메스는 처음의 의도대로 아폴론이 가진 케리케이온과 점술을 얻었다. 그래서 헤르메스는 훗날 점성술의 아버지로도 불리게 된다. ■

78 음란과 자유 그리고 패닉
— 자유연애를 구가한 목신 판

십계명에서 볼 수 있듯 그리스도 교에서 가장 위험한 죄악으로 꼽은 것이 음란이었다. 이는 창세기와도 관계가 있다. 그리스도 교는 음란함의 대표적인 이미지를 그리스 신화에서 찾아냈는데, 그것이 바로 목신 판이었다. 그리스도 교가 묘사한 악마의 모습은 판의 생김새에서 유래했다.

판의 얼굴은 산양의 모습이며, 거기에 작은 뿔이 하나 달려 있다. 판의 출생에 대해서는 여러 엇갈린 주장이 있다. 아버지의 후보로는 제우스·헤르메스·아폴론·크로노스 등이 거론되고, 어머니의 후보로는 칼리스토와 페넬로페 등이 거론된다. 이중 페넬로페에 대해서는 드리오프스의 딸 페넬로페와 오디세우스의 아내 페넬로페가 함께 거론된다.

오디세우스의 아내 페넬로페를 판의 어머니로 보는 견해는 이렇다. 그녀가 트로이 전쟁에 나간 남편을 기다리던 도중 108명의 남자들로부터 구혼을 받았는데, 남편이 전사했다는 소식을 믿고 이들과 함께 잠자리를 같이하며 재산을 탕진했다고 한다. 오디세우스가 돌아왔을 때 그는 모든 것을 알았고, 페넬로페를 집에서 내쫓았다.

△ 판과 시린크스.

   내쫓긴 페넬로페는 거의 미쳐서 아르카디아 평원을 지나가다가 헤르메스와 관계를 갖고 판을 낳았다. 그리고 얼마 지나지 않아 페넬로페는 죽었다. 이렇게 태어났기 때문에 판은 세상을 초월한 듯한 표정으로 아르카디아를 뛰어다녔던 것이다.

   대체적으로 판의 아버지는 헤르메스일 것으로 추정한다. 왜냐하면 판의 주무대가 아르카디아 지방이었고, 헤르메스 역시 아르카디아와 깊은 연관이 있기 때문이다. 생김새나 그 성격에 있어서도 판은 헤르메스를 연상시킨다.

판은 목동의 수호신이다. 판이란 말이 먹이를 주는 존재라는 의미로, 양과 소의 번식에도 관여했다. 판은 아폴론만큼은 아니지만 음악적인 재능도 있었다. 헤르메스가 거북의 등과 소의 내장으로 악기를 만든 것처럼 판도 시린크스란 악기를 만들었다. 헤르메스가 훗날 이 악기로 아폴론의 케리케이온과 바꾸었다는 것은 앞에서 보았다.

시린크스는 원래 님프의 이름이었다. 욕망으로 눈이 벌겋게 달아오른 판이 달려들자 시린크스는 도망쳤다. 그 생김새 때문에 어머니도 그를 버렸는데 어떤 여자가 판을 좋아했겠는가. 시린크스는 죽어라고 도망쳤다. 무정한 강이 앞을 가로막았지만 그녀는 판이 죽기보다 싫었다.

시린크스는 다른 님프들에게 부탁해서 자기 몸을 갈대로 만들어달라고 말했고, 그녀의 마지막 소원은 이루어졌다. 그러나 판은 물러나지 않았다. 갈대로 변한 시린크스를 각기 길이가 다르게 잘라서 악기를 만들었던 것이다. 이외에도 달의 여신 셀레네를 유혹해 관계를 맺는 등 많은 여자와 잠자리를 같이했다.

판Pan 신의 이름에서 돌연한 공포, 공황 등을 의미하는 '패닉panic'이란 말이 생겨났다. 이는 그의 습관과 관계가 있다. 판은 특히 잠을 잘 때 방해를 받으면 안 그래도 무서운 얼굴을 일그러뜨리며 화를 냈다. 또한 어디든 갑자기 모습을 나타내 겁을 주었다.

마라톤 전쟁이 일어났을 때 판은 아테네의 적인 페르시아 군대를 패닉 상태에 빠뜨려 아테네를 도왔다고 한다. 그래서 그 이후에 아테네에서는 판을 숭배하고 제물을 바쳤으며 신전이 건립되었다.

또한 기가스와의 전투에서도 판은 이상한 소리를 질러 상대에게 겁을 주었고, 티폰이 신들을 습격해서 제우스가 위기에 빠졌을 때도 역시 이상한 소리로 티폰의 눈을 돌려 제우스를 구하기도 했다.

판의 주무대는 아르카디아였다. 그곳을 자유롭게 뛰어다니며 욕망이 생기는 대로 여자들과 연애를 했고 아무데나 불쑥 고개를 내밀었다. 그러다가 갑자기 화를 냈다. 판은 음란한 악마가 아니라 이렇듯 마음 이끌리는 대로 산 자유로운 신이었다. ■

79 제우스의 치밀한 음모
― 네메시스의 겁탈

제우스가 한 여자를 겁탈하기 위해 이렇게 온 세계를 쫓아다닌 적은 없었다. 세상의 땅과 바다를 모두 쫓아다녀 결국 이 여자를 겁탈했다. 무엇이 제우스를 이토록 간절하게 만들었을까?

그 여자는 밤을 지배하는 신인 닉스의 딸로, 네메시스라는 복수의 여신이었다. 같은 복수의 여신인 에리니에스가 부모의 피를 손에 묻힌 사람에게 철저하게 복수했던 것처럼 네메시스는 애인을 버린 사람에게 벌을 주었다. 어느 날 문득 제우스는 네메시스를 쫓아다니기 시작했다. 네메시스는 그런 제우스를 떨쳐내기 위해 온갖 동물로 변신해 전세계를 도망다녔다.

제우스는 네메시스가 변하는 동물로 같이 변신해서 그 뒤를 쫓았다. 네메시스는 더이상 변신할 동물도, 더이상 숨을 곳도 없었다. 그때 네메시스의 눈에 독수리가 백조를 공격하는 모습이 눈에 들어왔다. 백조는 우왕좌왕하다가 네메시스의 품속으로 뛰어들어 숨을 새근거리며 숨었다.

독수리는 더이상 백조를 쫓지 않고 멀리 떨어지지 않은 곳에서 백조를 품에 안은 네메시스를 바라보았다. 언제든지 공격할 자세였다. 백조는 벌

△백조로 변신한 제우스가 레다를 유혹하는 모습.

벌 떨면서 네메시스의 품속으로 깊이 파고들었다. 네메시스와 백조는 그
렇게 서로의 체온을 나누었다. 그 모습 그대로 네메시스는 잠이 들었다.
그리고 세월이 흘러 네메시스는 백조의 알을 낳았다.

제우스가 아프로디테와 짜고 네메시스를 속였던 것이다. 독수리는 아

프로디테, 백조는 제우스였다. 어떤 사람은 들거위로 변한 네메시스를 백조로 변한 제우스가 덮쳤다고 말하기도 한다.

어찌 되었건 제우스는 다시 백조로 변신했다. 이번에는 스파르타의 왕비 레다에게 접근하기 위해서였다. 목욕을 하고 있던 레다에게 다가간 백조는 그녀의 자궁에 알을 밀어넣었고, 열 달 후에 레다는 알을 두 개 낳았다. 앞에서 본 대로 그 알에서는 제우스와 네메시스의 자식인 헬레네와 폴리데우케스가 태어났고, 그와 함께 틴다레오스와 레다의 자식인 클리타임네스트라와 카스토르도 태어났다.

제우스가 왜 네메시스를 겁탈했을까? 그것은 욕망 때문은 아니었다. 욕망 때문이라면 왜 하필 복수의 여신이었겠는가. 제우스는 아프로디테와 짜고 네메시스를 속였다. 제우스답지 않게 아프로디테의 힘까지 빌렸던 것이다. 속임수는 다시 속임수를 낳는다. 제우스의 속임수는 훗날 태어날 속임수를 위한 것이었다. 그리고 속임수에 동원되어 독수리로 변신했던 아프로디테 역시 속임을 당하게 된다.

결론부터 보면 네메시스의 겁탈은 헬레네를 낳기 위한 것이었다. 헬레네는 뒤의 트로이 전쟁에서 보겠지만 아프로디테와 함께 트로이 전쟁을 일으키는 직접적인 동기가 된다. 그러나 아무도 헬레네에게 트로이 전쟁의 책임을 묻는 사람은 없다. 그것은 제우스의 의도였기 때문이다.

헬레네는 남편을 배신하고 트로이의 왕자 파리스를 따라나선다. 네메시스는 앞서 말한 대로 애인을 배신한 사람에게 벌을 가하는 복수의 여신이다. 이제 왜 제우스가 네메시스를 강제로 겁탈했는지가 밝혀진다.

파리스에 의해 가장 아름다운 여신으로 선택된 아프로디테는 그녀의 제안대로 가장 아름다운 미녀인 헬레네를 파리스에게 인도한다. 헬레네는 남편을 배신했다. 네메시스의 복수는 헬레네를 향해야 하지만, 헬레네는 자신의 딸이다. 그녀의 복수는 제우스가 처음에 의도했던 것처럼 헬레네를 배신하게 만든 파리스와 그가 속한 트로이로 향하게 된다. ■

80 그리스 최고 미녀의 운명
— 헬레네

앞 장에서 본 것처럼 헬레네는 제우스의 필요에 의해 이 세상에 태어났다. 그녀의 아름다움은 어릴 때부터 발휘되었다. 열두 살 때에는 아테네의 영웅 테세우스의 눈에 띄어 유괴당했다. 헬레네의 첫번째 신랑이었던 셈이다. 테세우스는 헬레네를 아피드나이에 가두어두고 어머니에게 맡겼다.

테세우스는 모험 동료인 페이리토스와 함께 제우스의 딸을 납치하기로 했다. 그런데 페이리토스가 선택한 것이 하필이면 지하세계의 여왕 페르세포네였다. 테세우스가 망각의 의자에 앉아 세월을 보내고 있는 동안 폴리데우케스와 카스토르가 군대를 이끌고 아테네를 공격해 헬레네를 구출하고 테세우스의 어머니까지 납치했다.

세월이 흘러 헬레네가 정식으로 결혼할 나이가 되자 수많은 구혼자들이 스파르타의 왕궁으로 찾아왔다. 헬레네의 아버지 틴다레오스는 헬레네를 얻지 못한 수많은 사람들이 반란을 일으킬지도 모른다는 생각 때문에 선뜻 사위를 결정하지 못했다. 이때 지혜로운 오디세우스가 틴다레오스의 마음에 쏙 드는 제안을 했다.

△레다의 젖가슴을 물고 있는 백조. 옆에 쌍둥이 형제
가 보인다. 바키아카.

스파르타의 왕궁에 모인 구혼자들은 헬레네의 남편으로 결정된 사람의
생명과 권리를 존중하고, 다른 사람에 의해 그 결혼이 침해를 받는 경우
에 그 자리에 모인 구혼자들이 모두 돕기로 서약을 하자는 것이었다. 구
혼자들은 모두 이 의견에 찬성했다. 이들은 신에게 제물을 바치고 위의

사항을 굳게 서약했다.

헬레네의 남편이 된 것은 메넬라오스였다. 메넬라오스만큼 재산이 많은 사람이 없었을 뿐더러, 헬레네의 자매인 클리타임네스트라가 메넬라오스의 형인 아가멤논의 아내라는 점도 작용했다. 틴다레오스는 무사히 혼례를 치를 수 있도록 지혜를 발휘한 오디세우스에게 조카인 페넬로페를 아내로 삼게 해 보답했다.

메넬라오스와 헬레네 사이에 헤르미오네가 태어났다. 몇 년 후 헬레네는 그녀의 집을 찾아온 트로이의 왕자 파리스의 유혹에 넘어가 함께 도망을 쳤다. 아내를 빼앗긴 메넬라오스는 앞서 스파르타 궁전에서 서약한 사실을 당시의 구혼자들에게 상기시켰다. 이는 명백한 결혼의 침해였기 때문이다. 이렇게 해서 트로이 전쟁은 시작되었다.

헬레네는 파리스와 함께 트로이로 가서 20여 년을 살았다. 어떤 사람들은 진짜 헬레네는 이집트에 있었고 트로이로 간 것은 가짜라고도 한다. 파리스가 그리스 군의 화살을 맞고 숨지자 헬레네는 다시 그의 동생과 결혼했다. 그러나 그 역시 트로이의 함락과 더불어 분노한 그리스 군대에게 살해되고 말았다.

헬레네는 트로이가 멸망한 후 아무렇지 않게 다시 메넬라오스를 따라나섰다. 이들은 제우스에게 제물을 바치지 않아 그 벌로 이집트에서 7년 동안 지냈다. 그 이후의 생활에 대해 여러 갈래의 다른 이야기가 있다.

헬레네와 메넬라오스가 그리스로 돌아갔을 때 헬레네의 자매인 클리타임네스트라가 메넬라오스의 형 아가멤논을 살해한 것 때문에 재판이 벌어지고 있었다. 이들의 귀국에 맞춰 필라데스라는 사람이 이 모든 원인이 헬레네에게 있다고 주장하며 그녀를 죽이기 위해 헬레네와 그녀의 딸 헤르미오네를 체포했다. 그러나 막 죽이려는 순간 헬레네가 사라졌다는 것이 그 첫번째 이야기다.

두번째는 헬레네가 아주 오랫동안 살았다는 것이다. 그것은 오디세우스의 아들 텔레마코스가 아버지를 찾아다니다가 스파르타에 왔을 때 그를 환대하고 함께 지난날의 이야기를 나누었다고 한다. 이 이야기에서 그녀는 훗날 아들들에게 쫓겨나 로도스 섬에 갔다가 그곳에서 교수형을 당했다.

세번째는 애초에 헬레네가 트로이로 가지 않았다는 설과 관계가 있는데, 그녀는 레우케 섬에서 아킬레우스와 결혼해서 살았다는 이야기다.

어느 쪽이 되었건 크게 상관은 없다. 헬레네라는 존재는 그리스보다는 트로이와 깊이 연결되어 있기 때문이다. 그러나 트로이 전쟁의 원인은 헬레네가 아니다. ■

제9장 트로이

81 트로이의 역사

아틀라스의 딸 엘렉트라는 제우스와 정을 통해 아들 이아
시온과 다르다노스를 낳았다. 이아시온은 카드모스와 하르모니아의 결
혼식 날 데메테르와 밭고랑에서 정사를 벌이다가 제우스의 벼락을 맞고
죽었다.

다르다노스는 형제의 죽음을 슬퍼하며 사모트라케를 떠났다. 그가 도
착한 곳은 스키만드로스 강과 님프의 아들인 테우크로이 왕이 다스리고
있었다. 왕은 다르다노스에게 영토의 일부와 딸을 주었고, 그는 그곳에
다르다노스라는 도시를 세웠다. 테우크로이가 죽자 그 지역은 모두 다르
다노스의 지배 아래에 놓이게 되었다.

그는 아들 일로스와 에렉토니오스를 얻었다. 일로스는 아이를 낳지 못
하고 죽었기 때문에 에렉토니오스가 아버지의 뒤를 이어 왕이 되었다. 에
렉토니오스의 아들 트로스가 다시 왕위를 계승했고, 그 지역을 자기의 이
름을 따서 트로이라고 불렀다.

트로스에게는 외동딸 클레오파트라와, 일로스·아사라코스·가니메
데스라는 아들들이 있었다. 이 가운데 가니메데스는 너무나 잘생겼던 탓

△가니메데스를 납치하는 제우스. 루벤스.

에 제우스에게 납치되어 올림포스에서 신들에게 술을 따르는 시동이 되었다.

아사라코스와 히에롬네메 사이에서 카피스가 태어났고, 카피스와 일로스의 딸 테미스테 사이에서 안키세스가 태어났다. 아프로디테는 안키세스에게 욕망을 느껴 그와 관계를 맺고 아이네이아스와 리로스를 낳았는데, 리로스는 아이를 낳지 못하고 죽었다. 아프로디테가 인간인 안키세스에게 욕정을 느낀 것은, 아프로디테가 마법의 띠로 신들을 곤경에 빠뜨리는 것을 보고 제우스가 복수하기 위해서 꾸민 일이었다.

트로스의 아들 일로스는 프리기아에서 그곳의 왕이 개최한 씨름 대회에서 우승해 부상으로 50명의 소년과 50명의 소녀를 얻었다. 왕은 일로스에게 신탁에 따라 반점이 있는 소를 주면서 그 소가 머무는 곳에 도시를 세우라고 말했다. 소는 프리기아의 아테라고 부르는 언덕에서 머물렀다.

일로스는 그곳에 도시를 세우고 일리온이라 불렀다. 일로스는 제우스에게 제물을 바치고 자기에게 뭔가 징표를 보여달라고 부탁했다. 그러자 높이가 1m 50cm 정도의 팔라디온이 하늘에서 내려왔다. 아테나가 자랄 때 그와 비슷한 소녀인 팔라스를 실수로 죽인 적이 있는데, 팔라디온은 이를 애도하면서 만든 목상이었다.

일로스는 에우리디케를 아내로 맞이해 라오메돈을 낳았다. 라오메돈은 티토노스와 프리아모스를 비롯한 여러 자식을 두었다. 티토노스는 새벽의 여신 에오스가 에티오피아로 납치했다. 프리아모스는 아리스베를 아내로 맞이해 외아들 아이사코스를 낳았지만, 아이사코스는 아내의 죽음을 슬퍼하며 새가 되었다.

프리아모스는 헤카베를 아내로 맞이해 트로이 전쟁의 영웅 헥토르와 헬레네의 남편이었던 파리스, 파리스가 죽은 뒤 헬레네의 남편이 된 데이포보스, 데이포보스와 헬레네를 두고 경쟁하다가 패배하자 목숨을 끊은 폴리도로스, 아폴론이 사랑했던 카산드라, 아폴론의 아들이라는 주장이 있는 트로일로스 등 수많은 자식들을 낳았다. 또한 프리아모스는 헤카베 이외의 여자들로부터도 많은 자식을 낳았다.

도시가 불타는 꿈을 꾸고 낳은 자식 파리스는 버려졌지만, 제우스가 황금 사과의 주인을 가리는 심판관으로 선택해 꿈 그대로 트로이 전쟁을 유도해 트로이를 불태우게 된다.

　프리아모스는 헤라클레스가 트로이를 공격했을 때 홀로 살아남아 왕위를 계승했다. 그는 경건한 사람으로 주위의 반대를 무릅쓰고 헬레네를 며느리로 받아들였고, 헥토르의 시체를 찾기 위해 적장 아킬레우스를 찾아갔으며, 트로이가 함락되던 날 제우스 신전에서 죽음을 맞이했다. ■

82 신을 속이고, 신에게 납치되고, 신이 된 삼대
— 라오메돈 · 티토노스 · 멤논

일로스의 뒤를 이어 트로이의 왕이 된 것은 라오메돈이다. 제우스에게 대항했다가 실패해 인간에게 1년 동안 봉사하라는 벌을 받은 아폴론과 포세이돈은, 그를 찾아와 보수를 주면 트로이에 성벽을 쌓아주겠다고 했다. 라오메돈은 보수를 주겠다고 약속했다. 그러나 성이 완성되자 라오메돈은 아폴론과 포세이돈에게 약속한 보수는 주지 않고 오히려 귀를 잘라서 노예로 팔겠다고 협박을 했다.

화가 난 아폴론과 포세이돈은 1년 후 트로이에 큰 재앙을 보냈다. 아폴론은 전염병을 퍼뜨렸고 포세이돈은 큰 뱀을 보내 라오메돈의 딸인 헤시오네를 제물로 바치라고 협박했다. 라오메돈은 안드로메다를 제물로 바친 케페우스처럼 헤시오네를 해안가에 있는 바위에 묶었다. 훗날 처녀를 바치는 이 관습은 오랫동안 지속되었다.

메두사를 퇴치한 페르세우스가 안드로메다 앞에 나타났듯이 페르세우스의 후손 헤라클레스가 헤시오네가 묶여 있던 곳에 나타나 뱀을 죽이고, 그 대가로 제우스가 준 말을 달라고 요구했다. 그러나 라오메돈은 이 약속도 지키지 않았다. 화난 헤라클레스는 일단 자신에게 맡겨진 과업을 모두 끝낸 후 트로이를 공격했다. 그는 라오메돈을 죽이고, 헤시오네는 동료의 첩으로 주었다.

라오메돈은 두 번의 약속을 지키지 않아 목숨을 잃었고, 그의 도시는 파괴되었다. 훗날 라오메돈의 무덤이 폐허가 되지 않는 한 트로이는 안전하다고 했는데, 트로이 전쟁 때 완전히 파괴되었다.

헤라클레스는 라오메돈의 자식들도 대부분 죽였는데 그중 두 명이 살아남았다. 라오메돈의 뒤를 이어 트로이의 왕이 된 프리아모스는 헤시오네가 생명을 구걸한 탓으로, 티토노스는 이미 새벽의 여신 에오스에게 납치된 상태였기 때문에 죽음을 면할 수 있었다. 프리아모스는 트로이 전쟁에서 다시 나온다.

에오스는 잘생긴 티토노스를 보자마자 납치해 에티오피아에 있는 자신의 궁전으로 데려갔다. 그들 사이에서 멤논과 에마티온이 태어났다. 에오스는 제우스에게 남편을 불사신으로 만들어달라고 부탁했다. 그런데 시빌레가 아폴론에게 부탁했던 때와 동일한 실수를 범했다. 죽지 않게 영원히 살게 해달라고 하면서 영원한 젊음은 부탁하지 않았던 것이다.

잘생긴 티토노스도 세월의 흐름 앞에서는 어쩔 수 없었다. 늙고 주름진 얼굴, 일어설 기력조차 없는 다리 근육, 그러다가 결국은 껍데기만 남은 인간이 되고 말았다. 에오스는 그를 왕궁의 구석진 방에 가두고 청동 문을 잠겄다. 하지만 티토노스는 죽지 않았다. 제우스로부터 영원한 생명을 얻었기 때문이다. 결국 에오스는 그를 매년 낡은 껍질을 벗을 수 있도록 메뚜기로 변신시켰다.

티토노스와 에오스 사이에서 태어난 아들인 멤논과 에마티온은 에티오피아에서 태어난 탓인지 피부가 검었다. 멤논은 에티오피아의 왕이 되었고, 에마티온은 이집트의 왕이 되었다. 멤논은 페르시아를 공격하기도 했고, 트로이에서 전쟁이 발발하자 숙부인 프리아모스를 돕기 위해 에티오피아 군대를 이끌고 트로이 전쟁에 참전하기도 했다.

프리아모스는 에오스에게 납치된 형제 티토노스의 아들, 즉 조카가 군대를 이끌고 찾아오자 크게 기뻐했다. 멤논은 헤파이스토스가 만들어준 갑옷을 입고 전쟁터에 뛰어들어 혁혁한 전과를 올렸다. 아킬레우스의 친구 안틸로코스가 그의 창에 맞아 죽었고, 이외에도 수많은 사람들이 그의 말발굽 아래에서 죽어갔다.

마침내 결전의 시간이 닥치고, 새벽의 여신 에오스의 아들과 바다의 여신 테티스의 아들이 맞닥뜨렸다. 이 두 여신들은 서로 자기의 아들이 죽지 않게 해달라고 제우스에게 간절히 부탁했다. 그러나 이미 승패는 결정되어 있었다. 트로이 전쟁은 테티스의 아들 아킬레우스에게 영광을 바치는 자리였다. 멤논은 아킬레우스와 싸우다 죽었다.

멤논은 에오스의 간청에 따라 불사신이 되었다고 하기도 하고, 장작더미에서 피어오르는 연기를 새로 변하게 해서 그들이 서로 싸우다 죽으면 그것을 멤논에 대한 제물이 되게 했다는 이야기도 전해진다. 어떤 사람은 지금도 에오스가 아들의 죽음을 슬퍼하며 운다고 한다. 새벽에 이슬이 맺히는 것이 에오스의 눈물이라며. ■

83 가장 아름다운 여신에게 이 사과를…

― 불화의 사과

멀리서부터 트로이를 향한 불행이 발걸음을 옮기기 시작했다. 그러나 세상의 일들이 그렇듯이 그 발걸음은 트로이의 의지와는 전혀 상관없는 것이었다. 트로이를 절망과 파멸의 구렁텅이에 빠뜨린 것은 황금으로 만든 사과였다.

인류의 역사에서 사과는 몇 번의 결정적인 역할을 수행했다. 그리스 신화의 황금 사과는, 인류를 타락으로 이끈 창세기의 선악과, 윌리엄 텔의 사과, 뉴튼에게 만유인력을 일깨워준 사과와 함께 인류의 역사에 가장 큰 영향을 미친 유명한 사과 중 하나이다.

이 황금 사과는 신들의 연회에 초청을 받지 못한 불화의 여신 에리스가 신들의 식탁에 던지고 간 사과다. 그 사과에는 '가장 아름다운 여신에게'라는 글이 적혀 있었다. 비극적인 암시가 물씬 묻어나는 구절이다.

황금 사과의 주인이 되겠다고 나선 여신은 세 명이었다. 제우스의 아내 헤라, 지혜의 여신 아테나, 미의 여신 아프로디테가 그들이다. 세 여신은 제우스에게 판정을 요구했다. 제우스는 지상을 굽어보았다. 트로이가 그의 눈에 들어왔다.

△아프로디테를 선택
한 하디스. 르노.

제우스는 처음부터 판결을 내릴 생각은 전혀 없었다. 제우스가 누구의
편을 들어줄 수 있단 말인가. 누군가 한 사람의 손을 들어주더라도 그 다
음에 닥칠 두 사람의 자존심을 건 투쟁은 불을 보듯 뻔한 노릇이었다. 그
런 어려운 일을 맡을 이유는 없다. 사실 트로이 전쟁은 퍼즐처럼 복잡한
제우스의 계략이 담겨 있다.

315

제우스는 그 결정권을 트로이의 왕자 파리스에게 넘겼다. 제우스는 헤르메스를 시켜 세 여신을 이데 산으로 보냈다. 이데 산에는 파리스가 있었다. 파리스는 그 결정권이 왜 자기에게 넘어왔는지에 대해 생각해보지 않았다. 천하의 세 여신이 자기에게 내민 조건을 생각하는 것만으로도 충분히 벅찼기 때문이다.

헤라는 전 인류의 왕이 되게 해주겠다고 약속했고, 아테나는 싸움에서 언제나 이길 수 있게 해주겠다는 약속을 했다. 마지막으로 아프로디테는 세상에서 가장 아름다운 여인을 주겠다고 제안했다. 파리스는 아프로디테의 손을 들어주었다. 그는 아직 피가 뜨거운 젊은이였던 것이다. 이 판정을 통해 아프로디테는 명실상부한 최고의 미를 가진 여신이 되었다.

제우스는 이미 이 선택을 예지하고 있었다. 제우스의 의도대로라면 트로이는 영웅들의 무덤이 될 터였다. 헬레네는 제우스의 딸이다. 제우스는 겁탈을 피해 지구 끝까지 도망치는 복수의 여신 네메시스를 붙잡아 강간을 했다. 거기서 잉태한 것이 헬레네로, 제우스는 레다의 자궁을 통해 헬레네를 세상에 내보냈다. 제우스는 매우 영리한 신이다. 그런 그가 왜 이렇게 무리한 일을 벌였을까?

제우스는 신과 인간의 결합을 통해 세상에 나타난 영웅들이 한꺼번에 사라져야 할 때가 왔음을 직감적으로 알았다. 이들을 지상에서 없애는 최선의 방법은 전쟁이었다. 서로 치고 박고 싸우게 만들면 그들은 저절로 사라지게 될 것이다. 즉, 제우스는 영웅의 시대를 마감시키기 위해 헬레네라는 미끼가 필요했던 것이다. 이것이 바로 네메시스의 강간에 대한 진상이다.

파리스의 선택은 그의 고향 트로이의 파멸을 위한 첫걸음이었고, 처참한 비극의 전주곡이었다. ■

84 트로이 전쟁은 시작되고

— 헬레네의 납치

파리스는 오이디푸스처럼 버림받은 아이였다. 그가 트로이 왕궁이 아닌 이데 산에 있었던 것도 그 때문이다. 파리스가 태어날 때 그의 어머니 헤카베는 도시를 모두 불태우는 나무의 꿈을 꾸었고, 예언에 따라 그를 죽이기 위해 이데 산에 버렸던 것이다. 그러나 그는 곰의 젖을 먹고 자라나 마침내 꿈을 현실로 만들게 된다. 도시를 불태우는 나무는 당연히 트로이의 목마를 상징한다.

어쨌든 파리스는 세계 최고의 미녀 헬레네를 주겠다는 아프로디테를 선택했다. 사실 헤라와 아테나가 약속한 전인류의 왕이나 전쟁에서의 승리는 막연한 것이었다. 그러나 세계 최고의 미녀 헬레네는 피가 흐르고 살아 있는 하나의 실체였다. 어쩌면 파리스의 선택은 당연한 것이 아니었을까. 파리스는 죽음이라는 한계를 가진 인간이었기 때문이다.

그런데 헬레네는 이미 결혼을 한 유부녀였다. 자매인 클리타임네스트라는 형 아가멤논과, 헬레네는 동생 메넬라오스와 혼인 관계에 있었다. 갈등 요소가 내재되어 있었던 셈이다.

아프로디테의 부탁을 받은 파리스의 아버지 프리아모스는 그를 사신으

△ 헬레네와 파리스. 다비드.

로 임명해 스파르타로 보냈다. 파리스는 그곳에서 아무것도 모르는 헬레
네의 남편 메넬라오스로부터 극진한 환영을 받았다. 파리스가 도착한 지
열흘째 되던 날, 메넬라오스는 외할아버지 카트레우스의 장례식에 참가
하기 위해 크레타로 떠났다. 그리고 메넬라오스의 침실에는 헬레네만 외
로이 남았다.

　헬레네는 아프로디테의 뒷공작 때문에 이미 이방인인 파리스에게 마
음을 빼앗긴 상태였다. 파리스는 그러한 헬레네를 유혹해 집안에 있던
대부분의 보물을 챙겨서 도주한다. 그러나 헬레네는 아홉 살 된 딸 헤르
미오네는 두고 떠났다. 이렇게 해서 파리스는 헬레네의 세번째 남편이

되었다.

헬레네는 열두 살 때 테세우스에게 납치되어 그의 신부가 되었지만, 오빠인 폴리데우케스와 카스토르에 의해 구출되었다. 메넬라오스와 결혼한 후 이제는 다시 파리스와 결혼했다. 이후로도 헬레네에게는 두 번의 결혼식이 더 남아 있었다. 이는 세계 최고의 미녀가 걸어야 할 운명이기도 했다.

그러나 막상 항해를 나섰지만 파리스에게 앙심을 품고 있던 헤라가 보낸 폭풍 때문에 곧바로 트로이로 가지 못하고 페니키아의 시돈에 기항하게 된다. 여기서 헬레네에 얽힌 두 가지 다른 주장이 있다.

하나는 그들이 무사히 트로이로 돌아갔다는 것이다. 헬레네와 파리스는 트로이 왕가의 반대를 무릅쓰고 결혼식을 올렸다. 그리고 파리스가 죽을 때까지 19년을 함께 지냈다. 19년은 긴 시간이다. 비록 절반 이상이 트로이 전쟁과 함께였지만 파리스는 행복했을 것이다.

두번째 주장은 에우리피데스의 희곡 〈헬레네〉에 나오는 이야기로, 파리스와 헬레네가 시돈에 정박해 있는 동안 제우스가 헤르메스를 시켜 헬레네를 빼돌려 이집트로 피신시켰다는 것이다. 파리스와 함께 있었던 헬레네는 익시온과 사랑을 나누었던 구름으로 만든 헤라처럼 역시 구름으로 만든 헬레네였다는 것이다. 그렇지만 파리스에게는 둘 중 어느 것이 되었든 큰 상관은 없다.

파리스는 아폴론에게 힘을 얻어 그리스 연합군 최고의 영웅 아킬레우스를 화살로 죽였지만, 그 역시 화살을 맞고 죽음에 이르게 된다. 파리스의 첫번째 아내인 강의 신 오이노네는 오랫동안 이데 산에서 남편이 돌아오기를 기다렸다. 오이노네는 이미 자기가 버림을 받을 것과 파리스가 화살을 맞을 것을 예견하고 있었다. 그리고 파리스를 치료해줄 능력도 있었다. 그러나 그녀는 무려 19년이나 기다렸다. 세상에서 가장 힘든 것은 누군가를 기다리는 것이다. 그것도 언제 올지 모르는 사람을….

오이노네는 정작 화살을 맞고 이데 산으로 돌아온 파리스를 냉담하게 대했다. 기다림에 지쳐 가슴이 가뭄에 갈라지는 논바닥처럼 갈라져 있었던 것이다. 그러나 파리스가 죽자 눈물이 그 가슴을 적셨고, 그 위로 감정의 싹이 자라기 시작했다. 오이노네는 자신이 파리스를 죽였다는 자책감에 시달리다가 목을 매고 말았다. 그리스 신화에 왜 이리 목을 매는 여인들이 많은지. ■

85 속임수에는 속임수로
— 오디세우스와 아킬레우스의 참전

외할아버지의 장례식에서 돌아온 메넬라오스는 상식적으로 이해할 수 없는 집안 사정을 보게 된다. 아내와 보물은 어디론가 사라지고 딸 헤르미오네만이 집을 지키고 있을 뿐이었다. 사건의 전말을 알게 된 메넬라오스는 자신의 형이자 미케네의 왕인 아가멤논을 찾아갔다.

아가멤논은 그리스 전역에 사자를 파견해, 과거에 그들이 나누었던 맹세를 상기시키며, 그리스가 당한 모욕을 갚기 위해 총궐기해 군대를 파견해야 한다는 것과 각별히 아내를 조심하라는 메시지를 전했다. 함께 나누었던 맹세란 헬레네에게 구혼했던 모든 청혼자들이 누가 헬레네의 남편이 되더라도 그 결과에 승복하며 그리스의 명예를 지키겠다는 약속이었다. 곧 곳곳에서 그리스 연합군에 참가하겠다는 열렬한 호응이 뒤따랐다.

그러나 맹세를 같이 했던 이타케의 왕 오디세우스는 전쟁에 소극적이었다. 그러나 오디세우스는 총명하고 지략이 풍부했기 때문에 연합군의 처지에서는 반드시 참전시켜야 하는 중요한 인물이었다.

그를 설득하기 위해 메넬라오스와 팔라메데스가 오디세우스를 찾아갔다. 오디세우스는 그들이 오는 것을 알고 미친 척했다. 소금과 모래를 섞어 씨앗이라고 뿌리기도 하고, 말과 소를 함께 묶어 밭을 갈았다. 그러나 팔라메데스는 속지 않았다.

팔라메데스는 오디세우스의 아내 페넬로페의 품에 안겨 있던 아들 텔레마코스를 오디세우스가 갈고 있는 밭이랑 앞에 내려놓았다. 오디세우스가 참전을 하지 않으려면 아이를 죽여야 하는 순간이었다. 오디세우스는 가만히 팔라메데스를 바라보았다. 팔라메데스는 웃었지만 오디세우스는 웃지 않았다.

결국 오디세우스는 참전하게 되었다. 그러나 자기를 전쟁터로 끌고온 팔라메데스를 그냥 두지 않았다. 우연히 적병을 포로로 잡자 오디세우스는 트로이 왕 프리아모스와 팔라메데스가 내통하고 있음을 보여주는 편지를 거짓으로 작성하고, 팔라메데스의 막사에 몰래 금을 숨겨두었다. 그리고 아가멤논 앞으로 적병을 끌고갔다. 편지를 읽고 막사에서 금을 발견한 아가멤논은 팔라메데스를 반역자로 단정하고 돌로 때려죽이는 형벌에 처했다. 팔라메데스는 끌려나가는 순간 오디세우스를 보았다. 오디세우스는 빙긋이 웃고 있었다.

속임수는 여기서 끝나지 않는다.

그리스 연합군은 어떻게 해서라도 그리스 최고의 용사 아킬레우스를 끌어들여야 했다. 예언은 아킬레우스가 참전하지 않으면 트로이가 함락되지 않는다고 했다. 그러나 아킬레우스의 어머니이자 바다의 여신 테티스는 아들의 장래를 알고 있었기 때문에 참전시키지 않으려고 아들을 숨겨놓았다.

아킬레우스를 끌어들이는 일은 속임수가 발각되어 참전한 오디세우스가 맡았다. 아킬레우스는 스키로스 섬에 있는 리코메데스의 궁전에 여장을 하고 숨어 있었다. 아킬레우스의 여자 이름은 필로였다. 그는 여자들과 함께 지내면서 리코메데스의 딸을 유혹해서 네오프톨레모스라는 아들을 낳았다. 아킬레우스의 여자 이름이 필로였기 때문에 필로스라고도 부른다.

오디세우스는 방물장수로 변장을 하고 스키로스 섬으로 갔다. 다른 여자들은 모두 오디세우스가 펼쳐놓은 보석에서 눈을 못 떼고 있었지만 단 한 명 필로만은 별로 관심을 보이지 않았다. 그때 어디선가 전쟁을 알리는 나팔소리가 들려왔다. 그러자 필로는 보석과 함께 놓여 있던 무기를 집어들었다. 그 순간 오디세우스와 아킬레우스는 서로 눈이 마주쳤다. 그리고 둘은 웃었다. 오디세우스의 웃음은 유쾌함이었고, 아킬레우스의 그것은 멋쩍음이었다.

아킬레우스는 이 멋쩍음 때문에 어머니의 반대를 무릅쓰고 참전했다. 아킬레우스의 운명은 편하게 늙어 죽든가, 트로이 전쟁에 참가해 다시는 돌아오지 못하든가 둘 중 하나였는데, 참전한 이상 그는 다시 고향땅을 밟지 못하게 된다.

그러나 트로이 전쟁은 영웅 아킬레우스를 위해 벌어진 사건이기도 했다. 그 배후에는 역시 제우스가 자리하고 있다. 이 이야기는 뒤에서 다시 살펴본다. ■

86 제물로 바쳐진 여인
— 아가멤논의 딸 이피게네이아

트로이 전쟁을 위해 이루 헤아릴 수 없이 많은 배와 병사들이 아울리스로 집결했다. 그리스 연합군의 지휘를 맡은 것은 메넬라오스의 형 아가멤논이었다. 아킬레우스는 15세의 나이로 해군의 지휘를 맡았다.

이들은 트로이로 떠나기 전에 관례대로 아폴론에게 제사를 지냈다. 그런데 제물을 바치려는 순간 제단에서 큰 뱀이 나타나 근처에 방울을 세워놓은 나무 위로 올라갔다. 그곳에는 어미 공작과 새끼 여덟 마리가 있었는데, 뱀이 이들을 모두 잡아먹고 돌로 변했다. 이를 두고 예언가 칼카스는 트로이가 10년 이내에 함락당할 징조로 해석했다.

그러나 2년을 준비한 그리스 연합군의 첫번째 출항은 트로이를 구경도 하지 못한 채 끝난다. 그 이유는 그들이 트로이로 가는 뱃길을 몰랐기 때문에 엉뚱한 곳에 도착해 그곳을 트로이로 착각하고 싸움을 벌였기 때문이다. 그곳은 미시아란 곳으로, 헤라클레스의 후예가 왕으로 있는 곳이었다. 그후에 미시아를 벗어나기는 했지만 폭풍을 만나 모두 귀항할 수밖에 없었다.

그로부터 8년이 지난 뒤 다시 이들은 아울리스에 모였다. 그들은 우여

△제물로 바쳐지는 이피게네이아. 바티스타.

곡절 끝에 트로이로 가는 뱃길을 알아냈다. 그러나 배를 움직일 바람이 불지 않았다. 예언가 칼카스에게 그 이유를 묻자 아가멤논이 사냥의 여신 아르테미스의 사슴을 쏘았기 때문이며, 아르테미스에게 제물을 바치기 전에는 바람이 불지 않을 것이라고 예언했다.

그런데 제물로 바쳐야 하는 것은 동물이 아니라 사람이며, 그것도 아가 멤논의 딸 가운데 가장 예쁜 이피게네이아여야 한다는 것이었다. 아가멤 논은 고향에 있는 이피게네이아를 불렀다.

아가멤논은 오디세우스를 아내 클리타임네스트라에게 보내 이피게네 이아와 아킬레우스를 결혼시키기로 했다고 속였다. 이피게네이아를 잃 은 클리타임네스트라의 울분은 충분히 짐작할 수 있다. 앞에서 본 대로 클리타임네스트라는 헬레네와 자매다. 헬레네와 이피게네이아를 모두 잃은 그녀는 결국 트로이 전쟁이 끝나고 돌아온 아가멤논을 살해하는 비 극의 주인공이 되고 만다.

결국 이피게네이아는 제단에 바쳐졌다. 여기에서 몇 가지 설이 나뉜다. 첫번째는 이피게네이아가 아가멤논이 보는 앞에서 실제로 죽임을 당했다는 것이다. 두번째는 아르테미스가 제물을 사슴으로 바꾸고 이피게네이아를 납치해 타우로스 인이 사는 나라로 데려가 자기 신전의 신관으로 삼았다는 것이다.

어쨌든 이피게네이아는 희생되었다. 이 희생을 둘러싸고 아버지 아가멤논과 어머니 클리타임네스트라, 아킬레우스, 그리스 군대가 원을 그리고 있다.

아가멤논은 딸을 속임수까지 써서 살해할 정도로 자신에게 주어진 그리스 연합군의 총책임자라는 역할을 제대로 수행하려고 노력했다. 여기에는 자신을 바라보고 있는 그리스 군대에 대한 절대적인 강요 또한 작용하고 있다. 그것은 '내가 사랑하는 딸을 포기했듯 너희도 목숨을 포기해라' 라는 눈에 보이지 않는 강요였다.

이 사건은 앞으로 전개될 트로이 전쟁에서 아킬레우스가 맡게 될 역할을 암시하고 있다. 그 역시 트로이 전쟁의 제물로 바쳐질 것임을 묵시적으로 보여준다. 다만 이피게네이아가 전쟁을 앞두고 제물로 바쳐졌다면, 아킬레우스는 전쟁을 끝내는 제물이 될 것이라는 사실이 다르다.

그리스 연합군의 함대는 마침내 트로이에 도착했다. 오디세우스와 메넬라오스가 헬레네와 보물을 돌려달라는 요구를 하기 위해 사자로 트로이에 파견되었다. 그러나 트로이 인들은 단연코 그 제의를 거절하고 사자를 죽이려고까지 했다.

아킬레우스는 어머니 테티스로부터 가장 먼저 상륙하지 말라는 말을 들었다. 가장 먼저 상륙한 자가 가장 먼저 죽을 것이었기 때문이다. 그러나 아킬레우스는 트로이 전쟁에서 죽을 운명이었다. ■

87 한 여자로 인해 빚어진 갈등

— 아킬레우스와 아가멤논의 불화

트로이 전쟁을 다룬 호메로스의 대서사시 〈일리아스〉는 아킬레우스와 아가멤논의 불화로부터 시작된다. 이들의 불화는 겉으로 드러난 면만 보면 매우 단순하고 간단한 문제처럼 보인다.

두 영웅의 불화는 트로이 전쟁이 그랬던 것처럼 한 여자로부터 비롯된다. 그리스 군대는 트로이 부근에 있는 크리세 섬을 공략한 일이 있다. 여기서 이들은 크리세를 약탈하고, 아폴론 신전의 사제인 크리세스의 딸 크리세이스를 납치했다. 호메로스의 표현대로라면 크리세이스는 매우 아름다운 여자였다. 전리품을 나누면서 대장 아가멤논은 크리세이스에게 반해 그녀를 첩으로 삼았다.

며칠 후 크리세이스의 아버지 크리세스가 아가멤논을 찾아왔다. 크리세이스를 돌려주면 막대한 몸값을 내겠다는 제의를 하러 온 것이다. 그러나 이미 크리세이스에게 푹 빠져 있던 아가멤논이 그녀를 돌려줄 까닭이 없었다.

어깨를 축 늘어뜨리고 돌아간 크리세스는 마지막 카드를 뽑았다. 그는 자신이 모시는 아폴론에게 그리스 군대에 전염병이 돌게 해달라고 간절

△아가멤논의 전령을 맞이하는 아킬레우스. 앵그르.

히 호소했고, 그날부터 그리스 군대에 전염병이 돌기 시작했다. 처음에는
무시했지만 9일 동안 지속되자 여기저기서 불평불만이 터져나오기 시작
했다. 여자 하나 때문에 많은 병사들이 병에 걸려 쓰러진 것이다.

　아가멤논은 크리세이스를 돌려주겠다고 선언했다. 그러나 전리품 가운
데 아킬레우스가 차지한 브리세이스라는 여자를 자기에게 주어야 한다
는 조건을 달았다. 아킬레우스는 그 생각에 찬성하지 않았다. 급기야는
말다툼으로 번졌고, 결국 아킬레우스가 브리세이스를 아가멤논에게 넘
겨주는 것으로 싸움은 끝이 났다.

그러나 트로이 전쟁은 여기서부터 본격적으로 시작된다. 아킬레우스 역시 브리세이스를 넘겨주는 대신 조건을 달았다. 그것은 트로이 전쟁에 불참하겠다는 것이었다. 그리스 연합군이 출발할 때 아킬레우스와 필로크테테스가 없으면 트로이는 함락되지 않는다는 예언이 있었다. 그런데 그 하나인 아킬레우스가 전쟁에서 손을 뗐던 것이다.

필로크테테스는 헤라클레스가 스스로 목숨을 끊을 때 모두 꺼리고 뒤로 물러나자, 그 옆을 지나가다가 장작더미에 불을 붙여주고 헤라클레스가 갖고 다니던 활과 화살을 물려받은 사람의 아들이다. 헤라클레스의 활과 화살은 그의 힘을 상징하는 것이기도 했다. 결국 필로크테테스가 날린 화살이 트로이의 왕자 파리스의 목숨을 앗아갔다.

그렇다면 아킬레우스의 사명은 무엇일까? 아킬레우스는 앞에서 본 대로 바다의 여신 테티스와 펠레우스라는 인간 사이에서 태어났다. 인간의 결혼식에 신들이 참석한 것은 단 두 번이다. 카드모스와 하르모니아가 결혼할 때와, 펠레우스와 테티스가 결혼할 때 신들이 연회에 참석했다.

트로이 전쟁의 내막을 온전히 이해하기 위해서는 인간의 시각뿐만 아니라 신의 시각을 함께 엿보아야 한다. 크게는 트로이의 성벽 아래를 영웅들의 무덤으로 만들려고 했던 제우스의 계략이 내재되어 있고, 작게는 각각의 신들과 얽혀 있는 이해 관계가 있다. 트로이 전쟁은 신들의 대리 전쟁이기도 했다.

이렇게 볼 때 아킬레우스는 신과 인간의 접점에 서 있는 존재였다. 제우스는 모든 전쟁의 영광을 아킬레우스에게 주기 위해 동분서주한다. 실제로 트로이 전쟁의 핵심은 아가멤논에 대한 아킬레우스의 분노와, 아킬레우스와 헥토르의 싸움에 그 초점이 맞춰져 있다.

아가멤논은 그리스 연합군의 총대장 자리를 차지하고 있다. 그런데 아킬레우스는 신과 인간의 접점이라는 후광과 함께 최고의 영웅이라는 심리적인 총대장의 역할을 맡고 있다. 실제로 아킬레우스가 전쟁에서 빠지자 그리스 군대는 패퇴를 거듭하게 된다. 그리스 군대가 심리적으로 위축되었기 때문이다.

신화, 즉 신의 이야기라는 면에서 신의 지지를 받는 아킬레우스가 당연히 높은 위치에 서게 된다. 그런데 아가멤논은 이 사실을 인정하려 하지 않는다. 인간의 측면에서 볼 때 당연히 자신이 총대장이기 때문에 아킬레우스가 자신에게 복종해야 한다고 생각했던 것이다. 물론 아킬레우스는 이를 거부한다. 이것이 바로 아킬레우스와 아가멤논 사이에 불화가 일어나게 된 배경이다.

아가멤논은 딸인 이피게네이아를 아킬레우스와 약혼시키려 한다는 구실을 붙여서 제물로 바칠 정도로 자신의 자리를 지키기 위해 노력했다. 그렇지만 이들의 불화는 제우스가 의도한 대로 아킬레우스의 권위만 높여준 꼴이 되고 말았다. ■

88 조연은 주연을 위해 빛을 낸다
— 헥토르의 빛과 그림자

헥토르는 트로이의 왕자이자 그들의 영웅이었다. 트로이 전쟁 발발의 장본인인 파리스가 유약하고 여성적이었던 데 비해 헥토르는 강함을 지닌 영웅이었다. 헥토르는 처음부터 파리스와 헬레네의 결혼을 반대했다. 그러나 일단 전쟁이 시작된 후에 트로이 군대를 이끄는 대장이 되어 용감하게 싸웠다.

그러나 헥토르는 철저하게 조연이었다. 영화제에서 조연상이라는 것이 있기는 하지만 주연이 얻는 영광과 빛에는 미치지 못한다. 따라서 조연으로 자기 삶을 마감하기 원하는 사람은 없다. 삶을 다 보내고서야 자기 삶이 조연이었고 삼류였음을 깨닫게 된다. 처음부터 조연이 되고 싶어하거나 삼류 인생을 살려는 사람이 어디 있겠는가.

헥토르는 트로이 전쟁에서 빛나는 조연 역할을 충분히 해냈다. 〈일리아스〉에서 헥토르가 아내와 아들을 성 안에 남겨두고 출정하는 장면은 매우 슬프게 묘사되어 있다.

아킬레우스가 전쟁터를 떠나자 헥토르는 트로이 군대를 이끌고 맹렬하게 공격했다. 그리스 군대는 무너졌고 육지에서 밀려나 배 위로 쫓겨갔

△전차를 타고 있는 사람.

다. 마지막 공격을 앞두고 포세이돈의 도움으로 그리스 군대는 결정적인
파멸만은 면했다.

상황이 여기에 이르자 아가멤논과 그리스 군대는 최고의 명장 아킬레
우스에게 도움을 청할 수밖에 없었다. 그러나 아킬레우스는 미동도 하지
않았다. 그만큼 단단히 화가 나 있었던 것이다.

이때 아킬레우스의 가장 가까운 친구인 파트로클로스가 아킬레우스의 자존심을 살리면서 그리스 군대의 위기를 구할 수 있는 묘안을 생각해냈다. 그것은 파트로클로스가 아킬레우스의 갑옷을 입고 전쟁터에 나서는 것이었다. 아킬레우스는 친구의 열띤 설득에 넘어갔다. 다만 너무 멀리 트로이 군대를 쫓아가지 말라고 주의를 주었다.

파트로클로스는 아킬레우스의 갑옷을 입고 미르미돈이라고 불리는 아킬레우스의 군대를 이끌고 전투에 참가했다. 아킬레우스가 전쟁터에 나타났다는 소식은 그리스 군대에게는 더할 수 없는 힘을 주었고 트로이 군대에게는 절망적인 것이었다.

전세는 순식간에 역전되었다. 그러나 또 하나의 조연이었던 파트로클로스는 승리에 도취해서 아킬레우스의 주의를 잊고 말았다. 제우스의 사랑하는 아들 사르페돈을 죽이고 헥토르와 맞섰다가 창에 찔려 전사하고 말았다. 그리고 아킬레우스의 갑옷은 헥토르의 손에 넘어갔다.

아킬레우스는 친구의 죽음에 분노해서 트로이를 함락시키기 전에는 파트로클로스의 시체를 땅에 묻지 않겠다고 맹세를 하고 전쟁터로 나선다. 영웅의 극적인 등장인 셈이다. 테티스는 헤파이스토스를 찾아가 최고의 갑옷을 주문해 아들에게 주고, 제우스에게 아들의 영광을 기원한다.

헥토르는 저무는 해처럼 사라져야 할 운명이었다. 다시 전쟁터에 나타난 아킬레우스의 목표는 단 하나, 헥토르였다. 아킬레우스는 야수처럼 사납게 전쟁터를 누볐다. 헥토르는 친구의 경고를 무시하고 아킬레우스와 맞서려고 했다. 그러나 막상 대면을 하자 두려움이 일어 트로이 성으로 후퇴했다. 그러나 이미 성문은 닫혀 있었다. 트로이 인들은 헥토르를 위해 성문을 열면 그리스 군대가 들이닥칠 것이었기 때문에 문도 열지 못한 채 성벽 위에서 발만 동동 굴렀다.

술래잡기라도 하듯 헥토르와 아킬레우스는 성을 몇 바퀴 돌았다. 그때 헥토르의 옆에 친구가 나타났다. 이에 용기를 얻은 헥토르는 몸을 돌려 쫓아오는 아킬레우스를 향해 창을 던졌다. 그러나 아킬레우스는 아직 죽을 수 없는 운명이었다. 창이 빗나갔다. 헥토르는 친구에게 창을 받으려고 돌아보았을 때 친구는 어디론가 사라지고 없었다. 그 친구는 아테나 여신이 변신한 모습이었다.

헥토르는 자기가 속았다는 것을 깨닫고 운명을 받아들였다. 아킬레우스의 창이 날아와 몸에 꽂혔고, 헥토르는 죽었다. 아킬레우스는 잔인하게도 헥토르의 시체를 마차에 매달고 트로이 성벽을 돌았다. 시체는 곧 너덜너덜한 누더기가 되었다. 트로이 성벽 안에서는 통곡이 이어졌다. 헬레네도 울었다.

트로이의 왕 프리아모스는 헤르메스의 도움으로 아킬레우스를 만나 어렵게 헥토르의 시체를 받아 성대한 장례식을 치렀다. 이렇듯 주연급 조연이 죽으면서 호메로스의 〈일리아스〉는 대단원의 막을 내린다. ■

89 공허한 전쟁의 메아리
— 아킬레우스의 죽음

트로이 전쟁을 처음부터 다시 되짚어보자. 발단이 된 것은 불화의 여신 에리스가 던진 황금 사과였다. 파리스가 황금 사과의 주인을 아프로디테로 선정했던 것이 헬레네의 납치와 그리스 연합군의 조직으로 이어져 결국 트로이 전쟁이라는 파국에 이르게 되었다.

그런데 불화의 여신 에리스는 아킬레우스의 부모인 펠레우스와 테티스의 결혼식에 초대받지 못했다. 축복받아야 마땅할 결혼식에 불화는 어울리지 않았기 때문에 에리스를 초대하지 않았던 것이 결국 불화를 자초한 꼴이 되고 말았다.

앞서 말한 대로 신들이 인간의 결혼식에 참석한 적이 두 번 있었는데, 그 하나가 펠레우스와 테티스의 결혼식이었다. 그렇다면 왜 이들의 결혼식에 신들이 참석했을까?

트로이 전쟁을 이해하기 위해서는 테티스와 제우스의 관계를 이해해야 한다. 테티스는 매우 아름다운 여신이었다. 제우스가 그 사실을 모를 까닭이 없었다. 그런데 테티스에게는 치명적인 함정이 있었다. 제우스와 테티스 사이에서 태어난 아들이 제우스를 몰아내고 신들의 왕이 된다는 예언이 그것이다.

처음에 그 사실을 알고 있었던 것은 프로메테우스뿐이었다. 그렇기 때문에 프로메테우스는 매일 돋아나는 간을 독수리에게 쪼아먹히는 벌을 꿋꿋이 참고 견딜 수 있었다. 제우스가 테티스와 잠자리를 같이 하는 순간 세상이 뒤집히는 것이다.

그러나 결국 프로메테우스와 제우스는 타협을 했다. 헤라클레스가 간을 쪼아먹는 독수리를 화살로 쏘아서 죽였고, 프로메테우스는 테티스의 비밀을 털어놓았던 것이다. 따라서 제우스에게 있어 테티스에게서 태어난 아들 아킬레우스는 매우 각별한 존재였다. 다시 말해서 아킬레우스는 자신의 닮은꼴이었던 셈이다.

호메로스에 따르면, 테티스는 아킬레우스를 불사의 몸으로 만들려고 했다. 테티스는 아킬레우스가 태어나자 지하에 흐르는 강인 스틱스에 담갔는데, 발뒤꿈치를 쥐고 있었기 때문에 그곳만이 불사의 힘을 얻지 못했다. 우리가 아킬레스건腱이라고 부르는 발뒤꿈치 부분이 바로 그곳이다.

앞서 말한 대로 제우스는 트로이 전쟁에서 아킬레우스를 최고의 영웅으로 만들려고 노력했다. 그래서 아킬레우스가 전쟁에서 손을 떼자 제우스는 트로이 군에게 힘을 실어 그리스 군대를 사정없이 몰아붙인다. 극단적으로 몰려간 최악의 상황에서 그리스 군대를 구원할 영웅 아킬레우스를 등장시키기 위해서였던 것이다.

그런데 파트로클로스가 그의 갑옷을 입고 헥토르와 싸우다 죽자 아킬레우스는 끝없는 절망과 분노에 사로잡혔다. 파트로클로스는 친구였을 뿐만 아니라 자신의 애인이기도 했던 까닭이다. 당시 동성애는 흔한 것이었다.

세상에서 가장 무서운 사람은 사랑을 잃은 사람이다. 자신보다 더 사랑했던 연인을 잃은 사람은 더이상 아까울 것이 없기 때문이다. 이제 아킬레우스가 다시 전쟁터에 나설 명분과 실질적인 이유가 충분히 마련되었다. 아킬레우스는 헥토르를 죽이고 트로이 군대를 궁지로 몰아넣었다.

그 당시 트로이 군대를 돕기 위해 아마존의 여왕 펜테실레이아가 달려왔다가 역시 아킬레우스에게 살해되고 말았다. 그런데 아킬레우스는 자신이 살해한 아마존의 여왕에게 연정을 느끼게 되었다. 펜테실레이아의 아름다움에 매료되었던 것이다. 죽은 자에게 연모의 정을 느낀다는 것은 그의 운명이 이제 다했음을 보여주는 일이다.

이를 보고 테르시테스가 아킬레우스를 비웃었다. 수치심과 분노에 사로잡힌 아킬레우스는 아군인 테르시테스를 살해하고 말았다. 아킬레우스는 이를 속죄하기 위해 아폴론과 아르테미스 그리고 그들의 어머니인 레토에게 제물을 바치고 죄를 빌어야 했다.

아킬레우스가 무릎을 꿇고 죄를 비는 사이에 아폴론의 도움을 받은 파리스가 아킬레우스의 아킬레스건을 활로 쏘았다. 활의 신 아폴론의 도움을 받았기 때문에 화살은 정확하게 목표점에 맞았고, 아킬레우스는 쓰러졌다. 신들과 인간들 모두 아킬레우스의 죽음을 애도했다.

아킬레우스는 죽은 지 18일째에 화장되어 파트로클로스의 유골과 함께 흰 섬이란 의미인 레우케 섬에 묻혔다. ■

90 재앙은 방심에서 비롯된다

— 트로이의 목마

아길레우스가 죽자 전쟁은 소강상태에 접어들었다. 그리스 연합군이 트로이에 도착한 지 이미 10년이 지나고 있었다. 사람들은 지칠 대로 지쳐 있었다. 그들은 지치고 힘든 만큼 헬레네를 원망했고 자신들의 운명을 안타까워했다.

그때 그리스의 예언가 칼카스가 헤라클레스의 활을 가지고 있는 자를 아군으로 끌어들이지 않으면 트로이를 함락할 수 없다고 예언했다. 그래서 오디세우스와 일행은 렘노스로 가서 필로스테테스를 데려와 그의 화살로 파리스를 살해했다.

파리스가 죽자 카산드라와 쌍둥이 남매인 헬레노스와 그의 형제 데이포보스가 서로 헬레네를 차지하기 위해 다퉜다. 경쟁 끝에 데이포보스가 헬레네의 새로운 남편이 되었다. 이에 실망한 헬레노스는 트로이를 떠나 이데 산으로 들어갔다. 다시 칼카스가 말하기를, 헬레노스가 트로이 성을 공략하는 방법을 알고 있다고 했다. 오디세우스와 일행은 이데 산으로 가서 헬레노스를 굴복시켰다.

헬레노스는 세 가지를 말했다. 먼저 펠롭스의 뼈를 가지고 올 것, 둘째는 아킬레우스의 아들 네오프톨레모스를 참전시킬 것, 세번째로 하늘에서 내려온 아테나의 신상神像(팔라디온)을 트로이에서 훔쳐올 것이 그것이다. 오디세우스가 변장을 하고 트로이로 들어가 아테나의 신상을 훔쳐오는 것으로 위의 세 가지 요구를 충족시켰다.

그리고 마지막이 목마의 건조였다. 오디세우스는 이데 산에서 나무를 베어다가 안이 텅 빈 목마를 만들었다. 그 속에는 50명 또는 300명의 사람이 들어갈 수 있었다고 한다. 목마에는 "고향으로 귀환하게 된 감사의 선물로 아테나 여신에게 이를 바친다"라는 글이 새겨져 있었다. 목마 안에는 오디세우스와 헬레네의 전남편인 메넬라오스 등의 용감한 전사들이 숨었다. 그리스 연합군은 막사에 불을 지르고 모두 배에 올라타 떠나는 것처럼 보이게 했다.

밤이 되자 트로이 사람들은 밖으로 나와 그리스 연합군이 물러간 것을 기뻐하며 목마를 어떻게 할 것인지에 대해 논의했다. 예언 능력은 있지만 설득력을 잃은 카산드라는 트로이가 파괴되는 모습과 시뻘건 피를 보았다고 했다. 또다른 예언자 라오콘도 목마를 창으로 찌르며 불태울 것을 주장했다. 그때 아폴론이 보낸 큰 뱀이 나타나 라오콘을 휘감았다. 트로이 사람들은 이를 신의 분노라 생각하고 목마를 받아들이기로 결정했다.

지긋지긋한 전쟁이 끝났다고 생각한 트로이 사람들은 곧 축제에 휩싸였다. 카산드라는 이미 쫓겨나고 없었다. 축제의 함성이 트로이 성벽을 울리고 있을 뿐이었다. 그러나 목마 속에서는 팽팽한 긴장만이 소리 없이 흐르고 있었다.

그때 헬레네가 새 남편인 데이포보스와 함께 목마 앞에 나타났다. 그녀는 꾀꼬리가 노래하듯 다정한 목소리로 오디세우스, 메넬라오스, 안티클로스 등 차례로 이름을 부르기 시작했다. 그녀가 이름을 부르자 목마 안에 있던 사람들은 용사에서 피가 들끓는 남자로 변해갔다.

목마 속은 순식간에 욕정이 두근거리는 공간으로 변했다. 코와 입이 열리면서 뜨거운 입김이 쏟아져나왔다. 헬레네의 목소리는 그들의 몸을 휘감는 달콤한 여인의 손길이었다. 메넬라오스는 밖으로 나가기 위해 일어

섰고, 안티클로스는 헬레네의 부름에 대답하려고 했다.

오디세우스는 헬레네의 부름에 답하려고 하는 안티클로스의 목을 조르기 시작했다. 안티클로스는 자신의 이름을 부르는 천상의 목소리를 들으며 지하세계로 내려갔다. 헬레네의 발길이 멀어져가는 소리가 들리고 다시 용사가 된 사람들은 싸늘하게 변해가는 안티클로스의 시체를 바닥에 내려놓았다.

축제의 함성이 잦아들자 그리스의 용사들은 무장을 하고 목마 밖으로 나왔다. 그 이후 상황은 카산드라가 이미 예견했던 그대로였다. 성문이 열리자 밖에서 기다리고 있던 그리스 연합군이 물밀듯이 트로이 시내로 몰려들었고 10년간의 분풀이가 시작되었다. 약탈과 방화, 강간, 절도가 무자비하게 자행되었다.

이것은 판도라의 상자가 열리고 세상에 온갖 죄악이 넘치게 된 것에 비유할 수 있다. 그랬다. 세상의 모든 죄악이 트로이에 넘쳐났다. 목마가 열리고 트로이는 처절하게 파멸했다.

그러나 몇몇 사람은 살아남았다. 아이네이아스는 아버지 안키세스와 함께 살아남았는데, 이는 비록 적이지만 그리스 사람들이 그들을 존경했기 때문이다. 그리고 두 여자가 살아남았다. 한 명은 카산드라였고, 다른 한 명은 트로이 전쟁의 발단이 되었던 헬레네였다. ■

— 벌거벗은 헬레네

목마를 열고 나온 메넬라오스는 약탈에는 관심이 없었다. 그의 관심은 오직 하나 헬레네뿐이었다. 자신에게 그토록 고통과 깊은 절망을 안겨준 여자를 자기 손으로 찾아내 죽이고 말겠다는 강한 의지가 있었을 뿐이었다.

메넬라오스는 헬레네와 새로 결혼한 데이포보스의 집으로 달려갔다. 세상의 모든 남자가 바랐던 헬레네와 결혼해 의기양양했던 데이포보스였지만, 막상 그리스 군인의 대살육이 자행되자 두려움에 떨며 집안에 남아 있었다.

메넬라오스는 헬레네에게 지니고 있던 강한 욕망과 절망의 무게만큼 데이포보스를 잔인하게 살해했다. 그러나 그곳에 헬레네는 없었다. 피를 뒤집어쓰고 핏물이 뚝뚝 떨어지는 칼을 든 야차 같은 메넬라오스는 큰 집을 샅샅이 뒤져 가장 안쪽에 있는 방에서 헬레네를 찾아냈다.

실로 오랜만의 해후였다. 그가 외할아버지의 장례식 때문에 크레타를 떠날 때 마중을 나왔던 모습이 마지막이었던 것이다. 헬레네는 그날 밤 바로 파리스와 짐을 꾸려 도망쳤었다. 그로부터 20여 년이 흘렀고, 그 동안 헬레네는 두 남자와 결혼을 했지만 예전 모습 그대로였다.

메넬라오스의 시선과 헬레네의 시선이 허공에서 만났다. 메넬라오스는 그 순간 영혼이 접지되는 것을 느꼈다. 헬레네의 표정은 20년 전과 전혀 다르지 않았다. 메넬라오스는 자신이 지금까지 지녀왔던 질투와 분노, 절망이 한순간에 녹아내리는 것을 느꼈다. 이미 헬레네의 반라에 가까운 육체를 보면서 달아오르기 시작한 욕망이 그를 지배하기 시작했다.

메넬라오스는 헬레네를 살리기로 마음먹었다. 그러기 위해서는 다른 사람들의 동의가 필요했다. 수많은 사람들이 헬레네로 인해 20여 년이라는 엄청나게 긴 세월을 허비했고 또한 죽어갔다. 살아남은 자들의 고통과 아픔을 어떻게 달래고 그들의 고개를 끄덕이게 할 것인가. 메넬라오스의 눈은 헬레네의 드러난 젖가슴에 가 있었다.

메넬라오스는 무엇인가 결심한 듯이 헬레네의 손목을 거칠게 잡아채서 밖으로 끌고나왔다. 그의 얼굴은 참혹하게 일그러졌다. 약탈과 방화가 끝나 소란스러움도 찾아든 바깥에는 그리스 군인들이 모여 있었다.

악귀와 같은 얼굴을 한 메넬라오스와 그에게 손목을 붙잡힌 채 끌려나온 헬레네는 모두의 시선을 끌기에 충분했다. 메넬라오스는 아무 말 없이 아가멤논을 향해 곧바로 걸어갔다. 아가멤논은 두 사람이 자기를 향해 다가오는 것을 물끄러미 보았다. 그리고 파리스가 헬레네를 납치해왔을 때 프리아모스가 모두의 반대를 물리치고 두 사람을 결혼시키면서 했던 말을 중얼거렸다. "헬레네는 트로이 전쟁의 원인이 아니야."

메넬라오스는 으르렁거리는 개처럼 적개심을 얼굴에 드러냈다. 여전히 거칠게 헬레네의 손목을 부여잡고 아가멤논의 옆을 지나 그리스 사람들의 앞을 지나가기 시작했다. 헬레네를 살려주자는 모두의 동의를 구하기 위해서였다. 그런데 왜 메넬라오스는 적개심을 드러냈을까?

헬레네를 살리기 위해서는 개념 또는 이미지가 아닌 헬레네의 실체를 보여주어야 했다. 누구나 한번쯤은 막연히 알고 있던 것을 실제로 보았을 때 그 차이가 큰 것에 놀란 적이 있을 것이다. 메넬라오스가 노린 것이 바로 그것이었다. 그리스 사람들 가운데 헬레네를 실제로 본 것은 헬레네에게 구혼했던 우두머리들뿐이었다. 나머지 병사들은 주인을 따라 오직 한 가지 이유 때문에 트로이까지 와서 싸우다 죽고 다쳤다. 단지 헬레네 때문에.

그저 아름답다고 알고만 있는 것과 실제로 보고 아름답다고 느끼는 것은 하늘과 땅 차이다. 20년 동안 이미지를 증식시켜온 분노를 품고 헬레네를 죽이기 위해 피가 묻은 칼을 들고 헬레네를 찾아다니다가, 실제로 만나 그녀를 보았을 때 메넬라오스는 칼을 떨어뜨렸다.

그렇다면 메넬라오스가 모두에게 동의를 구하면서도 적개심을 드러낼 수밖에 없었던 이유는 분명해진다. 헬레네를 살리기 위해서는 모두의 동의를 구해야 하지만, 모두에게 헬레네의 벗은 몸을 보여주어야 한다는 사실 때문이었다.

아무도 헬레네를 비난하지 않았다. 다만 메넬라오스와 그녀가 지나갈 수 있도록 길을 터주었을 뿐이다. 예수는 "죄가 없는 사람은 이 여인에게 돌을 던져라"라고 말했다. 헬레네의 경우는 또다른 의미에서 아무도 그녀에게 돌을 던질 수가 없게 만들었다. 그것은 그녀 앞에 선 남자를 다른 것이 아닌 100% 순수한 남자로 만들기 때문이다. 그래서 안티클로스는 목졸려 죽었다.

헬레네는 20년의 여행을 끝나고 돌아왔다. 그리고 메넬라오스보다 오래 살았다. 그러나 이미 그녀는 자기가 맡은 역할을 모두 끝마쳤다. 메넬라오스가 죽자 두 아들이 그녀를 내쫓았다. 헬레네의 매력이 통하지 않는 남자는 오직 아들뿐이었기 때문에. 헬레네는 로도스 섬으로 쫓겨갔다가 나무에 목을 매고 죽었다. 그러나 자살은 아니다. ■

92 목이 터져라 외쳤건만…
— 카산드라의 헛된 외침

카산드라는 트로이의 왕 프리아모스의 딸로 매우 아름다운 여자였다. 그녀가 예언력을 지니게 된 것에 대해서는 두 가지 다른 이야기가 있다. 어릴 때 아폴론 신전에서 놀고 있을 때 뱀이 다가와 귀와 입을 핥았고, 그때부터 예언력이 생겼다는 것이 첫번째 이야기다.

두번째 역시 아폴론과 관계가 있다. 카산드라의 아름다움에 매혹된 아폴론은 그녀가 당연히 자신의 사랑을 받아들일 것으로 생각하고 먼저 예언력을 주었다. 그러나 카산드라는 아폴론의 사랑을 거절했다. 분노한 아폴론은 그녀가 어떤 예언을 하더라도 다른 사람들이 믿지 못하게 그녀가 지닌 설득력을 빼앗았다.

예언이 아폴론과 관계가 있는 것은 신탁을 관장하는 신이 아폴론이기 때문이다. 그는 태어나자마자 고대의 신탁소를 지키고 있던 큰 뱀 피톤을 살해하고 그 자리를 차지했다. 신탁은 피티아라는 무녀들의 입을 통해서 이루어지는데, 피톤이 암컷이었기 때문에 피티아는 항상 여자여야 했다.

어쨌든 카산드라는 인간이 처할 수 있는 가장 불행한 구렁텅이에 빠지고 말았다. 앞으로 일어날 일에 대해 모두 알고 있는데 아무도 그 이야기에 귀를 기울이지 않을 때 드는 고독함과 절망감을 인간이 지닌 어떤 감정에 비길 수 있겠는가.

파리스가 이데 산에서 내려와 트로이에 왔을 때 아무도 알아보지 못했지만, 카산드라는 한눈에 그가 자신의 오빠임을 알아보았다. 또한 아버지 프리아모스가 파리스를 스파르타에 파견했을 때도 이어질 헬레네의 납치와 그로 인한 트로이 전쟁을 예견했다. 그러나 아무도 그녀의 말에 귀를 기울이지 않았다. 그녀의 말에는 설득력이 눈곱만큼도 없었던 것이다.

그리스 연합군이 목마를 남겨두고 떠났을 때 가장 먼저 목마가 초래할 극악한 불행에 대해 말한 것도 카산드라였다. 그녀는 그리스 인들의 비열한 속임수에 대해 목이 터져라 외쳤다. 그러나 아무도 그녀의 말을 듣지 않았다. 라오콘만이 그녀를 거들었지만 뱀에 칭칭 감겨 목숨이 끊어지고 말았다.

트로이 사람들이 카산드라의 말만 들었어도 파멸은 피할 수 있었을 것이다. 물론 신들의 의지가 트로이의 몰락을 원하고 있었기 때문에 어쩔 수 없는 일이기는 했지만. 카산드라의 피맺힌 절규는 곧이어 현실로 나타났다.

목마가 열리고 그리스 군대가 트로이 시내로 들어오자 카산드라는 숨을 곳을 찾았다. 그러나 이미 안전한 곳은 없었다. 그녀는 마지막으로 아테나 신전으로 가서 아테나의 신상을 붙들고 안전을 기원했다. 칼을 높이 들고 방패를 든 그 아테나는 트로이의 수호신이었다. 그러나 아테나는 트로이 편이 아니었다.

카산드라를 발견한 것은 아이아스라는 사람이었다. 그는 카산드라를 강간하려고 했다. 이때의 일을 기록한 조각을 보면 한쪽 팔은 아이아스에게 잡힌 채 다른 손으로 아테나 신상을 부둥켜안고 젖가슴이 그대로 드러난 몸을 하고 저항하고 있다. 주위에 있는 트로이 사람들은 공포에 사로잡혀 있다. 카산드라는 아테나 신상을 부둥켜안은 채로 강간을 당했다.

카산드라의 전율이 아테나 신상을 통해 아테나의 심장을 울리자 아테나는 그리스 군대에게 분노를 품게 되었다. 그리고 신성모독에 대한 속죄가 없고 아이아스가 아무런 벌을 받지 않자 귀국하는 그리스 군인을 무차별적으로 살해했다. 아테나는 전쟁의 신이기도 하다. 그리스 군대는 아이아스를 죽이려고 했지만 그가 제단 뒤에 숨었기 때문에 그를 트로이에 남겨두고 떠났다.

트로이 약탈이 끝나고 전리품을 나누는 자리에서 카산드라는 그리스의 총대장 아가멤논의 차지가 되었다. 카산드라는 아가멤논과 함께 미케네로 갔다. 그곳에서 카산드라는 아가멤논의 조상, 즉 아트레우스 가문에 떠도는 저주를 밝히고 아가멤논과 자신에게 일어날 일을 예언했다. 그러나 그 말은 무시되었다.

카산드라의 말을 무시한 아가멤논은 그의 아내 클리타임네스트라에게 욕실에서 살해되었고, 그와 함께 카산드라 역시 살해되고 말았다. ■

93 새로운 도시를 찾아서

― 트로이 유민

이제 트로이 전쟁은 끝나고, 두 모험가의 이야기로 그리스 신화는 끝을 맺는다. 하나는 아이네이아스고 다른 하나는 오디세우스다. 아이네이아스는 패전한 장군으로, 살아남은 트로이 일족을 이끌고 이탈리아와 지하세계를 여행한다. 오디세우스는 전쟁에서 승리했지만 신의 분노를 사서 10년 동안 고향으로 돌아가지 못하고 떠돌게 된다.

앞에서 제우스가 아프로디테를 벌하기 위해 인간을 사랑하게끔 만든 인간이자 트로스의 후손 안키세스가 있음을 보았다. 안키세스와 아프로디테 사이에서 태어난 것이 바로 아이네이아스다. 아이네이아스는 제우스처럼 이데 산에서 자랐다.

훗날 트로이 전쟁이 일어났을 때 아이네이아스는 트로이의 일족인 탓에 트로이 성 안에 있었다. 그는 트로이의 왕 프리아모스의 딸 크레우스와 결혼했다. 그런데 트로이 함락을 전후해서 그의 행적에 대해 두 갈래의 이야기가 있다.

트로이의 목마가 속임수라고 고발했던 라오콘이 큰 뱀에 의해 죽임을 당하는 것을 보고 도망했다는 것과, 트로이가 완전히 함락된 후 아버지

△하르피아와 싸우는 아이네이아스와 그 일행. 터너.

안키세스를 업고 트로이를 떠나는 그를 그리스 군사들이 그냥 보내주었다는 것이다. 앞서 본 대로 그리스 사람들이 비록 적이지만 아이네이아스를 존경하고 있었기 때문이다.

아이네이아스의 일행이 트로이를 떠나 처음 간 곳은 이데 산이었다. 가던 도중 아이네이아스는 아내를 잃었고, 그곳에 머물면서 이들은 배를 만들어 트라키아에 도착해 도시를 건설하려고 했다. 그러나 제물을 바치고 근처에 있는 나뭇가지를 꺾자 그곳에서 피가 흘러나왔다. 아이네이아스는 그곳이 저주받은 땅이라고 생각하고 그곳을 떠났다.

그래서 먼저 델포이로 가서 신탁을 하기로 했다. 조상들의 땅을 찾아가라는 말을 듣고 과거 조상이 크레타에서 왔다는 것을 기억해낸 아이네이아스는 곧바로 크레타로 갔다. 그러나 그곳은 약속한 땅도 아니고 낙원도 아니었다. 도시를 건설하려고 하자 병이 번졌으며 곡식은 익지 않았다. 그때 아이네이아스는 꿈에 서쪽으로 떠나라는 계시를 받았다. 트로이의 조상인 다르다노스가 처음 살았던 곳은 지금의 이탈리아였던 것이다.

그들은 갖은 고생과 고난을 이기고 마침내 이탈리아에 상륙했다. 그곳에는 하르피아가 살고 있었다. 앞에서 아르고 원정대가 피네우스를 위해 쫓아내자 이곳으로 이주해왔던 것이다. 그들은 아이네이아스 일행이 소떼를 발견하고 음식을 만들자 어디서 나타났는지 재빨리 고기를 채서 날아갔다. 이들은 상체는 여자, 하체는 새의 형상을 한, 굶주림으로 인해 항상 창백한 얼굴을 한 끔찍한 새였다.

아이네이아스 일행이 칼을 들고 쫓아가자 배가 고파 식탁을 먹어치우기 전까지는 나라를 세울 수 없을 것이라는 예언을 하고 사라졌다. 일행이 아프로디테의 신전에 도착했을 때 아이네이아스의 아버지 안키세스가 죽었다.

일행은 그곳도 아니라고 생각하고 길을 떠나 에페이로스 해안에 상륙했는데, 그곳에는 헥토르의 미망인인 안드로마케가 지배자로 있는 땅이었다. 그곳에서 이들은 환대를 받고 여독을 푼 다음 다시 그들을 기다리고 있는, 그렇지만 어디인지 모르는 땅으로 향했다.

시켈리아 해안을 통과할 때 키클로프스의 섬을 지났다. 이미 오디세우스가 그곳을 다녀간 다음이었다. 오디세우스에게 하나밖에 없는 눈을 잃은 폴리페모스가 사람들의 목소리를 듣고 화풀이를 하기 위해 달려들었다. 아이네이아스 일행은 황급하게 도망쳐 또다시 고달픈 여행을 떠나야 했다.

이들은 오디세우스가 마지막으로 부하를 모두 잃은 해협을 피해 해안을 따라 항해했다. 그런데 트로이에 적대적이었던 헤라는 끊임없이 아이네이아스 일행을 박해했다. 헤라는 바람을 관장하고 있는 아이올로스에게 명령해 이들의 항해를 엉망으로 만들라고 시켰다. 아이올로스는 오디세우스의 모험에서도 다시 나온다. ■

94 지하세계로의 여행
― 아이네이아스의 모험

폭풍과 거센 풍랑 때문에 이들의 배는 아프리카 해안까지 밀려 갔다. 헤라와 함께 그리스 편이었던 포세이돈은 바람이 자기 영역을 침범하자 화를 내며 그들을 몰아내고, 트로이 사람들이 무사히 해안에 닿을 수 있도록 도와주었다.

그곳의 여왕 디도는 역시 그리스에서 건너온 민족으로, 아이네이아스 일행을 따뜻하게 맞이해주었다. 그곳에는 훗날 카르타고라고 불리는 큰 도시가 건설되었다. 헤라는 아이네이아스가 이탈리아로 돌아오지 못하게 하기 위해 그곳의 여왕 디도와 아이네이아스를 결혼시키려고 했다. 여기에 아프로디테까지 가세해, 동굴 속에서 디오와 아이네이아스는 연분을 맺었다.

아이네이아스는 디도와 함께 행복한 생활을 했다. 그러나 아이네이아스는 정식으로 결혼하지 않았다. 제우스가 그에게 일러준 자신의 사명을 잊지 않았기 때문이었다. 아이네이아스는 다시 떠나기로 마음먹고 배에 올랐을 때 육지에서 불이 난 것을 보았다. 그것은 아이네이아스가 떠나자 절망한 디도가 자살해서 화장하는 불이었다.

△부상당한 아이네이아스. 벽화.

그는 다시 이탈리아로 돌아왔다. 도중에 두 명의 유능한 부하를 잃었다. 미세노스와 팔리누루스였다. 팔리누루스는 키잡이로, 아이네이아스를 대신해서 목숨을 잃었다. 아프로디테가 아들의 안전을 위해 포세이돈에게 협조를 부탁했을 때 포세이돈이 희생물을 요구했고, 그것이 팔리누루스였던 것이다.

포세이돈의 도움으로 일행은 안전하게 이탈리아 해안에 도착했다. 그곳에서 예언자 시빌레의 지시에 따라 아베르누스의 호수 근처의 숲에서 황금 나뭇가지를 찾았다. 영국의 학자 프레이저에 따르면, 이 황금가지는 참나무에 기생하는 겨우살이다.

시빌레는 아폴론의 사랑을 거절한 대가로 벌을 받은 여자였다. 아폴론은 자신의 사랑을 받아들이면 소원을 들어준다고 했고, 시빌레는 모래를 한 줌을 쥐고 그 모래알만큼의 수명을 달라고 했다. 그러나 마지막에 아폴론의 사랑을 거절했다. 그래서 수명은 1000년이 되었지만, 젊음을 요구하지 않았기 때문에 늙은 채로 살아가는 여인이었다.

아이네이아스와 시빌레는 황금가지를 갖고 지하세계로 갔다. 그곳에서 이들은 많은 망령을 만났다. 자살한 디도도 만났지만 그녀가 먼저 고개를 돌렸다. 아이네이아스는 아버지 안키세스를 만나 일족과 대제국이 될 로마의 장래에 대한 얘기를 듣고 희망을 품은 채 다시 지상으로 돌아왔다.

아이네이아스와 시빌레는 티베리스 강가에서 식사를 했는데, 너무 배가 고파 식탁으로 쓰던 편평한 빵까지 모두 먹었다. 그제서야 하르피아의 예언이 생각났다. 그 지역은 라티움이라는 나라였는데, 그곳에는 이방인에게 외동딸인 라비니아를 결혼시켜야 한다는 신탁이 있었다. 바로 아이네이아스가 적격이었다.

그러나 다시 헤라가 중간에 개입해서 결혼을 앞두고 큰 분쟁을 일으켰다. 아이네이아스는 헤파이스토스가 만든 갑옷을 입고 우여곡절 끝에 분쟁을 수습한 뒤 나라를 세웠다. 나라는 아내 이름을 따서 라비니움이라 지었고, 헤라의 분노를 가라앉히기 위해 이전에 트로이에서 사용하던 관습과 언어 등 모든 것을 버리고 이탈리아의 것을 사용하기로 했다. 트로이에 대한 헤라의 분노는 이처럼 집요하고 강했다.

아이네이아스가 겪은 모험은 오디세우스의 모험만큼이나 흥미롭다. 다만 오디세우스의 이야기는 호메로스가 그 전달자인 데 비해 아이네이아스의 이야기는 베르길리우스가 그 전달자다.

이제까지 패배한 트로이의 유민들이 어떤 모험을 하고 어떻게 나라를 세웠는지를 보았다. 이제부터 승리한 그리스 연합군은 어떤 모험을 겪었는지 살펴본다. 그 모험의 초점은 오디세우스다. ■

95 상처뿐인 승리
— 그리스 군대의 귀환

10년에 걸친 트로이 전쟁은 목마를 이용한 그리스 군대의 승리로 끝났다. 그러나 고향으로 돌아가는 것도 쉽지 않았을 뿐더러, 고향에 돌아가서도 트로이 전쟁이 남긴 후유증에 시달려야 했다. 베트남 전쟁 이후의 미국처럼 말이다.

예언자 칼카스를 비롯한 일부는 배를 버리고 육로를 통해 그리스로 가기로 했다. 도중에 콜로폰에서 칼카스가 죽었다. 자신보다 뛰어난 예언자를 만나면 죽을 것이라는 칼카스에 대한 예언이 실현된 탓이었다. 콜로폰에서 칼카스는 아폴론의 아들 몹소스를 만나 예언 기술을 경쟁했다.

칼카스가 야생 무화과 나무 앞에서 열매가 몇 개인가에 대해 물었을 때 몹소스는 정확하게 알아맞혔다. 이번에는 몹소스가 임신한 암퇘지를 가리키며 뱃속에 몇 마리가 들어 있으며 몇 마리가 태어날지에 대해 물었다. 칼카스가 대답하지 못하자 몹소스는 열네 마리의 새끼가 들어 있으며, 그 가운데 하나가 숫놈으로 내일 태어날 것이라 예언했고, 그것은 조금도 틀리지 않았다. 칼카스는 낙담 끝에 죽었던 것이다.

메넬라오스는 아가멤논과 다투고 배를 출항했다가 폭풍우를 만나 겨우

353

다섯 척만 건져 이집트에 도착했다. 아가멤논은 제물을 바친 다음 테네도스에 기항했는데, 그곳에 아킬레우스의 어머니 테티스가 나타나 손자인 네오프톨레모스에게 이틀을 더 묵으라고 권했다. 아가멤논과 그는 남았다. 그러나 다른 배들은 출항했다가 폭풍우를 만나 많은 배가 바다로 가라앉았다.

카산드라를 능욕했던 아이아스도 제단에 숨어 있다가 그리스를 향해 출발했다. 아테나가 그의 배에 벼락을 던져 배가 파괴되었는데, 그는 바위 위로 기어올라가 목숨을 구했다. 그리고 아테나가 자기를 죽이려고 했지만 살아남았다고 떠들었다. 그때 포세이돈이 그가 서 있던 바위를 삼지창으로 깨뜨렸다. 아이아스는 바위와 함께 바닷속으로 떨어져 죽었다.

다른 사람들은 표류하다가 밤에 카페레우스 산 위에 봉화가 오르는 것을 보고 그곳으로 향했고, 암초에 부딪쳐 대부분이 죽었다. 봉화를 올린 것은 나우플리오스로, 자신의 아들이 오디세우스의 계략으로 돌에 맞아 죽은 것에 원한을 품고 있다가 그곳으로 사람들을 유인해 죽인 것이다. 나우플리오스는 또한 그리스 각지를 돌아다니며 그리스에 남아 있는 아내들이 간통을 하도록 일을 꾸민 사람이기도 하다. 그 가운데 하나가 앞에서 본 클리타임네스트라로, 그녀의 손에 그리스의 총대장 아가멤논이 살해되었다.

아킬레우스의 아들 네오프톨레모스는 테티스의 말에 따라 육지에 상륙해 몰로소스 사람들과 싸워 그곳의 왕이 되었다. 그후 그는 아가멤논의 아들 오레스테스가 미친 것을 틈타 그의 약혼녀이자 헬레네의 딸인 헤르미오네를 납치했다가 훗날 델포이에서 오레스테스에게 살해되었다. 한편 아폴론의 델포이 신전으로 찾아와 아버지의 죽음에 대한 책임을 묻고 제물을 약탈하고 신전에 불을 지르며 행패를 부리다가 살해되었다는 이야기도 있다.

많은 그리스 사람들은 고향으로 돌아가지 못하고 여기저기 뿔뿔이 흩어져 그곳에서 살았다. 한 예로 테세우스와 파이드라의 아들 데모폰은 겨우 트라키아에 도착했다. 그곳에서 그는 공주인 필리스의 사랑을 받아 데

릴사위가 되어 왕위를 보장받았다. 그러나 그는 고향에 돌아가고 싶어했다. 필리스는 고향으로 떠나는 그에게 상자를 하나 주면서, 그녀에게 돌아올 마음이 완전히 없어지면 열어보라고 했다.

데모폰은 키프로스에 도착해 그곳에서 살았다. 필리스는 돌아오기로 한 약속 시간이 지나자 데모폰에게 저주를 걸고 스스로 목숨을 끊었다. 어느 날 데모폰은 갑자기 필리스가 준 상자가 생각나 열었다. 그러자 갑자기 그에게 공포가 엄습했다. 그는 말을 타고 억지로 달리다가 말에서 떨어졌는데, 자신의 칼 위에 떨어져 찔려 죽었다.

이외에도 많은 사람들이 죽거나 귀향하지 못하고 다른 곳에 정착해 살기도 했다. 또한 앞에서 본 대로 아가멤논처럼 바람난 아내에 의해 살해되기도 했다. 이는 제우스가 의도했던 그대로 이루어진 것이다. 트로이 전쟁을 통해서 대부분의 영웅들과 왕이 죽었던 것이다. ■

96 증오에 희생된 사람

— 오디세우스

오디세우스라는 이름은 '증오의 희생'이란 의미다. 그의 할아버지 아우톨리코스는 유명한 도둑에 사기꾼으로서 많은 적을 만들었기 때문에 이런 이름을 붙였다. 혹은 앞에서 본 대로 자신의 아들인 라에르테스가 오디세우스의 아버지일지도 모른다는 생각 때문에 이런 이름을 붙였을지도 모른다.

오디세우스는 성인이 되어 결혼할 시기가 되자 자신의 아내가 될 사람을 찾았다. 그의 눈에 띈 것은 스파르타의 이카리오스 왕의 딸 페넬로페였다. 그는 어떻게 페넬로페와 결혼할 것인지를 궁리했다.

오디세우스는 이카리오스와 형제이며 스파르타의 왕이었던 틴다레오스의 딸 헬레네에게 먼저 구혼했다. 당시 헬레네에게는 수많은 구혼자가 있었다. 오디세우스가 헬레네의 남편이 될 가능성은 거의 없었다. 그럼에도 불구하고 헬레네의 구혼자가 된 것은 몇 수 앞을 내다보고 내린 결정이었다.

오디세우스는 다른 구혼자들과 달리 틴다레오스에게 선물을 하거나 헬레네에게 환심을 살 행동을 전혀 하지 않았다. 다만 틴다레오스에게 구혼자들 사이에서 일어날 수 있는 충돌에 대해 미리 일러주고 그에 대한 대비책까지 말해주었다.

그의 조언에 따라 헬레네에게 구혼한 사람은 모두 헬레네의 남편으로 선택된 사람을 보호하고, 그들의 결혼에 문제가 생겼을 때 함께 돕겠다는 서약을 했다. 이 때문에 헬레네가 트로이의 왕자 파리스에게 납치되었을 때, 헬레네에게 구혼했던 모든 사람들은 자동적으로 그리스 연합군에 참가하게 되었다.

오디세우스의 노림수는 그 다음이었다. 무사히 헬레네를 시집 보내게 된 틴다레오스는 형제인 이카리오스에게 페넬로페의 사위로 오디세우스를 추천했던 것이다. 이카리오스는 오디세우스를 좋아하지 않았다. 결혼을 물리자고 말하기도 하고 스파르타에서 함께 살자고도 했지만 오디세우스는 단호하게 거절했다.

마지막에 이카리오스가 페넬로페에게 아버지와 오디세우스 둘 가운데 하나를 선택하라고 했을 때 페넬로페는 오디세우스를 따라나섰다. 이들 사이에서 텔레마코스가 태어났다. 텔레마코스는 트로이 전쟁 이후 돌아오지 않는 아버지를 찾아 방랑하는 또다른 방랑자가 되어 여기저기를 떠돌게 된다.

이카리오스가 죽자 오디세우스는 그의 뒤를 이어 스파르타의 왕이 되었다. 오디세우스의 계략은 대성공을 거두었다. 원하던 여자와 결혼을 하고 스파르타라는 나라까지 얻었으니까. 그는 지혜롭고 신들에게 경건하게 대했다. 그 때문에 지혜의 여신 아테나는 그를 총애했다. 트로이 전쟁과 그가 방랑을 할 때 아테나는 그를 떠나지 않고 보호했으며, 그에게 많은 도움을 주었다.

앞서 본 대로 그는 트로이 전쟁에 참가하지 않으려고 했다. 그러나 어쩔 수 없이 참가했지만 그는 혁혁한 공을 세웠다. 트로이의 목마도 오디세우스의 머리에서 나온 것이었다. 트로이가 함락될 때 아테나 여신상에 매달린 카산드라를 겁탈한 아이아스를 돌로 쳐죽여야 한다고 주장한 탓에 그는 아테나 여신의 분노를 비껴갔다.

그러나 오디세우스는 포세이돈의 미움을 사서 고향으로 바로 돌아가지 못하고 다시 10년을 떠돌아야 하는 운명에 처했다. 오디세우스는 이 때문에 방랑자를 뜻하는 대명사가 되었다. 영화 〈율리시스의 시선〉에서는 떠도는 자 특유의 덤덤하고 깊은, 우수에 찬 눈동자를 만날 수 있다. 율리시스는 오디세우스의 영어식 이름이다.

오디세우스가 어디를 방황했는지는 전하는 사람마다 다르다. 리비아, 시칠리아, 오케아노스, 혹은 티레니아의 바다라고 말하기도 한다. 그리스로 돌아간 사람 가운데 가장 마지막에 고향땅을 밟은 사람은 오디세우스였다. ■

97 10년의 전쟁과 10년의 방랑
― 오디세우스의 모험

트로이를 떠난 오디세우스가 처음으로 기항한 곳은 키콘 사람들의 도시 이스마코스였다. 오디세우스 일행은 이 도시를 공격해 약탈하고 아폴론의 신관 하나만을 남기고 모두 살해했다. 이후 키콘 사람들이 무장을 하고 쫓아와 다시 싸움이 벌어졌고, 이에 오디세우스 일행은 배 여섯 척을 잃고 바다로 도망쳐야 했다.

그 다음에 도착한 곳은 로토스를 먹는 자들의 나라였다. 로토스는 달콤한 과일로, 이 과일을 먹으면 모든 것을 잊게 된다. 오디세우스는 부하를 보내 정찰을 하게 했는데 모두 로토스를 먹고 기억을 잃었다. 오디세우스는 이들을 억지로 끌고 배에 태워 떠나 키클로프스 섬으로 향했다.

오디세우스는 조심스럽게 다른 배를 섬 부근에 대기시키고 12명의 부하와 함께 배 한 척만을 정박시켰다. 바다 근처에 동굴이 하나 있었는데, 오디세우스와 부하들은 술 한 부대를 들고 그 속으로 들어갔다. 그곳은 외눈박이 거인 폴리페모스의 동굴이었다. 폴리페모스는 포세이돈의 아들로, 사람을 먹는 거인이었다.

폴리페모스는 양을 동굴 속에 넣고 큰 돌로 입구를 막고는 오디세우스의 부하 두셋을 잡아먹었다. 오디세우스는 가지고 온 술을 그에게 주었다. 술을 마신 폴리페모스는 그에게 이름을 물었다. 그는 아무도 아니라는 뜻의 '우티스'라고 자기 이름을 댔다. 폴리페모스는 우티스에게 우정의 표시로 마지막에 잡아먹겠다고 말했다.

오디세우스는 폴리페모스가 술에 취해 곯아떨어지자 나무를 날카롭게 갈아서 불을 붙인 다음 폴리페모스의 눈을 찔렀다. 그가 주위에 있는 다른 키클로프스에게 도움을 청하자 다른 거인들이 몰려왔다. 누가 눈을 찔렀냐고 물었을 때 "아무도 아니다(우티스)"라고 대답하자 모두 사라졌다. 늑대 소년이 된 셈이다.

아침이 되어 양을 밖으로 내보낼 때가 되었다. 오디세우스와 그의 부하들은 양 세 마리를 하나로 묶어 그 아래에 매달려 밖으로 나왔다. 그는 부하들과 양을 배에 싣고 키클로프스에게 자기 이름이 오디세우스라고 밝혔다. 그제서야 폴리페모스는 예언이 생각났다. 오디세우스라는 이름을 가진 사람에게 눈을 빼앗길 것이라는 예언을 들은 적이 있었던 것이다. 그는 바위 등 손에 짚이는 대로 소리가 나는 쪽을 향해 던졌다. 포세이돈은 자신의 아들을 장님으로 만든 오디세우스에게 분노했다.

다음에 기항한 곳은 아이올리아라는 섬이었다. 그곳의 왕은 아이올로스로, 제우스로부터 바람에 관한 모든 권리를 받았다. 그는 오디세우스를 환대하고 여러 바람이 들어 있는 양가죽을 주면서 바람의 사용 방법까지 일러주었다. 오디세우스는 아이올로스가 준 바람 주머니를 이용해 항해를 하다가 이타케 섬 부근에 이르렀을 때 잠에 빠졌다.

그런데 오디세우스의 부하들이 바람 주머니를 돈 주머니로 오해하고 자루를 열었다. 그러자 그 순간 바람이 터져나오며 다시 아이올리아 섬까지 배가 밀려갔다. 오디세우스는 전후 사정을 말하고 아이올로스에게 다시 한번 도와달라고 부탁했지만, 오디세우스가 신들의 미움을 받고 있는 것을 알게 된 아이올로스는 그를 섬에서 추방했다.

다음에 도착한 곳은 라이스트리곤 사람들의 땅이었다. 라이스트리곤 사람들은 식인종으로, 왕은 안티파데스였다. 오디세우스는 부하 몇 명을

△외눈박이 거인 폴리페모스의 눈을 찌르고 있는 오디
세우스.

정찰을 위해 내보냈다. 그들은 왕의 딸을 만나 왕의 앞으로 인도되었다.
안티파테스는 갑자기 달려들어 오디세우스의 부하들을 잡아먹기 시작했
다. 나머지 부하들은 놀라서 도망쳤지만, 라이스트리곤 사람들이 모두 나
와 배를 부수고 사람들을 잡아먹었다.

　겨우 빠져나온 것은 오디세우스가 타고 있던 배 한 척뿐이었다. 다른
배와 부하들은 모두 부서지고 라이스트리곤 사람들에게 잡아먹혔다.

　이제 오디세우스에게는 배 한 척이 남아 있을 뿐이었다. 많은 부하와
배들이 죽고 부서졌다. 외로이 배 한 척이 아이아이에 섬에 도착했다. 이
섬에는 태양신 헬리오스의 딸이며 모든 마법에 능통한 키르케가 살고 있

△키르케. 도시.

었다.

　오디세우스는 섬에 상륙해서 정찰할 사람을 제비뽑기로 뽑았다. 그는 제비뽑기의 결과에 따라 배에 남았다. 에우리코스는 22명과 함께 섬에 상륙했다. 이 가운데 에우리코스를 제외한 나머지 사람들은 키르케의 부름에 따라 집으로 들어갔다. 그들은 키르케가 권하는 대로 치즈와 벌꿀, 보리와 포도주, 그리고 마법의 약이 섞인 음료수를 마시고 모두 마법에 걸려 모습이 바뀌었다. 어떤 사람은 돼지로 변했고, 노새·사자·이리 등으로 변하기도 했다.

　에우리코스는 숨어서 이 모습을 지켜보다가 배로 돌아와 오디세우스에게 보고했다. 오디세우스는 헤르메스에게 모리라는 약초를 얻어 키르케의 집으로 찾아갔다. 오디세우스는 키르케가 권한 음료수에 모리를 넣고 아무렇지 않게 마셨다. 물론 모습이 변하지 않았다. 그가 놀란 키르케를 칼로 위협하자, 그녀는 오디세우스의 부하들을 원래 모습으로 돌아오게 했다.

오디세우스는 키르케에게 다시는 이런 짓을 하지 않겠다는 다짐을 받고 그녀와 잠자리를 같이했다. 그때 태어난 것이 텔레고노스다. 오디세우스는 거친 항해에서 벗어나 그곳에서 1년을 머물렀다.

1년 후 오디세우스는 키르케의 충고대로 오케아노스의 끝으로 항해하며 해안에 도랑을 파고, 술을 따르고, 숫양과 검은색 암컷 새끼양을 잡아 하데스와 페르세포네에게 바쳤다. 피가 도랑을 타고 흐르자 망령들이 그것을 마시려고 나타났다. 아이아이에에서 죽임을 당한 오디세우스의 부하들, 아들이 돌아오지 않자 목숨을 끊은 오디세우스의 어머니 등이 나타났지만 오디세우스는 이들을 제지했다.

마침내 기다리던 장님 예언자 테이레시아스가 나타나자 그에게 피를 마시게 했다. 테이레시아스는 어떻게 하면 고향으로 돌아갈 수 있는지를 오디세우스에게 알려주었다. 테이레시아스는 지하세계에서 유일하게 살아 있을 때와 같은 지적 능력을 지니고 있는 영혼이었다.

테이레시아스는 트리나키 섬에 있는 헬리오스의 소를 건들면 고향에 돌아갈 수 없을 뿐더러 부하가 모두 죽을 것이라는 예언과 함께, 스파르타의 그의 집에 일어나고 있는 일들에 대해서도 말해주었다. 아가멤논의 망령은 집에 돌아가 아내를 조심해야 한다고 충고했다.

오디세우스는 키르케에게 다시 들렀다가 세이렌들이 사는 섬을 지났다. 세이렌 자매는 모두 셋으로, 하나는 수금을 타고, 하나는 노래를 했으며, 하나는 피리를 불었다. 세이렌의 생김새는 상체는 인간이지만 하체는 새였다. 그곳을 통과할 때 오디세우스는 부하들의 귀를 밀랍으로 된 마개로 막고 자신의 몸을 배에 묶으라고 했다. 키르케의 충고에 따른 것이다.

세이렌의 노랫소리를 들은 오디세우스는 부하들에게 몸을 묶은 줄을 풀어달라고 외쳤지만 부하들은 꿈쩍도 하지 않았다. 배가 무사히 지나가자 예언대로 세이렌들은 죽었다. 자기들의 노랫소리를 듣고 그냥 지나가는 사람이 있으면 그들이 죽는다는 예언이 있었던 것이다.

세이렌들의 섬을 지나자 두 개의 길이 나타났다. 역시 키르케의 충고대로 스킬라가 살고 있는 절벽 쪽으로 배를 몰았다. 스킬라는 얼굴과 가슴은 여자지만 옆구리에 개의 머리 여섯 개와 다리가 열두 개 달려 있는 괴물이었다. 거기서 부하를 또 여섯 명이나 잃었다.

다음에 도착한 곳은 테이레시아스가 경고했던 트리나키 섬으로, 바람 때문에 오디세우스 일행은 한 달이나 그곳에 머물러야 했는데, 그곳에는 먹을 것이 없었다. 오디세우스의 경고에도 불구하고 부하들은 헬리오스의 소를 잡아먹었고, 바다로 나가자마자 폭풍이 불어와 쇠고기를 먹지 않은 오디세우스를 제외한 사람들이 모두 물에 빠져 죽었다.

배는 모두 부서졌고, 돛대에 의지하고 있던 오디세우스는 키리브디스에서 소용돌이에 휘말려 표류했다. 머리 위에 걸려 있는 야생 무화과나무에 매달려 있던 그는 다시 밀려나온 배의 돛대를 보고 뛰어내려 9일 동안 표류하다가 칼립소가 살고 있는 오기기아 섬에 도착했다. 이제 그에게는 부하도, 배도 없었다. ■

98 그를 사랑했지만, 그에게서 얻은 것은 육체뿐
― 칼립소

칼립소는 아틀라스의 딸로, 아무도 그녀를 찾아오지 않는 외로운 여신이었다. 칼립소는 잊혀진 여신으로, 아틀라스가 외로이 하늘을 받치고 서 있듯 오기기아 섬을 외로이 지키고 있었다. 그곳에 지치고 남루한 옷차림을 한 사내가 찾아들었다.

칼립소는 오디세우스를 사랑했다. 흔히 말하듯 칼립소는 오디세우스를 운명적인 상대로 받아들였다. 그녀를 돌보는 하녀와 주위의 환경은 거의 변함이 없었다. 파도는 언제나 밀려왔다가 흘러나갔고, 꽃은 피었다가 질 뿐이었다. 오디세우스는 그런 외롭고 지루한 세계에 던져진 의미 있는 존재였다.

이들은 잠자리를 같이했고 라티노스라는 아이를 낳았다. 칼립소는 오디세우스를 불사신으로 만들어 오기기아 섬에서 무한한 시간을 함께 보내기를 간절히 원했다. 인간은 죽음을 두려워하고 영원히 살기를 희망한다. 오디세우스는 원하면 불사신이 되어 영원히 살 수도 있었다. 그러나 그는 고개를 저었다. 식탁 한 구석 신들의 음식인 암브로시아와 넥타르가 있어 손을 뻗으면 그것을 먹을 수 있었다. 그것을 먹으면 그도 신이 될 수

△ 오디세우스와 칼립소. 뵉클린.

있었다. 그러나 끝내 그의 손길은 그쪽으로 향하지 않았다.

오디세우스는 칼립소와 7년을 함께 살았다. 오디세우스는 칼립소가 느꼈던 시간의 지루함을 대신 느꼈다. 아침에 일어나 바다로 나갔다가 저녁이 되면 집으로 돌아와 칼립소와 함께 잤다. 자연은 규칙에 따라 변했지만 그의 마음에는 변화가 없었다. 오디세우스는 당시 죽음이 그와 같을 거라고 생각하지는 않았을까. 변화가 없는 긴 시간, 그것이 바로 죽음이

아닐까.

오디세우스와 칼립소는 한적한 바닷가에서 무엇을 했을까. 칼립소가 원하는 대로 사랑을 나누고 나면 오디세우스는 그 특유의 음울한 눈을 바다로 던지면서 고향과 트로이에 대해 이야기하지 않았을까. 칼립소는 그의 들뜬 목소리로 해서 속으로 깊은 절망의 한숨을 쉬었을 것이고.

오디세우스는 칼립소 몰래 자신의 삶과 운명을 되돌아보며 울었다. 눈물이 흐른 만큼 그의 눈에 담긴 고독은 깊어졌다. 그 눈을 대하는 칼립소는 사랑을 앞에 두고 뒤돌아서야 했던 수많은 여자들처럼 찢어진 가슴을 붙잡고 또 울었을 것이다.

신들은 오디세우스를 동정하기 시작했다. 어느 날 아무도 찾지 않는 오기기아 섬에 헤르메스가 나타났다. 칼립소는 이제 절망의 우물을 모두 퍼내고 지친 여자처럼 헤르메스가 전하는 말을 들었다. 오디세우스를 보내라는 이야기였다. 그런데 우물은 퍼낼수록 많은 물이 고인다.

오디세우스는 자기를 보내주겠다는 말을 믿지 않았다. 그의 눈에는 칼립소에 대한 의구심이 가득했지만, 떠날 수 있는 한 줄기 희망의 빛이 흘렀다. 칼립소는 슬프게 그 한 줄기 빛을 보았다.

칼립소는 오디세우스에게 뗏목 만드는 방법을 가르쳤다. 뗏목이 하나하나 묶일 때마다 오디세우스의 가슴에는 한 켜씩 희망이 쌓였고, 칼립소의 가슴에는 절망이 더께가 되어 쌓여갔다. 오디세우스를 미워하는 포세이돈이 에티오피아에 가 있는 동안 오디세우스를 태운 뗏목은 물결이 흔드는 대로 바다 위를 떠다녔다. 그의 뒤에는 아테나가 있었다.

17일 후 포세이돈이 에티오피아에서 돌아와 바다를 떠다니는 오디세우스를 보고 폭풍을 보냈다. 뗏목은 뒤집어졌다. 그는 평소대로 아테나에게 이제 어떻게 하면 좋겠냐고 물었다. 그때 갈매기 한 마리가 나타나 그에게 헤엄을 치라고 말했다. 그 갈매기는 바다의 여신 레우코테아였다. 레우코테아는 그가 물 속에서 헤엄치기 쉽게 몸을 감쌀 수 있는 베일을 던져주었다. 그때도 그를 지켜보고 있는 아테나의 눈길은 여전했다.

오디세우스는 이틀 동안 물 속에서 헤엄을 쳐서 마침내 스케리아 섬에 도착했다. 그리고 잠에 빠졌다. 다음날 그는 그곳의 공주 나우시카의 눈에 띄어 알키노오스 왕의 도움을 받아 고향으로 돌아가는 배를 탈 수 있었다. 마침내 고향땅으로 돌아온 것이다. ■

99 피로 범벅이 된 귀향길
— 오디세우스의 귀환과 살육

오디세우스는 20년 만에 고향땅을 밟았다. 그는 아테나의 조언에 따라 거지로 모습을 꾸미고, 그의 궁전에서 돼지를 치던 에우마이오스를 찾아갔다. 아테나는 아버지의 소식을 알기 위해 다른 곳에 가 있던 그의 아들 텔레마코스를 집으로 돌아오게 했다.

에우마이오스의 말에 따르면, 그의 집에는 오디세우스의 아내 페넬로페에게 구혼한 113명이나 되는 사람들이 득시글거렸다. 이들은 아예 오디세우스의 집에 눌러살며 집안의 재산을 탕진하고 페넬로페와 텔레마코스를 모욕했다. 오디세우스의 하인들마저 이들에게 붙어 집안은 엉망진창이었다. 오디세우스의 어머니는 그가 죽었다고 생각하고 이미 목숨을 끊었고, 아버지는 시골로 내려간 상태였다.

텔레마코스가 에우마이오스의 집으로 찾아왔다. 에우마이오스가 텔레마코스의 귀향을 페넬로페에게 알리기 위해 자리를 떴을 때, 오디세우스는 자신의 정체를 드러내고 구혼자들을 몰아낼 계획을 세웠다.

다음날 역시 거지 차림으로 궁전에 이르렀을 때, 예전에 사냥을 함께 하곤 했던 늙은 사냥개가 오디세우스를 알아보았지만, 너무 늙어 일어나지 못하고 꼬리를 흔들다가 죽었다. 오디세우스를 유일하게 알아본 것은 사람이 아닌 개였던 것이다.

오디세우스는 구혼자들에게 구걸을 했다. 대부분 그에게 먹을 것을 주었지만, 더러는 의자로 때리거나 구박했다. 그때 페넬로페가 나타나 구혼자들의 탐욕과 오만을 꾸짖은 뒤, 무표정한 얼굴로 새로운 남편을 선택하겠다고 밝혔다. 그때까지 페넬로페는 시아버지의 수의를 다 짜면 결혼을 하겠다고 하고서는 낮에는 짜고 밤에는 풀면서 시간을 끌었다.

페넬로페는 거지가 남편의 소식을 알고 있을지도 모른다고 생각하고 그를 초대해 이야기를 들었다. 거지는 남편이 곧 돌아올 것이라고 말했고, 페넬로페는 경기를 개최해 새로운 남편을 뽑겠다고 말했다. 유모는 거지의 발을 씻기다가 그의 정체를 알았지만 비밀로 하기로 했다.

구혼자들에게 주어진 경기는 오디세우스의 활을 이용해, 한 줄로 세워져 있는 도끼 머리에 나 있는 구멍을 화살 하나로 꿰뚫어야 하는 매우 어려운 일이었다. 구혼자들은 무기를 모두 밖에 맡기고 한 명씩 돌아가면서 활을 쏘았지만 아무도 성공하지 못했다. 활을 당기는 것조차 불가능했던 것이다.

이때 거지가 나타났다. 구혼자들은 모두 반대했지만 오디세우스의 아들 텔레마코스가 우겨서 그도 활을 쏠 수 있는 기회를 얻었다. 거지는 유유히 활을 당겨서 12개의 도끼 머리를 꿰뚫었다. 그와 함께 밖으로 통하는 문이 잠기고 오디세우스와 텔레마코스는 구혼자들을 살해하기 시작했다. 아테나도 변장하고 나타나 구혼자들의 살육을 도왔다. 살아남은 것은 단 두 명뿐이었다.

유모가 페넬로페에게 오디세우스의 귀환을 알렸지만 그녀는 믿지 않았다. 시체를 치우고, 주인을 배신한 하인과 하녀들을 모두 죽였을 때 페넬로페가 그곳에 나타났다. 그곳에는 피비린내가 진동했다. 페넬로페와 거지는 서로를 마주보았다. 잠시 후 페넬로페는 아무렇지 않은 듯 하녀에게 이제 주인이 돌아오셨으니 침대를 옮겨놓으라고 명령했다.

오디세우스는 하녀를 불러세우고 그럴 필요가 없다고 말했다. 그 침대는 자신이 만들었으며, 땅 속에 뿌리를 내리고 있는 나무 줄기를 베어 그대로 만든 것이기 때문에 옮길 수 없다는 말로 오디세우스는 페넬로페의 마지막 시험을 통과했다.

페넬로페의 눈에서 눈물이 흐르기 시작했다. 죽었을지도 모르는 사람을 기다리고 있던 그녀였기에 더욱 서러웠을 것이다. 방랑자의 눈에서도 눈물이 흘렀을 것이다. 이들은 나란히 뿌리를 가진 침대로 갔다. 날이 밝으면 111명의 죽음에 대한 공격에 시달려야 할 것이었다.

오디세우스와 페넬로페는 베개를 나란히 하고 무슨 이야기를 했을까? 과연 할 이야기가 있었을까? 20년의 세월이 그들 사이에 거대한 벽처럼 서 있었을 테니까. ■

100 운명처럼 길을 떠나고 아들에게 죽임을 당하다
— 오디세우스의 운명과 죽음

오디세우스는 다음날 지하세계의 왕과 왕비인 하데스와 페르세포네, 예언가 테이레시아스에게 제물을 바치고 아버지를 찾아갔다. 자신이 돌아왔다는 사실을 알리고, 그곳에 있던 그를 따르던 하인들과 함께 무장을 하고 공격을 기다렸다. 아테나는 그의 아버지를 젊게 만들어주었다.

얼마 후 오만했던 안티노오스의 아버지가 군대를 이끌고 오디세우스를 공격해왔다. 그러나 그는 젊게 변한 오디세우스의 아버지 라에르테스의 창에 맞아 죽었다. 막 본격적인 전쟁이 시작되려던 순간 아테나가 모습을 드러내고 큰 소리로 싸움을 중지시켰다. 이를 본 구혼자들의 가족은 싸울 생각을 버렸고 다시금 평화가 찾아왔다.

오디세우스에게는 평화를 즐길 여유가 없었다. 그는 테이레시아스가 가르쳐준 대로 테스프로티아 사람들이 사는 곳으로 갔다. 그는 내륙에 노를 메고 갔는데, 누군가 그에게 바다도 없는데 왜 노를 들고 다니냐고 묻자, 그곳에 노를 세우고 포세이돈에게 암양과 황소와 돼지를 제물로 바쳤다. 이로써 오디세우스는 집요하게 자신을 괴롭히던 포세이돈과 화해를 했다.

여기서 오디세우스의 이야기는 둘로 나뉜다. 페넬로페에게 돌아가 편안하게 잘 살았다는 것이 첫번째다. 그러나 다른 이야기에 따르면 오디세우스는 집으로 돌아가지 않았다.

그리스 철학자 플라톤의 저서 〈국가〉를 보면 죽은 망령들이 다음 세상에 태어날 신분을 결정하는 대목이 나온다. 제일 마지막에 오디세우스는 매우 평범한 사람의 일생을 선택하는데, 그것에 대해서는 그가 전생에 평생을 방랑했기 때문이라는 설명이 있다.

이처럼 마지막까지 정주하지 못했던 오디세우스의 뒤를 좇아보자. 테스프로티아의 여왕 칼리디케는 그와 결혼하고 그에게 왕좌를 주었다. 그들 사이에서 폴리포이테스가 태어났다. 그러나 그는 아레스가 참전한 트라키아 군대와의 전투에서 크게 패했다. 칼리디케가 죽자 그는 왕위를 폴리포이테스에게 넘겨주고 고향으로 돌아갔다.

그가 고향으로 돌아왔을 때 페넬로페는 그 사이에 폴리포르테스가 태어났다고 말했다. 한편 키르케와 오디세우스 사이에서 태어난 텔레고노스는 자신의 아버지가 오디세우스라는 말을 듣고 텔레마코스가 그랬던 것처럼 아버지를 찾아나섰다.

텔레고노스는 아버지를 찾아다니다가 이타케 섬에 와서 오디세우스의 가축 일부를 빼앗았다. 이 말을 듣고 달려온 오디세우스와 맞서 독이 묻은 창으로 아버지를 찔렀다. 후에 이 사실을 알게 된 텔레고노스는 크게 한탄하고, 페넬로페와 함께 오디세우스의 시체를 키르케에게로 데리고 가서 그곳에 매장하고 페넬로페와 결혼했다. 키르케는 오디세우스를 영원한 섬으로 보내 살게 했다고 한다.

다른 주장에 따르면 페넬로페에게 구혼했다 살해된 가족들이 오디세우스를 법정에 세웠고, 그의 죄가 인정되어 그는 추방을 당했다. 그래서 오디세우스는 아이톨리아로 가서 그곳의 공주와 결혼해 아이를 낳고 여생을 보냈다고 한다.

오디세우스는 세이렌의 노래를 들은 유일한 사람이다. 흔히 세이렌의 노래는 알 수 없다는 것을 의미한다. 그 노래를 들으면 거기서 헤어나오지 못하고 죽었기 때문에 그 노래를 아는 사람은 아무도 없었다. 그러나 오디세우스는 자신의 몸을 배에 묶고 세이렌의 노래를 들었다. 세이렌은 그 때문에 죽었다. 이는 여러 사실을 시사한다.

알 수 없음을 뜻하는 세이렌의 노래를 듣고 아는 오디세우스는 그래서 그리스 신화에 등장하는 마지막 영웅이다. 이후 제우스를 비롯한 신들은 알 수 없는 것이 되고 말았다. 신들은 세이렌의 노래와 같은 것이 되었고, 인간과 신은 차츰차츰 서로에게서 멀어져갔다.

더이상 신들은 인간들 사이에 모습을 드러내지 않았고, 인간도 신을 찾지 않았다. ■

아테네 왕가

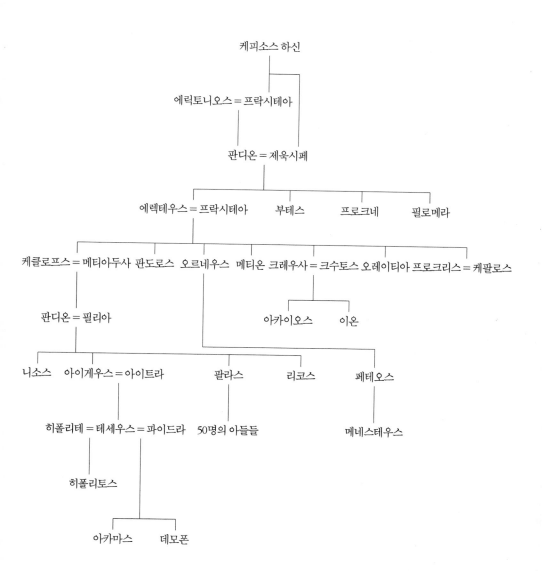

케피소스 하신

에릭토니오스 = 프락시테아

판디온 = 제욱시페

에렉테우스 = 프락시테아   부테스   프로크네   필로메라

케클로프스 = 메티아두사   판도로스   오르네우스   메티온   크레우사 = 크수토스   오레이티아   프로크리스 = 케팔로스

판디온 = 필리아

아카이오스   이온

니소스   아이게우스 = 아이트라   팔라스   리코스   페테오스

히폴리테 = 테세우스 = 파이드라   50명의 아들들   메네스테우스

히폴리토스

아카마스   데모폰

테베 왕가

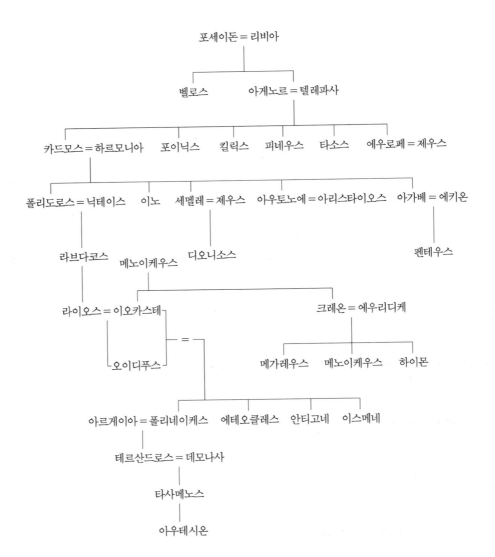

트로이 왕가

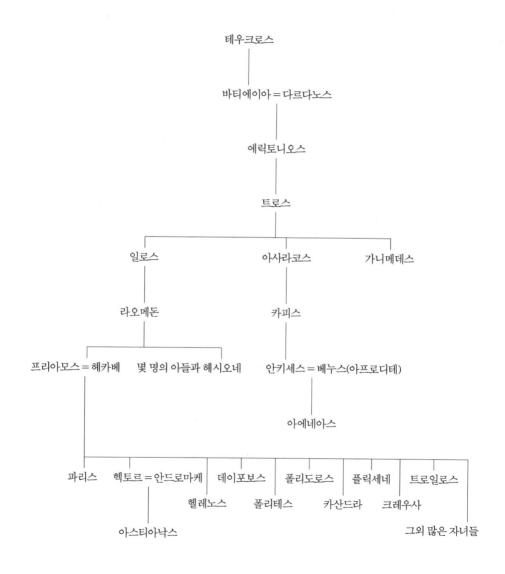

올림포스 신족과 티탄 신족

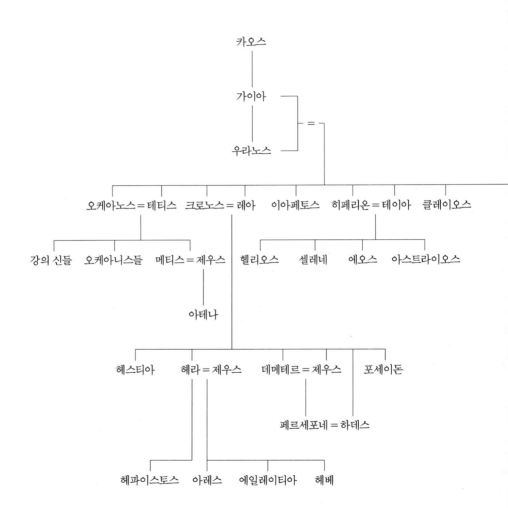

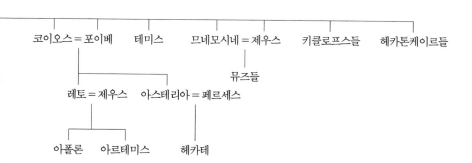

코이오스 ＝ 포이베　　테미스　　므네모시네 ＝ 제우스　　키클로프스들　　헤카톤케이르들

뮤즈들

레토 ＝ 제우스　　아스테리아 ＝ 페르세스

아폴론　　아르테미스　　헤카테

■ 찾아보기

한 권으로 보는 〈…100장면〉 시리즈

한 권으로 보는 세계사 101장면
김희보 지음 / 신국판 448쪽 / 8000원
● 인류의 출현에서 소련의 붕괴까지 세계의 역사 가운데 전기를 이루었다고 생각되는 101대 사건을 간명하게 정리, 세계사의 흐름을 파악할 수 있게 했다.

한 권으로 보는 한국사 101장면
정성희 지음 / 신국판 464쪽 / 9000원
● 한반도의 구석기문화 출현에서 문민정부의 등장까지 우리 역사에서 전기를 이루었다고 생각되는 101대 사건을 엄선, 정리했다.

한 권으로 보는 중국사 100장면
안정애 · 양정현 지음 / 신국판 448쪽 / 9000원
● 북경원인이 출현에서부터 최근의 한 · 중 수교에 이르기까지 장구한 중국의 역사에서 100대 사건을 엄선, 다기한 중국사의 흐름을 간명하게 제시했다.

한 권으로 보는 러시아사 100장면
이무열 지음 / 신국판 488쪽 / 12,000원
● 러시아 대륙에 최초로 나타난 나라 키예프 러시아에서부터 '인류의 위대한 실패'로 기록된 소련의 붕괴까지, 격동의 러시아사에서 100대 사건을 간명하게 정리했다.

한 권으로 보는 미국사 100장면
유종선 지음 / 신국판 412쪽 / 9000원
● 신대륙 발견에서 LA 흑인폭동에 이르기까지, 건국 200년 아메리카 합중국의 역사에서 일대 전기를 이루었다고 생각되는 100대 사건을 엄선, 간명하게 정리했다.

한 권으로 보는 해방후 정치사 100장면(증보판)
김삼웅 지음 / 신국판 430쪽 / 9000원
● 해방에서부터 김대중 집권까지 반세기 동안 격동했던 한국 현대정치사 중에서 역사의 전기를 이루었다고 생각되는 102 정치사건을 엄선, 정리했다.

한 권으로 보는 서양철학사 100장면
김형석 지음 / 신국판 380쪽 / 8000원
● 철학의 탄생에서 20세기 현대사상에 이르기까지 3천 년 서양철학사를 에세이풍으로 시원스레 풀어나간 노교수의 명강의!

한 권으로 보는 불교사 100장면
임혜봉 지음 / 신국판 440쪽 / 10,000원
● 석가의 탄생에서부터 성철 큰스님의 입적까지 우리 불교를 중심으로 100대 사건을 엄선, 2500년 불교사의 가닥을 간명하게 정리했다.

한 권으로 보는 북한현대사 101장면(증보판)
고태우 지음 / 신국판 443쪽 / 9000원
● 김일성의 입북에서 김일성의 사망, 김정일의 후계계승, 최근의 남북정상회담까지 북한의 역사에서 101대 사건을 엄선, 북한사의 흐름을 쉽게 짚을 수 있도록 엮었다.

한 권으로 보는 세계 탐험사 100장면
이병철 편저 / 신국판 456쪽 / 12,000원
● 중세의 바다를 주름잡았던 바이킹에서부터 에베레스트를 무산소로 등정한 라인홀트 메스너까지, 이제까지 있었던 인류의 탐험사를 100장면으로 정리!

한 권으로 보는 20세기 대사건 100장면(증보판)
양동주 지음 / 신국판 385쪽 / 9500원
● 격동의 20세기, 어떤 대사건들이 일어났나? 20세기 100년 동안 지구상에서 일어나 세계사의 흐름을 뒤바꾼 대사건 100개를 엄선한, 살아 있는 세계현대사!

한 권으로 보는 20세기 결전 30장면
정토웅 지음 / 신국판 433쪽 / 9000원
● 20세기 100년간 일어난 수많은 전쟁 중 주요 전투, 곧 '결전' 30개를 뽑아 그 전개경과와 전술, 승패요인, 전사적인 의미 등을 쉽게 풀어나간 20세기 전쟁사의 결정판!

한 권으로 보는 전쟁사 101장면
정토웅 지음 / 신국판 405쪽 / 9000원
● 트로이 전쟁에서 대 이라크 전쟁인 걸프 전쟁까지, 인류 역사의 물줄기를 바꾸어온 중요 전쟁 101개를 엄선한 전쟁사 입문서!

한 권으로 보는 일본사 101장면
강창일 · 하종문 지음 / 신국판 456쪽 / 9500원
● 선사문화에서 의회 부전결의까지, 일본역사의 전기를 이룬 101장면을 추려 시대순으로 정리하여 일본사의 흐름을 한눈에 파악할 수 있게 한 '새로운 일본사 읽기'!

한 권으로 보는 한국 최초 101장면
김은신 지음 / 신국판 349쪽 / 8000원
● '파마 값이 쌀 두 섬이었던 최초의 미장원'에서부터, 남자가 애 받는 '해괴망측한 산부인과 병원'까지 우리 근대 문화의 뿌리를 들춰 보는 재미있는 문화기행 101장면!

한 권으로 보는 한국미술사 101장면
임두빈 지음 / 올컬러 변형 4 * 6배판 359쪽 / 20,000원
● 선사시대 원시인들의 암각화에서 현대미술에 이르기까지 101개의 주요 작품을 위주로 일목요연하게 해설, 부담없이 읽어나가는 동안 한국미술 5천 년의 역사를 파악할 수 있도록 한 역작!〈'98 한국간행물윤리위원회 제32차 청소년 권장도서〉선정!

한 권으로 보는 중국미술사 101장면
장훈 / 노승현 옮김 / 올컬러 변형 4 * 6배판 359쪽 / 20,000원
● 동양미술의 첫 샘, 중국미술을 이해하지 않고서는 우리 미술을 이해할 수 없다. 반파 채도에서 제백석까지, 7000년 중국미술사로의 재미있는 여행.〈'99 이달의 청소년도서〉선정!

한 권으로 보는 그리스 신화 100장면
이경덕 지음 / 신국판 392쪽 / 9800원
● 그리스 신화의 개념을 명쾌하게 정리하여 살아 숨쉬는 그리스 신화를 만날 수 있다. 그리스 신화를 계통적으로 접근, 각각의 이야기들을 씨줄과 날줄을 엮듯 정교하게 직조한 또다른 신화 읽기!

한 권으로 보는 이집트 역사 100장면
손주영 · 송경근 지음 / 신국판 424쪽 / 10,000원

●나일 문명의 태동에서 무바라크 대통령 취임까지, 신비로운 인류역사와 문화의 보고寶庫―. 이집트 7천 년의 역사를 흥미롭게 써내려간 이집트 역사 입문서의 결정판. 이집트의 건축, 문학, 예술을 통해, 고대와 현재가 공존하는 이집트의 참모습을 흥미롭게 보여주고 있다.

한 권으로 보는 캐나다 역사 100장면
최희일 지음 / 신국판 404쪽 / 10,000원
●신대륙 발견에서 퀘벡 분리운동까지― 국내 최초로 소개되는 캐나다의 역사와 사회변천사. 역사보다는 자연으로 더 많이 알려진 캐나다. 그러나 오늘의 캐나다가 있기까지 그곳에도 처절한 인간의 도전과 투쟁의 역사

가 있었다. 짧지만 급변했던 캐나다의 어제와 오늘 그리고 내일을 깊이있게 조망한 책!

한 권으로 보는 서양음악사 100장면 (1)(2)
(1) 박을미 지음 / 변형 4 * 6배판 / 288쪽 / 올컬러 / 18,000원
(2) 김용환 지음 / 변형 4 * 6배판 / 424쪽 / 올컬러 / 22,000원
●제1권〈고대의 음악에서 바로크 음악까지〉에서는 서양음악의 기원으로부터 시작하여 바흐와 헨델로 대표되는 바로크 시대까지를, 제2권〈계몽주의 음악에서 현대음악까지〉에서는 고전주의―낭만주의―현대음악까지의 흥미로운 음악사를 담았다.

역사 스테디셀러

한국 현대사 뒷얘기
김삼웅 지음 / 신국판 349쪽 / 7000원
●우리가 반드시 알아야 할 우리 현대사의 물음표 46개! 변칙과 파행으로 얼룩진 우리 현대사의 뒷전으로 묻혀지고 숨겨져버린 비사와 뒷얘기.

사료로 보는 20세기 한국사
김삼웅 편저 / 신국판 465쪽 / 10,000원
●활빈당선언에서 전·노항소심 판결까지, 20세기 100년 동안 이 땅에서 벌어진 주요한 사건·사태의 과정과 기록을 면밀히 돌이켜보고 정리한 140개 문건!

일본의 가장 긴 하루
한도 가즈토시 / 이정현 옮김 / 신국판 288쪽 / 7500원
●1945년 8월 15일, 항복의 마지막 24시간 동안, 일왕궁과 정계, 군부 등에서 긴박하게 전개되었던 극한상황들을 재구성, 생생하게 보여주는 일제 패망의 드라마!

20세기 세계사
기무라 히데스케 / 이윤희 옮김 / 신국판 304쪽 / 9000원
●소련현대사 전공의 저자가 민족해방운동과 사회주의 관점에서 돌아본 격동의 20세기 세계사!

한국현대사 바로잡기
김삼웅 지음 / 신국판 332쪽 / 8000원
●현대사 연구가인 저자가 우리 현대사에서 오도되거나 왜곡된 사건들을 골라 재조명한 책. 해방 이후 정치·사회적으로 가장 큰 의혹·의문·미제사건 15가지를 풍부한 자료를 통해 재정리했다.

박열 평전
김삼웅 지음 / 신국판 289쪽 / 8000원
●일왕 폭살을 꾀한 아나키스트 박열의 최초 평전.

미스터리 세계사(전4권)
프랜시스 히칭 외 / 김향 옮김 / 신국판 / 각권 300쪽 안팎
●인류의 출현과 고대문명의 지혜, 불가사의한 구약성서 사건의 진실 등, 세계사 속의 풀리지 않는 미스터리들을 추적, 흥미진진하게 파헤친 역사 읽을거리!

위대한 발굴 / 위대한 탐험 / 위대한 도전
이병철 편저 / 올컬러 / 4 * 6배판 250쪽 안팎
●세계사를 바꾼 인류의 위대한 발굴·탐험·도전의 모든 것! 세계 역사상 인류가 성취한 위대한 기록들을 풍부

한 컬러사진과 유려한 문체로 재현한 고급 읽을거리!

만화로 보는 한국현대사(전3권)
백무현 글·그림 / 290쪽 안팎 / 각권 6000원
●격동의 한국현대사 50년을 만화로 재현! 해방 후부터 96년 노태우·전두환 구속까지, 사건의 연속으로 점철된 우리 현대사를 조망. 주위에 권할 만한 국민 필독서!

주제별로 풀어쓴 한국사 강의록(고대편)
김기섭 지음 / 신국판 346쪽 / 10,000원
●고등학교 국사 교육이 학생들의 역사관을 왜곡시키고 병들게 하는 현실을 직시, 진정한 역사 공부의 초석을 다지고자 우리 고대사를 주제별로 쉽고 재미있게 쓴 역작!

섬의 세계사
박영준 지음 / 신국판 341쪽 / 9000원
●열강의 힘이 치열하게 맞부딪치는 세계사의 현장, 살라미스에서 남사군도까지, 세계의 유명 섬 31개에 얽힌 흥미진진한 섬의 역사를 한자리에 모아놓았다.

악녀의 세계사(증보판)
김향 엮음 / 신국판 323쪽 / 8000원
●동서고금의 유명 악녀 42명의 기이한 행적과 유별난 삶을 섬뜩할 만큼 사실적으로 기록한 악녀열전.

물건의 세계사
지바현역사교육자협의회 세계사부 엮음 / 김은주 옮김
신국판 376쪽 / 9000원
●우리 주변에 널려 있는 물건들 속에서 '역사'를 끄집어내어 보여줌으로써, 세계사를 훨씬 친밀하게 만들어주는 유니크한 읽을거리.

활이 바꾼 세계사
김 후 지음 / 신국판 344쪽 / 10,000원
●고대와 중세의 세계에서 전쟁의 승패를 가른 결정적인 무기―활. 우리 민족은 '동이東夷'라는 이름이 나타내듯 활에 있어서는 최고의 하이테크를 자랑하는 민족이었다. 활을 통해 세계사를 산책해본 최초의 역사서!

성풍속으로 보는 일본문화
이경덕 편저 / 신국판 345쪽 / 9000원
●남신과 여신의 교접으로 국토가 탄생되었다는 신화를 갖고 있는 일본. 일본인과 일본문화의 올바른 이해를 위해 그들의 '가볍고 당당한 성'을 풍부한 사례와 도판을

곁들여 명쾌하게 해설한 책.

사치하는 자는 장 100대에 처하라 8000원
전하! 뜻을 거두어주소서 8000원
조선은 양반의 나라가 아니오 9000원
KBS 〈TV조선왕조실록〉 제작팀 지음 / 신국판
● 태조의 개국에서부터 철종에 이르는 500년 조선왕조의 역사를 오늘의 시각에서 살펴볼 수 있도록 한 KBS-1TV의 야심적인 역사 다큐멘터리 〈TV조선왕조실록〉을 책으로 재구성했다. 직접 인터뷰, 리포트, 증언, 역사 청문회 등 다양한 기법을 동원, 500년 조선시대를 실감 넘치게 재구성한 흥미진진한 이야기 조선시대사.

한국 근현대사 사전
한국사사전편찬회 편 / 이이화 감수 / 신국판 2단조 596쪽 / 20,000원
● 동학이 일어난 1860년부터 한·소 수교가 이루어진 1990년까지 우리 근현대사의 기본적인 사항 1200여 항목을 뽑아 시대순으로 해설한 우리 나라 유일의 근현대사 사전.

한국 고중세사 사전
한국사사전편찬회 편 / 신국판 2단조 553쪽 / 20,000원
● 우리 나라의 역사 태동기에서부터 동학이 일어난 1860년까지 우리 고중세사에서 기본적인 사항 1400여 항목을 간명히 정리, 시대순으로 정리했다.

세계사 작은사전
이무열 엮음 / 신국판 2단조 양장 679쪽 / 35,000원
● 인류 문명의 발생부터 사회주의권 붕괴에 이르는 세계사의 전 영역에서 학습과 사회생활에 최저로 필요한 기본사항 5800여 항목을 뽑아 시대순으로 배열, 손쉽게 찾을 수 있도록 했다.

그림으로 읽는 세계사 이야기(전3권)
김희보 지음 / 변형 4·6배판 올컬러 450쪽 내외 / 각권 15,000원
● 풍부한 그림과 유려한 문장으로 인류의 역사 9000년을 재현한 세계사 이야기. 아름다운 컬러 자료사진 1300여 점을 꼼꼼하게 깔아가면서 이야기하듯 들려주는 교양 세계사의 결정판!

무크 / 친일문제연구
❶**일제 잔재 19가지** / 신국판 384쪽 / 7000원
❷**친일 변절자 33인** / 신국판 380쪽 / 7000원
❸**반민특위** / 신국판 368쪽 / 7000원
❹**일제침략사 65장면** / 신국판 368쪽 / 7000원
❺**조선총독 10인** / 신국판 228쪽 / 6000원
● 매년 3·1절과 8·15 해방을 맞아 2차례씩 출간되는 친일문제 전문 무크지.

백과사전이나 역사 교과서엔 실리지 않은 세계사 속의 토픽
리처드 잭스 / 윤영호 옮김 / 신국판 328쪽 / 10,000원
● 인간의 추악함과 우둔함에 대한 명쾌한 연대기. 지독히 재미있을 뿐만 아니라, 환상적이고 무정부적인 인류 보고서. 섹스, 범죄와 형벌, 의학과 약, 일상생활 등 5개의 주요한 카테고리로 나누어 소개하며, 저자 특유의 유쾌한 통찰과 참신한 해석이 역사읽기의 색다른 경험을 제공한다.

역사명저 시리즈

역사는 수메르에서 시작되었다(역사명저 시리즈①)
새뮤얼 노아 크레이머 지음 / 박성식 옮김 / 신국판 480쪽 / 14,000원
● 5천 년 전 수메르 인들이 이룩했던 문명에 대한 생생한 보고서. 그들은 인류 최초로 문자를 발명, 법과 역사와 문학을 기록함으로써 인류 문명에 최대의 공헌을 했다. 이 책은 그들이 성취한 '세계 최초'의 기록들을 풍부한 자료로 보여준다.

인디아, 그 역사와 문화(역사명저 시리즈②)
스탠리 월퍼트 지음 / 이창식·신현승 옮김 / 신국판 400쪽 / 12,000원
● 가장 신비스러우면서도 가장 현실적이며, 가장 종교적이면서도 가장 세속적인 나라─인도! 인도학의 최고 권위자인 저자가, 역사·문화·예술 등 인도의 모든 것을 이 한 권에 담았다.

문명의 씨앗, 음식의 역사(역사명저 시리즈③)
찰스 B. 헤이저 2세 / 장동현 옮김 / 신국판 328쪽 / 11,000원
● 원시인들은 무엇을 먹고 살았을까? ─재미있는 인류의 '먹거리의 역사'. 농경과 목축으로 시작하여 인류의 문명과 함께 싹을 틔워온 '씨앗'에 대한 이야기.

고대의 배와 항해 이야기(역사명저 시리즈④)
라이오넬 카슨 / 김훈 옮김 / 신국판 280쪽(컬러화보 8p 수록) / 10,000원
● 최초의 배는 누가 만들었나?─배의 발달사와 재미있는 항해 이야기. 갈대를 엮어 만든 뗏목, 가죽주머니, 단지로 출발하여 북해를 지배한 바이킹에 이르기까지, 인류의 삶과 함께 발전해왔던 고대의 배와 항해에 대한 모든 이야기를 담은 책.

소금의 문화사(역사명저 시리즈⑤)
피에르 라즐로 / 김병욱 옮김 / 신국판 285쪽 / 10,000원
● '고대의 석유' ─ 소금을 통해서 본 인류의 정신문화사. 저자는 정치권력과 소금과의 불가분의 관계, 소금에서 싹을 틔운 자본주의, 혹은 핵 자장 공명을 거쳐 분광학의 발명에 이르기까지, 여러 학문 분야를 망라하며 소금 속에 녹아 있는 인류의 정치·경제·문화·정신사를 추출해 보여주고 있다

고대의 여행 이야기(역사명저 시리즈⑥)
라이오넬 카슨 / 김향 옮김 / 신국판 397쪽 / 13,000원
● 고대세계 사람들의 생활상과 사회상들이 흥미롭게 묘사된, 잘 짜여진 인류의 여행사. 풍부한 유머와 소설처럼 스피디한 장면 전환으로 단숨에 읽혀진다.

람세스, 이집트의 가장 위대한 파라오(역사명저 시리즈⑦)
조이스 타일드슬레이 / 김훈 옮김 / 신국판 360쪽(화보 8p포함) / 13,000원
● 람세스 대제에 대해서 모르는 사람은 아무도 없다. 하지만 그에 관한 전설의 배후에 숨겨진 진실에 대해 정확히 아는 사람 역시 드물다. 고대 이집트 역사에 심취한 저자는 현란한 수사의 이면에 숨은 '인간 람세스'의 참모습을 이야기한다.

파라오의 심판(역사명저 시리즈⑧)

조이스 타일드슬레이 / 김훈 옮김 / 신국판 264쪽 / 11,000원

● 밝음 속에만 존재해왔던 고대 이집트의 어두운 면을 철저히 해부하여, 그들의 범죄와 비행을 역사상 처음으로 조명한 책이다. 무덤 절도와 엉터리 미라 만들기, 시간屍姦과 투탕카멘 왕의 시해, 뇌물수수, 간통, 매매춘 등 잔인하고 놀라운 그들의 범죄를 조심스럽게 추적하면서 섹스와 죽음, 재산과 처벌 등에 대한 고대 이집트 인들의 생각과 관점들을 생생하게 드러내주고 있다.

세계 7대 불가사의(역사명저 시리즈⑨)

피터 A. 클레이턴 외 / 김훈 옮김 / 신국판 248쪽 / 10,000원

● 고대 그리스 인 여행자들이 일생을 통해 가장 보고 싶어했던 신비하고 외경스러운 고대 세계의 7대 불가사의에 대해 다루고 있는 책. 고대 문화의 전문가들이 고고학적 자료들을 토대로 일곱 가지 불가사의들의 유래, 생김새, 건조물의 구체적인 치수들, 지은이, 건축학상의 특징, 관련된 전설과 신화 등에 관해 다양한 사실들을 상세히 설명했다.

조선사회사 총서

① 조선의 왕

신명호 지음 / 신국판 336쪽 / 9000원

● '조선의 왕'을 전공한 젊은 사학자 신명호씨가 왕과 왕실문화의 비밀을 꼼꼼히 파헤친 책. 출생부터 임종까지 왕의 일생을 비롯한 왕의 모든 것이 담겨 있다.

② 조선의 성풍속

정성희 지음 / 신국판 352쪽 / 9000원

● "유교적 성 모럴이 지배하던 시대, 조선시대 사람들은 어떻게 살았을까?" — 조선시대의 성풍속도를 조감하면서 성 모럴이 권력과 사회구조와 얽히게 되는 복합적인 상관관계에 접근한 책.

③ 조선시대 조선사람들

이영화 지음 / 신국판 363쪽 / 9000원

● 조선의 신분제도는 상류층에는 피나는 생존경쟁의 장이었고, 하층민에게는 가혹한 인간의 굴레였다. 신분별로 살펴본 조선시대의 사람살이. 〈'99 이달의 청소년도서〉 선정!

④ 사관 위에는 하늘이 있소이다

박홍갑 지음 / 신국판 360쪽 / 9000원

● 세계 역사상 유례가 없는 500년 〈조선왕조실록〉을 탄생시킨 조선의 사관들, 후세에 바른 역사를 전하기 위해 붓 한 자루에 목숨을 걸었던 조선의 사관, 그들은 누구인가? 〈'2000 한국 출판인회의 이달의 책〉 선정!

⑤ 민란의 시대

고성훈 외 지음 / 신국판 346쪽 / 9000원

● 500년 조선왕조가 체제모순과 관료들의 극에 달한 부정부패로 말기 현상을 보이고 잇을 때, 더이상 물러설 곳 없이 벼랑 끝까지 몰린 조선민중들이 보여준 피맺힌 생존투쟁의 기록!

⑥ 지워진 이름 정여립

신정일 지음 / 신국판 382쪽 / 9000원

● 조선조 4대 사옥의 희생자들의 합보다 더 많은 1천 여 호남인맥의 희생을 가져온 '조선조의 광주사태' — 정여립 사건. 조선조 최대의 옥사, 기축옥사의 전모를 최초로 파헤치고 재조명한 역저.

⑦ 조선역사 바로잡기

이상태 지음 / 신국판 336쪽 / 9000원

● 조선시대 역사·인물·땅에 대한 잘못된 상식 바로잡기. 너무도 상식적인 역사 이야기가 철저한 고증을 통해 새롭게 재조명된다. 〈'2000 한국간행물윤리위원회 청소년 권장도서〉 선정!

⑧ 시장을 열지 못하게 하라

김대길 지음 / 신국판 368쪽 / 9000원

● 민초들의 삶의 터전이었던 장시의 이해는 조선시대의 전반적인 시대상을 이해하는 또 다른 방법이 될 수 있다. 조선시대 시장의 형성과 상인, 상업의 발달, 장터문화에 대해 깊이있고 재미있게 풀어놓았다.

⑨ '언론'이 조선왕조 500년을 일구었다

김경수 지음 / 신국판 320쪽 / 9000원

● 사헌부·사간원·홍문관, 그리고 역사를 기록했던 사관들이 백성과 나라를 위해 보여주었던 빛나는 언론정신이 어떻게 시대의 흐름을 선도하고 바로잡아 나갔는가? 오늘의 관점에서 조명해보는 조선시대의 언론·출판 이야기. 〈한국간행물윤리위원회 이달의 읽을 만한 책〉 선정!

⑩ 임진왜란은 우리가 이긴 전쟁이었다

양재숙 지음 / 신국판 376쪽 / 9000원

● 이기고도 이긴 줄 몰랐던 조·일전쟁. 그 전모와 성격을 규명, '임진왜란관'을 명쾌하게 바로세웠다.

⑪ 양반나라 조선나라

박홍갑 지음 / 신국판 328쪽 / 9000원

● 오늘날까지 그 맥이 이어지고 있는 조선시대의 양반문화·관료문화의 명암들을 한자리에 묶은 책. 조선시대의 처첩제도, 귀양살이, 지역차별, 신고식 문화 등, 조선시대 양반사회에서의 여러 모습들 중에서 우리의 상식을 뛰어넘는 10개의 테마를 잡아 깊이있게 재조명했다.

⑫ 너희가 포도청을 어찌 아느냐

허남오 지음 / 신국판 340쪽 / 9000원

● 조선시대의 '유명 범죄자'들, 해괴한 범죄와 그 처벌 — 포도청과 포졸을 통해 보는 조선시대의 사회상과 경찰상!

⑬ 강정일당

이영춘 지음 / 신국판 280쪽 / 9000원

● 가난 속에서도 참답고, 선하고, 품위 있게 살았던 한 조선 여성의 자아실현 — 각고의 수양과 심오한 학문 그리고 도덕적 실천을 훌륭한 문장으로 남겼다.

그래도 사람은 하늘이다
이무열 편저 / 신국판 356쪽 / 8000원
● 21세기를 앞둔 오늘날 세상의 흐름을 읽어내는 데 잣대가 될 만한 경구들을 가려 뽑아 명쾌하게 풀어나간, 촌철의 경구로 세상읽기 〈오늘의 세계〉 편.

선체조 108
혜원 스님 지음 / 신국판 292쪽 / 7000원
● 한국참선체조 수련선원 원장인 혜원 스님이 친절히 안내해주는 참선체조 수행서. 3단계 108행선이 당신을 '고요함과 깨어 있는 삶' 에 이르게 한다.

구약성서를 아십니까? / 신약성서를 아십니까?
아토다 다카시 / 김향 엮음 / 신국판 각권 300쪽 안팎 / 각권 7000원
● 서구의 원점인 〈성서〉의 세계를, 지엽 말단은 잘라버리고 에센스만을 추출, 추리작가적 안목과 식견으로 명쾌하게 풀어나간 역작!

현대인이 만난 부처의 마음
혜원 스님 지음 / 신국판 297쪽 / 7500원
● '현대인에게 미륵의 의미는 무엇인가? 라는 물음으로, 불교의 깊은 정신세계를 알기 쉽게 풀이. 정신과 물질세계 사이에서 방황하고 있는 현대인에게 물질과 마음에 대한 순수이해의 문을 열어 새로운 차원의 정신세계로 이끌어준다.

르네상스의 미인들
오카다 아쓰시 / 오근영 옮김 / 신국판 272쪽 / 올컬러 / 10,000원
● 르네상스 미술의 거장들이 남겨놓은 '미인' 들이 어떠한 과정을 거쳐 탄생했나를 낱낱이 밝혀놓은 책. 그들의 표정이나 포즈, 소도구들의 정교한 배치 등을 해부하면서, 그들이 결코 '단순하게' 탄생된 것이 아니라는 사실을 보여준다.

서울대 선정 동서고전 200선(전4권)
반덕진 편저 / 신국판 520쪽 안팎 / 각권 10,000원
● 서울대에서 선정한 동서양 고전 200종에 대해 해석을 가한 본격 고전 해제서. 「논어」에서 「자본론」까지 인류 지성사에 빛나는 동서양의 고전들을 오늘의 시각에서 폭넓게 재조명했다.

하늘 아래 도시, 땅 위의 건축(전2권)
김정동 지음 / 변형 신국판 / 1권 374쪽, 2권 340쪽 / 각권 13,000원
● 목원대 건축학과 교수이자 문화재 전문위원인 김정동 교수가 동·서양의 도시와 건축들 33곳을 여행하며 그 속에서 우리의 근대사를 파헤쳐본 세계건축문화 기행서.

종정열전① - 그 누가 큰 꿈을 깨었나
종정열전② - 천고에 자취를 감춘 학처럼
임혜봉 지음 / 신국판 / 440쪽, 340쪽 / ①11,000원, ②9000원
● 한국 불교의 거목, 20분 종정 스님들의 삶을 조망한 역저! 구한말 이후 현대에 이르기까지 종정스님들의 생애와 흔적을 일목요연하게 서술한 전기집. 〈'99 이달의 청소년도서〉 선정!

중국상인, 그 4천 년의 지혜
차오 티엔솅 지음 / 김정호 옮김 / 신국판 256쪽 / 9000원
● 전통적인 중국상인의 기원·창업·가치관·인생·역사적 지위·협상술·습속문화 등 중국상인의 모든 것을 담은 책. 상인들의 세계를 통해 중국, 중국정신까지도 들여다본다.

한국전쟁의 수수께끼
이희진·오일환 지음 / 신국판 288쪽 / 9000원
● 좌우대립의 이데올로기적 시각을 배제하고 보다 객관적인 접근방식으로 군사적인 작전상황을 선택, 한반도 분단의 배경부터 종전까지 수수께끼로 남아 있던 의혹과 음모를 파헤친 책.

20세기 중동을 움직인 50인
손주영 외 지음 / 신국판 456쪽 / 12,000원
● 낯설고 부정적인 인식에서 벗어나 중동을 새롭게 이해하기 위해 20세기 중동을 이끌고 움직여간 인물 50인의 생애, 업적, 사상, 역사관, 종교관, 국가관, 그들이 남긴 가르침과 영향 등을 꼼꼼하게 짚었다.

성과 문명
왕일가·노숭현 옮김 / 신국판 304쪽 / 9000원
● 인간의 자연본성 가운데 하나인 성이란 측면에서 저자는 성의 기술적인 측면이 아니라 심리적인 측면에서 인류 문명의 발전에 커다란 영향을 미친 성의 양면성을 다양한 사례를 들어 구체적으로 설명하고 있다.

원시미술의 세계
임두빈 지음 / 변형 4*6배판 / 올컬러 / 256쪽 / 20,000원
● 알타미라에서 라스코까지. 인류 최초의 예술— 동굴 속에 그려진 원시미술들에 대해 상세한 해설, 화려한 색감과 형태로 감동적인 재현을 보여주는 우리 나라 최초의 원시미술 도록!

도의 지혜
줄리언F.파스 엮음/김지현 옮김/4*6판 양장/올컬러/248쪽/10,000원
● 도道의 길은 평온함, 명상, 그리고 내면적인 만족의 감정이 한데 어울린 것이다. 이 책은 위대한 도가사상가들의 지혜를 21세기로 끌어오고 있다. 현대의 무질서한 삶에서 잠시 벗어나고 싶거나 편안한 감동을 추구하는 독자라면 이 책으로 인해 영적인 성장을 할 수 있을 것이다.

불교의 지혜
멜 톰슨 엮음 / 장순용 옮김 / 4*6판 양장 / 올컬러 / 240쪽 / 10,000원
● 붓다의 가르침은 이기심과 탐욕, 증오와 무지에서 해방되어 존재하는 그대로의 사물에 대한 끊임없는 추구에 그 뿌리를 두고 있다. 이 책은 방대한 불교의 저작물 중 그 정수를 뽑아낸 앤솔러지로, 우리가 삶 속에서 맞닥뜨리는 모든 고통들을 주목하고 행복으로 가는 길을 인도해줄 것이다.

코란의 지혜
Oneworld 편집부 엮음 / 이명원 옮김 / 4*6판 양장 / 올컬러 / 224쪽 / 10,000원
● 〈코란〉은 수세기 동안 전세계 무슬림들에게 신의 지혜를 담은 책으로 여겨져 왔다. 이 책 역시 인간의 영적 발전과 평등함, 사회에 대한 인식의 필요성을 말하는 〈코란〉의 가르침에서 인용된 것으로, 결혼에 대한 내용부터 신성에 이르기까지 많은 문제들에 대한 안내 역할과 함께 깊은 통찰을 제시한다.

한 권으로 보는 세계명작 111선

가람기획 편집부 엮음 / 신국판 432쪽 / 7000원

●세계 각국을 대표하는 고전 걸작·현대 문제작 111편을 엄선, 줄거리와 주인공의 성격, 삶의 방식, 명언·명문구와 작가 소개를 겸한 세계명작 가이드북의 결정판.

한 권으로 보는 한국명작 111선

김희보 엮음 / 신국판 467쪽 / 12,000원

●이인직의 「혈의 누」에서 이문열의 「사람의 아들」까지, 우리 소설 명작 111편의 내용과 작품 해설, 작가 생애, 하이라이트를 소개한 우리 명작의 빼어난 가이드북.

매혹된 영혼(전3권)

로맹 롤랑 / 김병욱 옮김 / 신국판 570쪽 안팎 / 각권 7000원

●노벨문학상에 빛나는 로맹 롤랑의 대표작. 한 여성의 자아에 대한 사랑이 마침내 인류애적인 사랑으로 확대되어가는 과정을 감동 깊게 그려낸 걸작 대하소설.

삶은 사는 것만큼 행복하고 아름답다

김시식 지음 / 변형 신국판 / 88쪽 / 4000원

●칠갑산 자락에 안겨 불치병 근디스트로피와 싸우며 시와 함께 살아가는 열여섯 살 소년 김민식군이 들려주는 햇살 같은 언어, 아름다운 삶의 예찬….

다람쥐를 잡으면 운동화를 사야지

홍순돈 지음 / 신국판 216쪽 / 6000원

●한 소아과 의사가 들려주는 그리운 친구, 그리운 시절의 흙담길 고향 이야기. 어린 날의 추억들을 계절별로 엮은 56편의 이 고향 이야기는 오늘을 살아가는 아버지 세대의 진솔한 초상으로, 세대를 뛰어넘는 훈훈함이 깃들어 있다.

들국화의 무덤

이토 사치오 외 / 김향·김현주 옮김 / 신국판 288쪽 / 6000원

●순결하고도 애절한 사랑, 그런 만큼 쉬 깨뜨려지고 덧없이 스러지는 사랑 앞에 인간은 숙명을 느끼고, 체념한다. 더없이 애틋하면서도 지순한 사랑 이야기 4편이 실려 있다.

나는 곰이라구요!

프랭크 태슐린 / 이충호 옮김 / 신국판 128쪽 / 4000원

●겨울잠을 자는 동안 주변이 온통 공장으로 변해 버린 것을 뒤늦게 안 곰이 자신을 털보 노동자쯤으로 여기는 인간들을 상대로 '참된 나'를 찾기 위해 분투하는 과정을 재미있는 그림을 곁들여 묘사한 우화.

소설 훈민정음

이찬우 지음 / 신국판 447쪽 / 8000원

●최고의 성군이었지만 개인적으로는 불행한 삶을 살았던 인간 세종대왕의 생애를 감동적으로 그려낸 장편 역사소설. 세종대왕 탄생 600주년 기념작! 〈'97 이달의 청소년도서〉 선정!

사랑코트에 사람이 살고 있었네

김상열 지음 / 신국판 323쪽 / 7000원

●〈월간 구룡〉지에 5년간 인기리에 연재된 수필을 모아 엮은 에세이집. 머지않아 사라질 모든 것들에게 보내는 저자의 따뜻한 시선이 묻어 있는 책.

푸른 오후

윌리엄 보이드 / 이창식 옮김 / 신국판 361쪽 / 7000원

●미서전쟁의 승리로 필리핀을 집어삼킨 미군 점령하 마닐라에서 벌어지는 연쇄 살인사건과 위험한 사랑을 고도의 추리기법으로 엮어낸 장편소설!

한국 3대문학상 수상소설집(전7권)

손창섭 외 지음 / 신국판 400쪽 안팎 / 각권 9000원

●100년 현대문학이 탄생시킨 최상의 필독 소설 목록! 1955년~1993년까지의 동인문학상·현대문학상·이상문학상 수상작들을 한데 모았다.

피노키오 선생님(전2권)

권희경 지음 / 신국판 280쪽 내외 / 각권 6000원

●대학을 갓 졸업하고 처음 발령받은 서툰 여선생과 이제 막 사춘기에 진입한 청소년들과의 1년간의 만남을 따스한 시선으로 그린 장편 청소년 성장소설이다. 청소년 세계를 실감나게 묘사한, 더 말이 필요없는 소설.

내 남자는 파충류

장마연張曼娟 / 남옥희 옮김 / 신국판 255쪽 / 7000원

●대만 소설문학계의 신고봉으로 평가받고 있는 대만 제일의 여류작가 장만연의 장편소설. 진정한 자기애를 찾기 위해 겪는 사랑의 갈등과 고통을 열아홉 통의 편지로 풀어낸 소설로, 자연의 속성과 인간의 품성을 접목시켜 풀어나간 전혀 새로운 품격의 사랑 이야기이다.

무진기행

김승옥 외 지음 / 신국판 464쪽 / 9500원

●평론가 53인이 뽑은 우리 단편문학의 최고봉. 1세기 현대문학사에서 가장 완미하고 빼어난 단편소설 20편을 평론가들의 앙케트를 통해 선정했다. 이중 가장 많은 표를 받은 김승옥의 〈무진기행〉을 표제작으로 한 권의 책으로 엮은 '한국 현대문학 100년, 단편소설 베스트 20선'.

한국문학 앤솔러지(전2권)

김희보 지음 / 신국판 520쪽 내외 / 각권 15,000원(고급 케이스 入)

●고구려 유리왕의 〈황조가〉부터 이문열의 〈우리들의 일그러진 영웅〉까지, 2000년 한국문학사에서 나타난 명작들을 구슬 꿰듯 엮으면서 명쾌한 해설을 덧붙인, 우리나라 최초의 '문학 앤솔러지'. 고대문학과 현대문학을 아우른 이 책은 한국문학 2000년의 역사와 함께 우리 문학의 걸작들을 아울러 관통하는 역저이다.

한국현대문학 작은사전

편집부 엮음 / 신국판 2단조 675쪽 / 26,000원

●한국현대문학 탄생 100년을 맞아 신문학의 태동부터 최근의 신세대 작가군까지, 학습과 사회생활에 꼭 필요한 주요 작가·작품·문학 용어 등을 엄선, 1600여 항목으로 간명히 요약정리한 우리 현대문학사전의 결정판.

증보 한국의 명시

김희보 엮음 / 변형 4·6배판 544쪽(화보 8p포함) / 15,000원

●최남선에서 기형도까지 288명의 작품 1005편을 엄선해 엮은 한국 근현대 대표 명시선. 차례대로 읽어나가는 동안 한국 현대시의 흐름을 자연스럽게 이해할 수 있도록 구성했으며, 각 작품마다 감상을 돕기 위한 해설을 곁

들여 우리 시를 이해하는 데 좋은 길라잡이가 되게 했다.

증보 중국의 명시
김희보 엮음 / 변형 4 · 6배판 464쪽 / 15,000원
● 『시경』이후 청말에 이르는 수많은 주옥 같은 시작품들 중 '명시'라고 평가받는 시 324편을 고루 수록하여 읽는 이로 하여금 중국시의 흐름을 쉽게 파악할 수 있게 하였다.

열아홉, 내 푸른 영혼
계간 「문예교실」 편집부 엮음 / 신국판 2단조 360쪽 / 8000원
● 1999년 전국 고교생 문학 콩쿠르 수상 작품집. '문예교실 문학상' 역대 수상작과 1999년도 전국 주요대학 및 문화단체가 주관한 문학 콩쿠르 수상작을 한데 묶었다.

소설 마르코폴로(전2권)
키드 마일스 · 데이비스버틀러 / 이창식 옮김 / 신국판 / 330쪽 내외 / 각권 7500원
● 정복욕에 가득찬 몽고의 쿠빌라이 황제와 평화를 갈망하는 황태자 친킨, 그리고 원나라 궁전을 둘러싸고 일어나는 음모와 반란, 이국 여인과의 뜨거운 사랑과 모험과 경이로움의 인간애가 그려진 마르코 폴로의 일대기! ⟨2000 이달의 청소년도서⟩ 선정!

우리는 어디에서 와서 어디로 가는가?
폴 고갱 / 최정해 옮김 / 신국판 올컬러 / 도판 68점 수록 / 308쪽 / 값 11,000원
● 현대회화의 독보적인 두 거인 폴 고갱과 반 고흐의 숙명적인 만남과 비극적인 파국을 포함, 고갱의 만년의 모습을 그려내고 있는 그의 자전적 산문집. ⟨'99 간행물 윤리위원회 제35차 청소년 권장도서⟩ 선정! ⟨'99 한국 출판인회의 10월의 책⟩ 선정!

라이너 마리아 릴케의 르네상스 미술여행
라이너 마리아 릴케 / 김향 옮김 / 신국판 232쪽 / 올컬러 / 10,000원
● 실연의 상처를 안으로 감싸며 그의 영원한 신부 루 살로메에게 바쳐진 릴케의 사랑의 찬가이자 르네상스 미술여행기. 루 살로메에 대한 릴케의 비극적인 사랑의 이야기뿐만 아니라, 그의 예술관과 인생관, 자연관, 그리고 생과 사의 문제, 모성관, 종교관을 엿볼 수 있는 책. ⟨2001 한국간행물윤리위원회 청소년 권장도서⟩ 선정!

천 개의 강에 천 개의 달이 비치네(전2권)
소려홍蕭麗紅 / 남옥희 옮김 / 신국판 260쪽 내외 / 각권 7000원
● 대만 연합신문 주관 ⟨연경문학상⟩ 수상작! 1970년 첫 출간 이래 가장 오랫동안 대만인들의 사랑을 받아온 책 중의 하나. 한 여인이 대가족의 일원으로서 성장하는 과정에서 일어나는 생활 전반을 세련되고 정제된 어휘로 그려낸 작가의 자전적 소설.

세계문학사 작은사전
김희보 편저 / 신국판 2단조 양장 552쪽 / 35,000원
● 그리스 · 로마 시대에서부터 20세기 후반에 이르기까지 동 · 서양의 문학사를 장식한 작가와 작품 500여 개 항목을 주요 문예사조와 관련지어 연대기순으로 충실하게 소개했다.